## 主编简介

**赵金科** 山东农业大学马克思主义学院教授、硕士生导师。主要讲授毛泽东思想和中国特色社会主义理论体系概论、中国传统文化与中国特色社会主义文化专题等课程,主要从事中国传统文化与现代化、中西文化比较、中国特色社会主义文化研究。在《东岳论丛》等核心期刊上发表专业学术论文40余篇,合著、主编或参编教材10余部,主持或参与教育部人文社科项目、山东省社会科学规划研究项目等10余项,多次获得省级、市厅级社科优秀成果奖。

光明社科文库
GUANGMING SOCIAL
SCIENCE LIBRARY

# 中国文化建构和精神自觉的历史回顾与现代反思

赵金科◎主编

冯 哲 陈慧文 李 波◎副主编

光明日报出版社

图书在版编目（CIP）数据

中国文化建构和精神自觉的历史回顾与现代反思 /
赵金科主编. --北京：光明日报出版社，2018.8
(2023.1重印)
ISBN 978-7-5194-4448-8

Ⅰ.①中… Ⅱ.①赵… Ⅲ.①文化事业—建设—研究
—中国 Ⅳ.①G12

中国版本图书馆CIP数据核字（2018）第179249号

## 中国文化建构和精神自觉的历史回顾与现代反思
ZHONGGUO WENHUA JIANGOU HE JINGSHEN ZIJUE DE LISHI HUIGU YU XIANDAI FANSI

| 主　　编：赵金科 | |
|---|---|
| 责任编辑：李壬杰 | 责任校对：赵鸣鸣 |
| 封面设计：一站出版网设计部 | 责任印制：曹　净 |

出版发行：光明日报出版社
地　　址：北京市西城区永安路106号，100050
电　　话：010-67078251（咨询），63131930（邮购）
传　　真：010-67078227，67078255
网　　址：http://book.gmw.cn
E - mail：gmrbcbs@gmw.cn
法律顾问：北京市兰台律师事务所龚柳方律师
印　　刷：三河市华东印刷有限公司
装　　订：三河市华东印刷有限公司
本书如有破损、缺页、装订错误，请与本社联系调换

| 开　　本：170mm×240mm | |
|---|---|
| 字　　数：260千字 | 印　张：14.5 |
| 版　　次：2018年8月第1版 | 印　次：2023年1月第2次印刷 |
| 书　　号：ISBN 978-7-5194-4448-8 | |
| 定　　价：68.00元 | |

版权所有　　翻印必究

# 前　言

从某种意义上讲，中国历史就是一部文化发展史。尽管这部历史蜿蜒曲折，甚至有时可能会出现重大的历史倒退现象，但总的趋势应当是螺旋式上升和波浪式前进的，呈现出如习近平总书记所言"在实践创造中进行文化创造，在历史进步中实现文化进步"的发展特征。因而，回顾和反思中国古代文化、近现代和当代文化建构与精神自觉的奋斗历程，总结其成功经验与深刻教训，以便进一步探寻当代中国特色社会主义文化发展的理性思维和辩证方法、理论原则与实践路径、战略任务与历史使命、文化意义与当代价值、发展道路与基本规律等，是每一个文化学者应尽的时代责任和历史担当。

自古以来，中国儒者都有一种"为天地立心，为生民立命，为往圣继绝学，为万世开太平"的道统意识和担当精神。近代以来，西方近现代文化引领世界迈入现代文明，虽然物质文明和科技发展日新月异，但人类世界道统失落、价值失范、精神困顿、生态失衡、资源短缺、秩序紊乱、战乱不止的现代文明困境已经跃然纸上，成为人们挥之不去的梦魇。随着中国特色社会主义现代化建设的迅猛发展及其通过改革开放、和平发展、合作共赢所取得的巨大成就的昭示，中国特色社会主义文化所蕴含的"道法自然""天人合一"的人与自然关系思想和生态环保意识，"和平主义""协和万邦"、构建"人类命运共同体"的世界民族国家关系主张，灵肉统一、更注重崇高精神追求的价值理念，越来越呈现出其消解西方文化中的"人类中心主义""社会达尔文主义"和"消费主义"所引发的现代文明囧遇的时代超越价值和人类文明意义。这应是习近平总书记在党的十九大报告中强调的"促进全球治理体系变革""为世界和平与发展作出新的重大贡献""为解决人类问题贡献了中国智慧和中国方案"的主要思想指向和宏伟愿景期望,也是中国特色社会主义文化强国建设和中华民族伟大复兴中国梦内涵的应有之意,当然也是本书所有编者的殷切希望。

# 目录 CONTENTS

**第一篇 古代中国文化滥觞和精神发展的辉煌历程与历史自觉** ………… 1
 第一章 "百花齐放,百家争鸣"
  ——先秦时期的文化滥觞与精神自觉 ……………………………… 2
 第二章 "海纳百川,有容乃大"
  ——汉唐宋时期的文化嬗变与精神激荡 …………………………… 30
 第三章 "闭关自守,万马齐喑"
  ——明清时期的文化专制与精神禁锢 ……………………………… 49

**第二篇 近现代中国文化建构和精神自觉的曲折历程与历史反思** ……… 69
 第四章 "中学为体,西学为用"
  ——洋务运动时期的文化冲突与精神困顿 ………………………… 70
 第五章 "救亡图存,由旧趋新"
  ——戊戌运动、辛亥革命时期的文化交锋与精神转型 …………… 88
 第六章 "民主科学,新潮奔涌"
  ——新文化、五四运动时期的文化执着与精神决绝 …………… 106
 第七章 "指点江山,激扬文字"
  ——新民主主义革命时期的文化进步与精神自强 ……………… 125

**第三篇 当代中国特色社会主义文化发展和精神建构的理性历程与文化自觉**
 …………………………………………………………………………… 144
 第八章 "积极探索,曲折前行"
  ——新中国前三十年的文化成就与经验教训 …………………… 145

*1*

第九章 "解放思想,实事求是"
　　——邓小平时期的文化返正与思潮激荡 …………………… 160
第十章 "与时俱进,求真务实"
　　——江泽民、胡锦涛时期的文化发展与思想引领 …………… 179
第十一章 "凝心聚力,中国梦想"
　　——习近平新时代的文化自信与宏伟愿景 …………………… 191

**参考文献** ……………………………………………………………… 213

**后　记** ………………………………………………………………… 221

# 第一篇

## 古代中国文化滥觞和精神发展的辉煌历程与历史自觉

"百花齐放,百家争鸣"的先秦时期是中国传统文化创制和重大突破时期,构成了中国文化精神黄金般的"轴心时代",奠定了中国传统文化发展的基本精神、思维方式和文化路向,对后世文化中国乃至世界文明的进步发展做出了不可估量的历史贡献,涌现出了以孔子、孟子、老子、庄子、孙子为代表的伟大思想家。儒家的仁爱、正义、自强,墨家的平等、互利、博爱,道家的真实、自由、宽容,法家的公开、公平、公正等(易中天语),成为华夏民族最宝贵的历史文化遗产。自秦汉唐到宋明清,中国传统文化由奴隶制文化完成了向封建制文化的过渡,也就意味着中国传统文化发展到了定型期。秦朝主要是按照先秦法家思想建立起来的,西汉武帝采用董仲舒的"罢黜百家,独尊儒术"的文化政策,完成了文化思想的大一统局面,一举扭转了先秦时代"百花齐放,百家争鸣"的形势,把先秦儒家思想抬升到了国家政治治理和意识形态控制的高度。一方面,从某种意义上看,发扬和光大了儒家文化及其政治哲学主张;另一方面,也开启了中国文化专制主义时代的肇始,虽然这种文化专制主义并没有像后来明清时期那么的酷烈和残暴。

就文化视域而言,如果说,先秦文化是中国传统文化精神发展的黄金时代,那么,汉唐宋可谓中国古代文化精神发展史上的第二个黄金时代。自强不息的奋斗精神,勤劳智慧的优秀品格,革故鼎新的开拓意识等,是这一文化盛世产生的精神基因。而思想自由、兼容并包的宽松文化政策则是造就这一盛世产生的决定性因素。由于采取了"海纳百川"的文化开放策略和对知识分子相对宽容的文化政策,儒释道可以相对和平地坐而论道,极大地促进了汉唐宋文化与科技文明"兼容并蓄""有容乃大"的繁荣兴盛,一大批如李白、杜甫、白居易、苏轼等文化巨匠的诞生,催生了汉赋、唐诗、宋词等"前无古人,后无来者"的杰出篇章。特别是宋朝宋太祖赵匡胤所开创的"不杀士大夫及上书言事人"的开明政策,使得宋代在文学、绘画、音乐、哲学、史学、科技等诸多领域都取得举世瞩目的巨大成就,涌现出一大批如柳永、晏殊、秦观、李清照、辛弃疾等流传千古、经久不衰的杰出词人,以宋明理学、《资治通鉴》、金石学为表征的文化创新,以"四大发明"为主要标志的科技创造,其每一项都可代表着其时世界上最先进的文化与文明,以至于被美国的《纽约时报》曾经刊文要警惕一千年前的"开封之路"。这是一个人才辈出、激情勃发的时代,达到了中国传统文化和艺术发展的巅峰,也是中国知识分子文化自觉与精神建构最激昂、最富于鲜明特征的伟大时代。

倘若就综合国力和军事成就来看,秦汉唐可谓真正的辉煌盛世,"文攻武卫"兼而有之,但宋朝只能说是文化发展的盛世,"文攻"有余而"武卫"不足。甚至有学者建言,其文化发展成就远超秦汉唐,称其为"中国的文艺复兴",著名史学家陈寅恪也有言:"华夏民族之文化,历数千载之演进,造极于赵宋之世。"但也有学者认为宋朝"积贫积弱""太窝囊",笔者认为,其实这只是视角的不同。一般而论,秦汉唐初期的统治者都能够做到"文攻武卫"、开疆拓土。秦汉时期尽管文化政策上相对保守,但秦王嬴政承袭法家文化富国强兵的基本国策和积极进取的奋斗精神,一统六国,雄霸天下;西汉武帝文韬武略、自强不息,把斗志昂扬的战斗意志、坚定无畏的英雄主义精神和"犯我强汉者,虽远必诛"的豪迈气概完美结合起来,为中华民族的生存和发展做出了卓越贡献。

而宋朝统治者却采取"重文轻武"政策,一方面,推动了宋代理学和心学的形成和发展;另一方面,片面强调中国文化中的"和",却忽视了中华民族自古就有的不屈不挠、英勇无畏的抗争性的一面,居安不思危,无备而生患,骨血里已经失去了积极进取意识和顽强抗争精神,既无雄才大略,又无坚强斗志,精神颓废,意志涣散,甚至有时陷入了投降主义的泥潭,最后招致国破家亡,这不能不说是历史的悲剧。而清朝康熙皇帝开疆拓土,文化政策上相对宽容,为"康乾盛世"立下了汗马功劳。但到了清朝中后期,统治者不思进取,穷奢极欲,闭关自守,文化专制,思想钳制,忧患意识缺失,最后落得个国破家亡的历史悲剧,这一幕幕深刻的历史教训,值得我们深思。当然,这也充分印证了周易所诠释的"是故君子安而不忘危,存而不忘亡,治而不忘乱,是以身安而国家可保也"的真理性结论。

## 第一章 "百花齐放,百家争鸣"

——先秦时期的文化滥觞与精神自觉

德国哲学家雅思贝尔斯曾把公元前800年到200年之间称为人类文明的"轴

心时代"①,这一时期,在西方,产生了古希腊哲学;在印度,诞生了佛学;在中国,出现了春秋战国百家争鸣。百家争鸣(公元前600年至公元前300年),是发生在中华文明入口处光辉灿烂的文化现象,它奠定了两千多年来中华民族的文化格局和精神走向,"成为中国学术的不竭源头,并初步形成了思想之大体范围和基本的思维方式。"②先秦诸子的探讨集中在天人、名实、人性、政事、伦理等方面,对于逻辑学、认识论乃至数学、物理、天文等自然科学领域也有涉及,其中展现的思想的广度与深度,让人惊讶。他们的学说,有的能够在历史上一以贯之,有的则由显入微,与其他各家合流,有的却逐渐湮没,成为思想史上的失踪者,但总体来说,精彩纷呈,展现出文化与精神创建的自觉。

**一、百家争鸣产生的时代背景**

(一)西周宗法封建制的建立和崩溃

春秋战国,是从西周宗法封建制过渡到秦大一统专制社会之间的历史转折时期,百家争鸣,正是当时思想界对于这一历史转折所做出的反映。因此,要想了解百家争鸣产生的背景,必须从西周宗法封建制的建立及其崩溃说起。否则,便不能了解以下这些问题:为什么春秋战国会出现如此激烈的社会动荡?为什么孔子会提出"克己复礼"的主张?为什么诸子百家会不约而同地重视对名实关系的探讨?为什么他们在历史观上几乎一致向后看?为什么法家人物主张以"法"代"礼"实行变革,却往往以悲剧命运而收场?为什么大多学派的思想重点集中在日常伦理和现实政治?

西周政权是以宗法为依据进行建构的。宗法把周代贵族按血缘的亲疏、嫡庶、长幼分出贵贱尊卑的等级,而分封就是依据宗法确立的等级对权力进行分配,这样,就出现了一个自天子、诸侯、卿大夫以至士的金字塔式结构。其中,诸侯"建国",大夫"立家"。这个制度将血缘组织与政治组织融为一体,天子之于诸侯,一方面是君臣,另一方面则是兄弟伯叔甥舅的关系。比如公元前651年,齐桓公在葵丘大会诸侯,周天子派代表参加,致辞中称桓公为"伯舅"。因为是亲族之间的统治,不宜使用严刑峻法,于是产生了试图通过"亲亲",来达到"尊尊"目的的政权形式——礼,"君统与宗统相合、尊尊与亲亲相合,由此产生'氏所以别贵贱'或

---

① 〔德〕卡尔·雅斯贝尔斯:《智慧之路》,柯锦华等中译本,中国国际广播出版社1988年版,第68~70页。
② 张理峰、姜文荣、侯爱萍:《从传统文化视角看当代大学文化的古典内涵》,载《山东农业大学学报(社会科学版)》,2014年第2期,第97~98页。

'刑不上大夫,礼不下庶人'之周礼精神,却合于历史的事实。"①

所谓"周礼",就是周初制定的一系列典章制度。大到各级贵族爵位的继承、列国间的征伐、盟聘,小到日常生活中的婚丧嫁娶、车马揖让,内容无所不包,其要点在于别贵贱、定尊卑。周礼的外在象征物是尊、彝、鼎、爵之类的礼器,以礼划定的职分和相应的器物紧紧联系在一起,类似不成文法,构成了贵族的政权,所谓"唯器与名,不可以假人"②。由周初到春秋,礼乐是并行的,礼以别异,乐以和同。因为从宗法的"亲亲"之义发展而来,周礼不仅仅是表面的礼仪形式或器物,它包含了孝悌、仁爱之类的道德内容,"周之制度典礼,乃道德之器械"③这就是孔子"克己复礼"主张的历史根源。但是,讲究温情脉脉亲族关系的周礼,其政治控制并不严密。另外,封建制度下,"国"和"家"是相对独立的两个组织,诸侯和卿大夫有相对独立的权力,这就为春秋战国时期由"子弑父""臣弑君"带来的激烈动荡埋下了祸根。据清顾栋高《春秋大事表》记载,春秋时代,各国并吞凌虐,惟力是视,周初封建屏藩之意,早已荡然无存。秦晋互相攻伐之战有18次,晋楚大战者三次,吴楚之战23次,吴越之战八次,齐鲁之战34次,宋郑之战39次,无怪乎他发出"余观春秋之世,而知封建之为祸烈也"的叹息。

那么,礼崩乐坏之后,未来社会何处去?儒、墨、道三家都来自于周礼的传统,针对这一传统的破坏提出自己的思想主张。法家则以周礼反对派的面貌出现。因为礼有重视现实和人伦的特点,所以,他们不约而同地把目光投射到现实中的伦常治道。

(二)春秋战国时期的社会变革

春秋战国(公元前770年至公元前221年),是一个剧烈变革的时代,列国之间不断进行兼并战争,宗法封建制全面崩溃。春秋时期(公元前770年至公元前476年),王道衰微,"天下有道,则礼乐征伐自天子出;天下无道,则礼乐征伐自诸侯出。"政权从天子到诸侯再到大夫以至陪臣,不断下移。一些强大的诸侯国打着"尊王攘夷"的旗号起来争霸,争夺土地、人口和财物,比较著名的是齐国、晋国等"春秋五霸"。连年的战争,使得分封制动摇,周礼完全被破坏,据《太史公自序》载,"春秋之中,弑君三十六,亡国五十二,诸侯奔走不得保其社稷者不可胜数。"春秋后期,出现了两个标志性的事件,郑国子产"铸刑书",第一次将刑法公布于众,紧接着晋人"铸刑鼎",这表示"法"开始取代"礼",成为新的统治手段。

---

① 侯外庐、赵纪彬、杜国庠:《中国思想通史》第一卷,人民出版社1957年版,第78页。
② 《左传·成公二年》。
③ 《观堂集林卷十·殷周制度论》。

战国时期（公元前476年至公元前221年），兼并战争规模更大，据《孟子·离娄上》记载，"争地以战，杀人盈野；争城以战，杀人盈城"，表现为齐、楚、燕、韩、赵、魏、秦七国争雄的态势。各国为了在争霸战争中取得优势，任用法家人物进行了卓有成效的变法运动。魏国有李悝变法，楚国有吴起变法，秦国有商鞅变法。其中，秦国的变法最彻底。战国时期的变法内容归纳起来不外以下几点：废除世卿世禄制，按军功大小授爵；打破"刑不上大夫"的贵族特权，制定并公布法律（比较有名的是李悝制订的《法经》和商鞅制定的秦律）；废除井田制，承认土地私有，鼓励小农经济发展；推行县制，代替以往的分封采邑制。在各国变法运动中，以法家人物为代表的新势力和旧贵族进行了严酷的斗争，商鞅变法时，太子师傅公子虔、公孙贾等人唆使太子故意犯法以破坏新法，被商鞅分别治以劓刑和黥刑。秦孝公死后，旧贵族诬告商鞅"谋反"，商鞅因此遭遇了车裂的命运。

春秋末年，尤其是战国初期铁器和牛耕的普遍使用，农民得以在公田之外开垦大量私田。为了增加收入，许多诸侯国开始改革赋税制度，承认私田的合法性，典型的如公元前594年鲁国实行"初税亩"，不论公田、私田，一律按田亩收税。战国时期商鞅变法干脆废井田，开阡陌，打破过去"田里不鬻"的老例，明令民间买卖田地，确立了农民的土地私有权。而随着军功爵制的推行，商业的发展，使得军功贵族、商人可以通过买卖取得土地，再加上从原来贵族中蜕化出来的"私家"，这样，以土地私有制为基础的新兴地主阶级逐步取代以土地国有为基础的氏族贵族。由此可知，"天下共苦战斗不休"的局面、郡县制代替封建制的事实、私田代替公田的经济发展，都呼唤一个强有力的政权来实现统一。与政治、经济变革的轨迹相适应，这个转折时期的思想也呈现出先分裂然后走向统一的趋势。西周时期，"学在官府"，文化典籍掌握在祝、宗、卜、史之类的王官手里。随着周王朝衰微，官方保存的文化典籍流散各地，民间私学兴起，于是就有了后来的百家争鸣。庄子形象地将这一历史现象称之为："道术将为天下裂。"① 春秋时代的学派，主要以道家和儒家为代表，战国时期，诸子互相辩难，才形成了真正意义上的百家争鸣，到了战国末年，学术开始从分裂走向综合，之后经由秦始皇"焚书坑儒"以及汉武帝"罢黜百家，独尊儒术"，中国思想界的子学时代结束，经学时代开始②。

---

① 《庄子·天下》。
② 冯友兰：《中国哲学史》，重庆出版集团、重庆出版社2009年版，第25页。

(三)士阶层的崛起和独立

百家争鸣的兴起,与士阶层的崛起和独立有很大关系。士原本是贵族的最低阶层,地位在大夫和庶人之间,经济上可以不劳而"食田",文化上受过传统的"六艺"教育。他们中间既有文士也有武士,平时可以做卿大夫的家臣,战时可以充当下级军官。春秋战国之际,由于礼崩乐坏,原来的士失掉了自己的职位和禄田,为了维持生计,做了传授知识的教师或主持各种仪式的赞礼人。另外,大量的亡国之君、卿大夫等高级贵族地位急剧下降,游离出原有的秩序之外,逐渐进入到士阶层行列。还有一部分庶民因为靠学术和军功上升至士阶层。随着学术下移,儒墨等私学兴起,士的人数大大增加。这时候的士,已经"从固定的封建关系中游离了出来而进入了一种'士无定主'的状态"①,不再受国家、宗族以及经济、社会地位的限制。

士阶层的兴起离不开各国宽容的学术政策。各国诸侯为了招揽人才,争相尊士、养士,这一点在战国时期更为突出。齐国曾在都城临淄西郊的稷下设立学宫,招徕各派学者前来讲学著书,称为"稷下先生"。到了齐威王、宣王时代,稷下学宫盛极一时,学者多时甚至达到上千人,著名的有驺衍、淳于髡、尹文、田骈、接子、慎到、环渊、荀卿等人,尤其是荀卿,曾经三次担任学宫的"祭酒"(学宫之长)。他们"不治而议论",处在百家争鸣的中心。齐国统治者对学者非常尊重,孟子与威王、宣王政见不同,仍然受到优待。齐宣王曾多次问政孟子,即便像伐燕这样的重大决策,也征求孟子的意见,后来孟子离开时,齐宣王还想用优厚的俸禄待遇来挽留他。除此之外,各国统治者也有意识的私家养士,比如战国时著名的四公子孟尝、平原、信陵、春申四君以及秦国的文信侯吕不韦门下宾客动辄数千人。国君和权贵需要士帮自己巩固政权,士则需要通过统治者实现自己的人生价值。这是一个特殊的年代,知识分子发表一番言论就能影响一个国家的命运。士阶层在这个时期也形成了自己的理想品格和独立精神。这一点在以孔子为代表的儒家学派身上表现得最为强烈,"士不可以不弘毅,任重而道远。仁以为己任,不亦重乎?死而后已,不亦远乎?"在士阶层兴起的历史关口,孔子有意识地给这个阶层灌输一种明道救世的理想主义精神,"邦有道,贫且贱焉,耻也;邦无道,富且贵焉,耻也。"徐复观曾说:"把士转变成为人格上文化上的担负者,因而完全摆脱了封建身份的束缚,成为文化上的自由人,我以为这是孔门教化集团的一种努力,一种成就。"②

---

① 余英时:《士与中国文化》,世纪出版集团、上海人民出版社2013年版,第15页。
② 徐复观:《两汉思想史》第一卷,华东师范大学出版社2001年版,第54页。

## 二、百家争鸣的基本思想观点

汉初司马谈曾把诸子百家概括为阴阳、儒、墨、名、法、道德六家,西汉末年,刘歆又概括为儒、道、阴阳、法、名、墨、纵横、杂、农、小说等十家,除去讲农业生产技术的农家、讲合纵连横的纵横家、调和折中各家学说的杂家以及记录街谈巷语的小说家,仍以司马谈所讲的六家为主。这六家之中,尤其是儒、墨、道、法四家对后世影响最大。

### (一)儒家及其思想主张

儒家学派主要代表人物有孔子、孟子、荀子,分别代表春秋末期、战国中期和战国末期儒家发展的三个阶段。孔子,名丘,字仲尼,春秋时期鲁国陬邑人,生于前551年,卒于前479年,儒家学派的创立者。他的祖先是宋国贵族,因政治纠纷逃到鲁国。到了孔子这一代,家境早已败落,所以他说"吾少也贱"。孔子曾经担任过鲁国贵族季氏的家臣,做过管理仓库和牛羊的小差事。因为熟悉礼仪,30岁开始办私学,这是他一生花费精力最多的事业。50岁以后孔子担任过管理工业的司空、管理司法的司寇。可惜当时鲁国没有实现他政治抱负的环境,于是他就率弟子背井离乡,周游列国,辛勤奔波14年,希望找到机会实践自己的主张,可惜大部分时间都郁郁而不得志。晚年孔子回到鲁国,全力从事文化教育事业,直到病逝。从孔子身上,我们可以看到中国知识分子独特的关切、心态和宿命。他的言行被弟子记录在《论语》一书中,这本书是研究孔子学说最重要的资料。

"礼"和"仁"是孔子思想中最重要的部分。一方面,孔子继承了周礼的"亲亲""尊尊"之义。他生活在有深厚周礼传统的鲁国,鲁国曾是周公长子伯禽的分封之地,保留了大量西周的礼乐典章制度,平王东迁之后,西周文物典章丧失殆尽,所以有"周礼尽在鲁"的说法。孔子对西周礼乐制度情有独钟,认为它是由夏、殷两代"损益"而来,"周监于二代,郁郁乎文哉!吾从周。"孔子非常忧心当时"礼崩乐坏"的局面,齐景公问政,他回答说:"君君、臣臣、父父、子子",抨击企图夺取政权的田氏。晋国铸刑鼎,以法治国,他认为"失其度矣"。在鲁国,不仅鲁僖公举行郊祭,连季氏也用周天子的乐舞,"八佾舞于庭"了,所以他"是可忍也,孰不可忍也"?当子路问他,执政首先需要做什么的时候,他回答说:"必也正名乎!"孔子的正名主张实质上是拿现在的"实"迁就过去的"名",进而恢复周礼规定的秩序。最能体现这一主张的是他的"春秋义法"。前632年,晋文公在温地大会诸侯,召请周天子前来,但孔子认为这不符合礼,所以在《春秋》中记载:"天王狩于河阳",不惜为了"名"而牺牲"实"。另一方面,"礼崩乐坏"是不可阻挡的潮流,孔子不得不重新对"礼"加以解释。他淡化了"礼"作为外在规范仪式的意义,把它转化成一种心理需要和伦理追求。他认为祭祀者内心的诚敬要重于外在奢华的礼仪，《论语·八佾》中有如下记载："林放问礼之本，子曰：'大哉问！礼，与其奢也，宁俭；丧，与其易也，宁戚。'"宰予认为"三年之丧"时间太长，孔子反驳说："子生三年，然后免于父母之怀。夫三年之丧，天下之通丧也"，孔子认为这样做是对父母之恩的反馈，是出于孝的心理需要。孔子对"礼"最大的贡献是"以仁释礼"，主张"克己复礼为仁"。"礼"是社会规范，"仁"是伦理道德，二者互为表里，"子曰：人而不仁，如礼何？人而不仁，如乐何？"孔子曾批评管仲违背臣子本分，"树塞门""有反坫"，是"不知礼"。但因为他辅佐齐桓公"九合诸侯，不以兵车"，所以又许他为"仁"："如其仁，如其仁。"可见，在大仁大德面前，"礼"放在次要的地位。

孔子继承周公"明德""爱民"的精神，发展出"仁"的思想。"仁"是什么？孔子没有明确回答。总起来看，"仁"包含了各种道德。孝、悌是"仁"的根本，《论语·学而》篇中有"孝弟也者，其为仁之本与！"把孝悌之爱推广到血缘关系以外的社会成员中去，就是"泛爱众，而亲仁"，行"忠恕之道"。"忠"是推己及人的肯定方面，"夫仁者，己欲立而立人，己欲达而达人"，"恕"是推己及人的否定方面，"己所不欲，勿施于人"，就是以自身为尺度，调节自身的行为。在践行"仁"的过程中，孔子特别突出了道德修养的主体能动性。道德修养是个人行为，"为仁由己，而由人乎哉？"道不远人，可随时获得，"仁远乎哉？我欲仁，斯仁至矣。"道德修养无论何时何地都要坚持，"君子无终食之间违仁，造次必于是，颠沛必于是。"在极端的情况下，甚至可以为了义理牺牲生命，"志士仁人，无求生以害仁，有杀身以成仁。"可以说，儒家把道德性命修养的传统看得非常重要，就是从孔子这里开始的。从"礼""仁"的思想出发，孔子主张为政要以德为中心，"为政以德，譬如北辰，居其所而众星共之。"他反对用单纯刑法镇压的手段来治理国家，提倡用德礼来感化人民，"道之以政，齐之以刑，民免而无耻；道之以德，齐之以礼，有耻且格。"因此，孔子反对不教而杀，暴虐苛政，主张养民以惠，使民以时。

孔子是儒家学派的创立者，中国历史上第一位职业教师。据《史记·孔子世家》记载："孔子以诗书礼乐教，弟子盖三千焉，身通六艺者七十有二人。"在教学内容上，孔子以"六艺"为教材。"六艺"本是周代贵族教育的内容，孔子对"六艺"进行了整理，虽然他自称"述而不作"，实际上却是"以述为作"，比如他对《易》重新做解释，突出其道德、政治、哲学的含义，降低其巫术占卜的分量。他作《春秋》，突出政治原则，使"天下乱臣贼子惧焉"。整理后的"六艺"代表了六种文化精神，"是故礼以节人，乐以发和，书以道事，诗以达意，易以道化，春秋以道义。"① "六

---

① 《史记·太史公自序》。

艺"后来成为儒家的经典即"六经"。在教育对象上孔子倡导"有教无类","自行束脩以上,吾未尝无诲焉"。在教学方法上,孔子因材施教,比如同样问"闻斯行诸",孔子要性格勇莽的子路做事前先向父兄请教一番,却鼓励性格优柔的冉有听到后立刻去做。有时他会用启发式教学,"不愤不启,不悱不发。举一隅不以三隅反,则不复也。"在教学理念上,孔子注重听取弟子意见,教学相长,子路是一个典型的"当仁,不让于师"的学生,经常向孔子提批评意见,孔子对他的批评能虚心接受,颜回从来没提出过质疑和批评,孔子认为他"非助我者也"。孔子时刻不忘端正学生的学习态度,"子绝四——毋意,毋必,毋固,毋我。"在学习目的上,"诵《诗》三百,授之以政,不达;使于四方,不能专对;虽多,亦奚以为?"孔子死后,弟子们以各种方式把孔学发扬光大,他们汇集成为儒家学派,揭开了战国时期百家争鸣的序幕。

孔子为了实现自己的政治主张,曾饱受挫折,"去鲁,斥乎齐,逐乎宋卫,困于陈蔡之间",遇难于匡,"干七十余君无所遇",可谓困窘之极,然而他却"知其不可为而为之"。隐者桀溺曾批评孔子,"悠悠者天下皆是也,而谁以易之?且而与其从辟人之士,岂若从辟世之士哉?"他认为天下无道,不如放弃自己的追求,采取明哲保身的态度。孔子的态度却不一样,"鸟兽不可与同群……天下有道,丘不与易也。"孔子认为,人要敢于面对黑暗的社会现实,积极地参与改造。他自己时刻以复兴周道为责任,即便在生死关头,仍有一种大无畏的气概,在遭到匡人围困时,他说:"文王既没,文不在兹乎?天之将丧斯文也,后死者不得于斯文也;天之未丧斯文也,匡人其如予何?"

当然,孔子并不是一味进取,宁折不弯,当尽了一切努力仍然不能成功时,他也能心地坦然,"道之将行也与,命也;道之将废也与,命也。"可见,孔子承认外在的成败受客观环境影响,有些事情,即便主观上尽了一切努力,也达不到目的,那就是命。关键是,做了自己应该做的事,虽然结果没有成功,但道德上的义务尽到了,因此,对于外在的成败也就无所挂怀。孔子的学说在当时因为保守不被采纳,却被后世统治者拿来维护自己的统治。其原因在于西周封建制度崩溃后,原来的宗法精神并没有消失,而是下移到了社会,秦以后的社会,就是建立在以家庭、家族(二者仍以宗法血缘为纽带)为单位的社会基础之上。因此,孔子维护王权、反对僭越等级制度、提倡忠孝等宗法伦理思想,逐渐成为后世封建(此封建非彼封建)社会居于核心的意识形态。当然,历代统治者和思想家,从来没有停止过对孔子思想的改造。汉代董仲舒在孔子"君君,臣臣,父父,子子"的思想基础上,提出了"三纲五常"的思想,并且与"天"结合在一起,"王道之三纲,可求于天"①,"天不变,道亦不变"②,将封建统治秩序神圣化、永恒化。到了宋代,以二程、朱熹为代表的思想家们在吸收佛、道思想的基础上把儒学思辨化哲理化,建立了理学。朱熹还把《论语》《中庸》《大学》《孟子》合编成《四书》,用毕生的精力作了《四书章句集注》,该书后来被封建统治者定为全国通用的教科书,统治中国思想界达六七百年之久。与这些改造相适应,孔子逐渐由一介布衣变成"至圣先师""神人"乃至救世主。到了近代,康有为搞戊戌变法,还依托孔子,把孔子说成是托古改制的先驱,袁世凯复辟,更是一度掀起尊孔复古的逆流。这种情形一直到五四时期,新文化运动的先驱们提出"打倒孔家店"的口号后才有所改变。李大钊曾从儒家思想与专制统治的结缘处抨击孔子,"余之抨击孔子,非抨击孔子之本身,乃抨击孔子为历代君主所雕塑之偶像的权威也;非抨击孔子,乃抨击专制政治之灵魂也。"③因此,要了解孔子的本来面目,需要打碎历代统治者树立的偶像,回到先秦文化源头上去追寻。

孟子,名轲,战国时期邹人,生于公元前390年,卒于公元前305年,是孔子孙子子思的再传弟子,所以他这一派又被称为思孟学派。孟子曾是齐国稷下学宫的著名学者,曾游说各国诸侯,希望以"仁政"学说辅佐大国之君。当时各国都在谋求富国强兵之道,孟子却言必称三代德政,显得"迂远而阔于事情",学说因此不被统治者采纳,晚年退居与弟子万章等人作《孟子》七篇。值得注意的是,孟子生活的时代,儒学遭遇到论敌诸如杨墨之流的威胁,所以他以保卫儒学、驳斥异说为己任,在孔子没有论及的如"仁"的价值来源、政权转移的合法性等问题上,都一一提出自己的见解。他对孔子的道德学说,无论从"内圣"方面,还是"外王"方面,都有所发展。孔子讲"仁",却没有讲人为什么要"仁"?孟子则认为人之所以具有道德,是因为人性本善。孟子曾用人后天经验的心理情感的例子来论证人先天的性善。小孩子掉进井里,旁边的人愿意拉他一把,不是为了别的动机,而是源于内在的"不忍人之心",这种"不忍人之心"表现为恻隐、羞恶、辞让、是非"四心"。这"四心",是仁、义、礼、智"四德"的发端。孟子认为,人有"四心",就如同人有四肢一样,与生俱来,"四心"既然是"四德"的发端,那么,仁义礼智这些道德观念为人先天所固有。孟子论证性善说的科学性固然有待商榷,但他把仁义礼智根植于人心,为儒家道德理论提供了存在的基石。这是在性善论的基础上对孔子道德学说

---

① 《春秋繁露·基义》。
② 《汉书·董仲舒传》。
③ 李大钊:《李大钊选集·自然的伦理观与孔子》,人民出版社1959版,第80页。

的向外发展。齐宣王看到宰杀牛做祭祀品,产生了"不忍人之心",孟子认为,从这种"不忍人之心"出发,"善推其所为"——将儒家道德推及全体社会成员,"老吾老,以及人之老;幼吾幼,以及人之幼",就成为仁政,实行仁政就可以"王天下"。显然,这是推己及人原理在政治上的应用。孔子讲"仁"和忠恕之道,多用在个人修养方面,属于"内圣";孟子则将仁扩大到政治哲学上面,属于"外王"。孟子主张推行仁政必须与民众的利害相连,他特别强调"民为贵,社稷次之,君为轻。"君主得到民心才能得到天下,"得天下有道:得其民,斯得天下矣;得其民有道:得其心,斯得民矣。"如果君主不讲道德,人民在道德上就有革命的权力,这个时候,即便杀了君主,也不算弑君,而是诛"一夫"。孟子的这些见解,带有民主的色彩,在中国历史上影响巨大,甚至到了戊戌变法时期,维新派人物谭嗣同等依然将其拿来作为宣传民主思想的资源。

孟子认为实行仁政,应该从恢复西周时期的井田制着手"夫仁政,必自经界始。"他希望农民每家都有五亩之宅、百亩之田,可以"衣帛",可以"食肉",可以"无饥"。在解决了人民基本的生活问题后,再教给他们人伦的道理,"谨庠序之教,申之以孝悌之义",就可以完成王道政治。孟子的这个理想温情脉脉,有人道主义色彩,不过,在当时土地私有制确立、按亩纳税的情况下,他鼓吹井田制,是复古倒退的。这是在性善论的基础上对孔子道德学说的内向发展。与孔子把道德伦理的基础建立在血缘之情的自然流露上不同,孟子把仁义礼智等道德范畴纳入人心,归于人性,委之以天命。子思早就认为人性是天命赋予的,"天命之谓性",孟子又增添了"心"这个范畴,他说:"尽其心者,知其性也。知其性,则知天矣。"天赋道德观念于性,而性在心中,所以,只要尽心,就可以知性、知天。这里的天,不再是外在的宇宙时空,而是内在于人性的道德本体。那么,如何来尽心呢? 要靠"思诚"的修养方法,"是故诚者,天之道也;思诚者,人之道也。"如果说"诚"是一种真实无妄的精神状态,"思诚"则是一种向内反求诸己的修炼,通过这种修炼,就可以达到道德上的完善,"强恕而行,求仁莫近焉。"这种做法,一方面,为把伦理上升为天理打开了缺口,"对于人的道德最不利的事情,莫过于把它和神圣的道德结合在一起。"①另一方面,则陷于神秘主义,正如荀子所言,"幽隐而无说,闭约而无解。"在道德修养的途径方面,孟子提出了"养气"说。孟子说:"我善养吾浩然之气","浩然之气"是一种至大至刚的精神气质,"其为气也,至大至刚,以直养而无害,则塞于天地之间。"它来源于义理和道义,"其为气也,配义与道;无是,馁也。"这种"气"需要长时间自觉又严格地培养,"是集义所生者,非义袭而取之也。

---

① 侯外庐、赵纪彬、杜国庠:《中国思想通史》第一卷,人民出版社 1957 年版,第 351 页。

行有不慊于心,则馁矣。"通过这种培养,人即便面临生死抉择,也能做到舍生取义,"生亦我所欲也,义亦我所欲也;二者不可得兼,舍生而取义者也。"

总之,孟子从内、外两方面继承和发展了孔子创立的儒家学说,奠定了后世的"孔孟之道",孟子也因此获得了仅次于孔子的地位,被尊为"亚圣"。汉代之后孟子逐渐受到重视,宋明时期,孟子的地位更为提高,《孟子》一书被列为"四书",成为必读的经典。孟子的学说,对理学和心学的影响犹大,理学借重孟子的"浩然之气"来充实自己客观唯心主义的理气观,心学则发挥孟子"万物皆备于我,反身而诚"的观念,来论证"宇宙便是吾心,吾心即是宇宙"。宋明理学家在心性问题上主张天赋道德观念,强调内省体验。在义、利问题上主张二者不可兼得,只讲仁义,忌讳讲功利。这些无疑是深受孟子影响的。孟子的"养气"之说,千百年来,更是激励了无数的仁人志士,成为他们熔铸自己精神品格的来源。

荀子,名况,字卿,战国末期赵国人,生卒年不详。他50岁时到齐国游学,做过稷下学宫的祭酒。晚年到楚国,被楚国宰相春申君任命为兰陵令。春申君死后,他就辞官回家,定居兰陵,著书数万言而死。荀子生活的时代,礼乐荡然无存,各国任用法家人物变法,历史统一的趋势初见端倪。荀子以孔子弟子自居,试图振兴礼乐制度,他扩大了礼的含义,接近于法。因为时代的原因,荀子的思想具有综合诸子的特点。荀子认为人性是恶的,性恶论是他礼、法学说的根据,"古者圣王以人之性恶,以为偏险而不正,悖乱而不治,是以为之起礼义、制法度,以矫饰人之情性而正之"。荀子还提出"性伪之分"来解决在性恶的情况下人怎么可能接受礼义的问题,"性"是"不可学,不可事"的先天本性,是"恶"的。"伪"是后天人为的意思,即人通过后天学习圣人制作的礼义,对自己对天性中的"恶"做出改善。如此一来,通过后天的学习改造,普通人就能"化性起伪",成为禹一样的人。

礼是荀子学说的中心内容,"人无礼则不生,事无礼则不成,国家无礼则不宁",荀子对以往儒家思想的突破在于将法治引入礼治,使礼成为通向法的桥梁,"故圣人化性而起伪,伪起而生礼义,礼义生而制法度。"从礼的起源看,也与法脱不开干系,"礼起于何也?曰:人生而有欲,欲而不得,则不能无求;求而无度量分界,则不能不争;争则乱,乱则穷。先王恶其乱也,故制礼义以分之。"其中,"物"的"度量分界"有法的味道。荀子还提出"群"的思想,强调礼作为外在的群体规范秩序的含义。荀子认为,人异于禽兽者在于人有群,即社会性。然而,"人何以能群?曰:分。分何以能行?曰:义。"分就是等级名分,有了分,群就有秩序,就不会混乱。等级名分为什么能实行?是因为有礼义,礼义区分出"贵贱之等""长幼之差""贫富之别""知愚之分",每个人因此各安其分,群居在一起而能协调一致。

荀子"明于天人之分",他认为天不是有人格意志的神,国家的治乱与天没有必然联系,"天行有常,不为尧存,不为桀亡。"人可以"制天命而用之",利用自然来为自己造福,"强本而节用,则天不能贫,养备而动时,则天不能病;修道而不贰,则天不能祸。"在"明于天人之分"的前提下,他高扬了人类的主体气概,把人提高到与"天地参"的高度,"天有其时,地有其财,人有其治,夫是之谓能参。"从这种自然的天道观出发,荀子反对"营巫祝,信讥祥",主张破除世俗迷信。他认为星坠、木鸣、日蚀之类的怪现象与人事好坏并无干涉,真正可怕的东西是"人祅",即政治混乱导致的农业生产的破坏、礼仪伦常的颠倒、内忧外患的发生。在认识论方面荀子提出"缘天官"与"心有征知"的说法。天官即五官,各种感觉对象作用于人的感官产生感性认识,这就是"缘天官"。心被称为"天君",有"征知"的作用,即对感性材料分类、辨别和取舍,进而产生理性认识。荀子还认为人在认识中往往出现片面性,"蔽于一曲,而暗于大理"。要想避免这种片面性,需要全面把握事物的规律即"道","夫道者,体常而尽变,一隅不足以举之。""道"是靠心在"虚壹而静"的状态下才能把握的。"虚壹而静"的观念,来自于道家,是心灵的一种虚心、专一的境界。荀子在逻辑学方面的建树突出地表现在他的正名学说中。他不仅从伦理角度讲正名,还试图从逻辑学的角度讲正名。比如他用"共名"与"别名"来表明概念的种属关系,"物也者,大共名也。推而共之,共则有共,至于无共然后止。有时而欲偏举之,故谓之鸟兽。鸟兽也者,大别名也。推而别之,别则有别,至于无别然后止。""共名"相当于一般的类概念,"别名"相当于较低的类概念。如果从低的类推到高的类,一直推上去,不能再推了,就是"大共名"。"物"是最大的共名。如果从高的类推到低的类,一直推下去,推到某一个具体事物,没法再推了,就是"大别名"。每一个共名相对于它的上一级又是别名,每一个别名相对于它的下一级来说则是共名。例如,与"兽"相对,"马"为别名;与"白马"相对,"马"又为共名。

总之,荀子是先秦儒学的最后一位大师,在战国时期与孟子地位相当。汉初儒学的传播和荀子有很大关系,"荀卿之学,出于孔氏,而有功于诸经。"[①]到了宋代,理学家抬高孟子,贬低荀子,才把他从所谓的"道统"中排斥出去。即便如此,也掩盖不了荀子的光芒。每当中国哲学随着思孟、董仲舒和谶纬神学走向神秘主义或目的论时,荀子、王充、范缜、刘禹锡、柳宗元等人则站在自然常识的立场上,反对超越经验的迷信和虚妄。

(二)墨家及其基本思想

墨家学派的代表人物为春秋时期的墨子以及战国中后期的后期墨家。墨子,

---

① 汪中:《荀子通论》,福建教育出版社1987年版。

名翟,宋国人,长期居住在鲁国,约生于公元前467年,卒于公元前376年。墨子出身下层手工业者,精通机械制造,早年曾随孔门弟子学习儒家学说,后成为儒家的反对派,另外创立墨家。墨家学派是一个有着严密纪律的组织,首领称为"钜子","钜子"对于徒众的思想行动有绝对的指挥权,墨子是第一任钜子。墨家成员称为"墨者",大多来自社会下层,平时生活清苦,以扶危济困为己任。墨家学派在先秦一度非常显赫,与儒家并称为"显学"。儒墨之争是战国百家争鸣的发端。墨子的思想主要体现在《墨子》一书中,此书共53篇,是墨子本人及后期墨家的著作。

墨子的政治和社会主张主要体现在"兼爱""非攻""尚贤""尚同""天志""明鬼""非乐""节葬""节用""非命"等十个方面,大多是与儒家针锋相对的。"兼爱""非攻"。墨子用"兼爱"反对儒家的"爱有差等",他认为如果人们能做到"视人之国若视其国,视人之家若视其家,视人之身若视其身",[①]就不会出现强凌弱、富侮贫、贵傲贱、智欺愚之类的混乱现象。需要注意的是,"兼相爱",不是从道德意义上讲的,而是以"交相利"为目的,"夫爱人者,人亦从而爱之;利人者,人亦从而利之。"从兼爱出发,墨子反对战争,认为进攻别人的国家是不义的。在这点上墨家与儒家有共同语言。"尚贤""尚同"。墨子则认为选拔贤人,应该不别贫富、贵贱、远近、亲疏,"虽在农与工肆之人,有能则举之",做到"官无常贵,而民无终贱"。这与儒家尚贤但局限于亲亲尊尊的范围内颇为不同。墨子认为,要避免天下大乱的无政府状态,需要一个绝对的政治权威统一天下的意见,这样,从乡里之长、诸侯国行政长官、万国诸侯到三公以至天子,下级的思想和行动要层层统一于上级,"上之所是必皆是之,所非必皆非之。"至于天子,应该"总天下之义,以尚同于天"。如此一来,"治天下之国如治一家;使天下之民如使一夫"。墨子的尚同学说论证了集权主义国家的合理性。

与儒家的不事鬼神不同,在宗教上墨子提倡"天志""明鬼"。天命鬼神具有赏善罚暴的性格,主要是来监督人们尤其统治者的行为,"天子有善,天能赏之;天子有过,天能罚之。""今若使天下之人偕若信鬼神之能赏贤而罚暴也,则夫天下岂乱哉。"因为头顶上悬着天意鬼神,统治者不能不约束自己的行为,否则会遭到制裁。"非乐""节葬""节用"。乐是儒家"六艺"之一,墨子认为它不够实用,费时耗事,因此,为了"兴天下之利,除天下之害",必须"非乐"。同样,儒家提倡的"厚葬久丧"劳民伤财,削弱身体,不利于财富生产和人口增加,足以"丧天下",必须加以反对。从"节用"的主张出发,墨子反对统治者的奢侈享受,因为这样"将必厚措敛于万民"。墨子批判儒家关于"命"的观点,主张"非命"。墨子认为人们的生存,

---

① 《墨子·兼爱中》。

依赖于自己的辛勤劳动,"赖其力者生,不赖其力者不生","强必饱不强必饥",如果听从"有命"之说,那么,在上者就不认真治国理政,在下者也不好好从事劳作了。在认识论方面墨子提出"三表法"作为检验理论的标准。"何谓三表?子墨子言曰:有本之者,有原之者,有用之者。于何本之?上本之于古者圣王之事。于何原之?下原察百姓耳目之实。于何用之?废以为刑政,观其中国家百姓人民之利。"①墨子认为要根据古时圣王实践所得的经验、当世百姓在实践中所获得的经验以及社会效果来衡量理论学说的是非曲直。"三表法"一言蔽之,即用实践检验理论,这是人类认识史上的创举。逻辑学上,墨子提出"类""故"两个概念,用于探求事物之间的联系性和因果性。此外,墨子还提出要"明故","故"就是事物所以然之理。他讲自己观点的时候,常用"何故""是故"的论证形式。"圣人以治天下为事者也。必察乱之所自起……臣子之不孝君父,所谓乱也……此何(故)也?皆起不相爱。"②这样做,有助于发掘问题的来源,把握事物发展的本质。

墨子思想中存在着明显的矛盾,比如他一方面主张兼爱、平均,同时又主张专制等级制度;一方面要求举贤任能,同时又强调"尚同"服从;一方面强调"非命"、薄葬,同时又崇尚"天志"、鬼神。李泽厚认为墨子这种思想的矛盾只能以小生产劳动者的特征加以解释,小生产者勤勤恳恳,注重实用,提倡强力,但常常感到自身力量不足,盼望上面有一个强大而集中的权威来解救和保护自己,所以在政治上拥护专制等级制度,在宗教上幻想一个拥有绝对权威的人格神作为最高主宰,在社会理想上则寄希望于平等、博爱的乌托邦。他们生产、生活环境散漫狭窄,看问题局限于日常经验,产生不出一个类似荀子《天论》抑或《易传》那样具有博大视野的整体世界观③。墨子的思想体现了劳动人民的本色,富有科学精神,但在当时,就不断遭到批判,孟子批判墨子"兼爱",尊卑无别,"无父无君,是禽兽也。"荀子批判墨子"尚同",无视人的个性,"有见于齐,无见于畸。"批判墨子过于讲究实用,不了解文化的价值,"蔽于用而不知文";庄子批判墨子学派太过自苦,普通人很难做到,"其生也勤,其死也薄,其道大觳;使人忧,使人悲,其行难为也。"墨家学派的发展分为前期和后期,学术界把战国中后期的墨家称为后期墨家。《墨子》中的《墨经》上下,《经说》上下,《大取》《小取》六篇是后期墨家的作品。后期墨家继承墨子的优良传统,在逻辑学和科学研究领域方面有很大贡献。后期墨家的学说,不像儒家那样"常常把哲学、政治、道德混淆在一起,而是把哲学、科学同社会

---

① 《墨子·非命上》。
② 《墨子·兼爱上》。
③ 李泽厚:《中国思想史论》上卷,安徽文艺出版社1999年版,第64~68页。

政治伦理问题的界限分得很清楚,把自己的眼光面向自然、社会和思维,忠实地去研究它们的规律性,不给它们涂上神秘的色彩。它有理性的头脑,求实的态度……强烈的科学精神,是封建社会实行儒家文化专制以来,我们中华民族最缺乏的一个方面"①。

后期墨家在总结先秦名辩思潮的基础上,提出了自己的逻辑思想,不仅代表了先秦诸子的最高水平,即便在世界范围内,也堪与古希腊逻辑学和古印度因明学相媲美。后期墨家多是工匠加学者出身,他们在总结手工业生产经验的基础上,掌握了当时许多先进的自然科学知识。在物理学方面他们做了小孔成像的实验,这是世界上公认的最早的人类对光的直线传播性质做出的科学解释。后期墨家在数学方面的成就主要体现在几何学方面,他们给一系列基本概念下了定义,比如点的定义,"端,体之无序(一说厚)而最前者也。"点是没有厚度在物体最前的部分。平的定义:"平,同高也。"圆的定义:"圆,一中同长也",等等,这些定义,是非常科学的,不少可以与欧几里德几何学互相印证。人们常说,中国传统文化,长于政治和伦理,短于科学与逻辑。但是,后期墨家恰恰相反,他们的成就给缺少自然探索精神和逻辑思维研究的中国文化源头涂上了非常亮眼的一笔色彩。不过,他们看问题多从常识出发,讲究实用的目的,缺少形而上的探究。

墨家虽然在先秦时光彩夺目,盛极一时,但历史命运却十分凄凉,秦汉以来,墨学逐渐被作为异端邪说摒弃。从外部原因看,他们公开批判封建正统意识形态——儒学,倡导"兼以易别""民无终贱"。另一方面,墨家还具有舍己为人、以武犯禁的游侠之风,这些都为专制王权所不容。从内部原因看,他们自苦至极,不近人情,偏重实用,淡化了人们对思想的兴趣。即便如此,在治国平天下始终是知识分子关注焦点的情况下,墨家的逻辑学被视为无用之学,他们的科学研究也被视为"奇技淫巧",不被重视而逐渐衰退。葛兆光认为墨家学派的消失是一种集团内的自我瓦解,"墨子一系在传续上,更多地带有那种人身依附性和团体的封闭性,无形中消解了思想层面的联系纽带而凸显了团体层面的宗法关系,于是不免会在'钜子''圣人'的光环消失时分崩离析,连思想的联系也随之崩溃。"②直到清朝中叶,人们才开始重视墨家思想。在"五四"前后三四十年间,梁启超等人认为,墨家六篇讲科学、重理性,可以与西学相参证,启发愚昧,解放思想。墨学研究于是成为一股时髦的潮流。

---

① 任继愈:《中国哲学发展史》先秦卷,人民出版社1983年版,第580~581页。
② 葛兆光:《中国思想史》第一卷,复旦大学出版社2015年版,第102页。

## （三）道家及其基本思想

道家学派的代表人物是春秋时期的老子和战国中期的庄子。老子,道家学派创始人,姓李,名耳,字聃,春秋时期楚国苦县厉乡曲仁里人,生卒年不详,大约比孔子早几十年。他做过周朝的史官,熟悉天道和历史,"道家者流,盖出于史官,历记成败存亡祸福古今之道,然后知秉要执本,清虚以自守,卑弱以自持。"[1]后隐居,留有《道德经》一书。需要注意的一点是,以老子为代表的道家思想有鲜明的地域风格。任继愈认为老庄哲学有发生在江汉流域的楚文化特征,偏重于探讨世界万物的构成、起源、人与自然的关系,而轻蔑人伦日用。[2]

老子哲学的理论基础是"道"。老子企图从不断变化的社会现实中寻求永恒不变的东西,于是提出"道"这个概念。"道"是万物创生的依据,"道生一,一生二,二生三,三生万物。万物负阴而抱阳,冲气以为和。"这里,老子用"道"回答了类似西方哲学中"世界从哪里来的"的问题。"道"是超越经验的存在,"视之不见,名曰'夷';听之不闻,名曰'希';搏之不得,名曰'微'",只能用"无"来形容,"无,名天地之始,有,名万物之母","天下万物生于有,有生于无"。老子用精炼的哲学语言提出"道"这个概念,没有用神话或宗教的形式,在当时是非常了不起的。"无为"是老子思想中最重要的观念,意思是顺其自然,不加以人为。老子看到当时统治者强作妄为,造成人民的灾难,"民之饥,以其上食税之多,是以饥;民之难治,以其上之有为,是以难治。"所以提出"无为"这个釜底抽薪的方法。"道"是"无为"的形而上依据,因为"道"本身就有"自然""无为"的性质,"人法地,地法天,天法道,道法自然""道常无为而无不为。""无为"的思想还来自于生活中的具体经验,"希言自然。故飘风不终朝,骤雨不终日""治大国,若烹小鲜。"在"无为"的状态下,最好的政府要辅助人民而不过多干预,让人们感觉不到它的存在,"太上,不知有之;其次,亲而誉之;其次,畏之;其次,侮之。信不足焉,有不信焉。悠兮其贵言。功成事遂,百姓皆谓:我自然。"最好的统治者应该清净无欲,不过多打扰百姓,使老百姓保持一种自我化育的素朴状态,"故圣人云:'我无为,而民自化;我好静,而民自正;我无事,而民自富;我无欲,而民自朴。'"毫无疑问,无为思想有消解人的贪欲,顺应天道自然的积极含义。从"无为"出发,老子反对仁义、法令、伎巧、利器"绝圣弃智,民利百倍;绝仁弃义,民复孝慈;绝巧弃利,盗贼无有。""天下多忌讳,而民弥贫;人多利器,国家滋昏;人多伎巧,奇物滋起;法令滋彰,盗贼多有。"他推崇远古先民的原始生活状态并把它理想化,主张回到那种用结绳记

---

[1] 《汉书·艺文志》
[2] 任继愈:《中国哲学发展史》先秦卷,人民出版社1983年版,第23、24页。

事,鸡犬相闻而民至老死不相往来的"小国寡民"的社会。要回到这种社会,统治者要做到"非以明民,将以愚之"。这些主张里既含有对社会病态和文明弊端的深刻认识,比如统治阶级仁义背后的虚伪,文明发展对人的异化,也有明确的反智、愚民、复古倒退倾向。

老子为了阐述他的"无为"主张,提出了一系列系统的辩证法思想。他的长处是善于看到事物的另一面并能够从反面思考问题。老子揭示出事物存在着对立统一的两方面,"天下皆知美之为美,斯恶已;皆知善之为善,斯不善已。有无相生,难易相成,长短相形,高下相盈,音声相和,前后相随,恒也。"有无、难易、长短、高下、前后,都是由于有了相反的方面才能存在的。假如失去了相反的一面,另一面是不可能存在的。而对立面又是可以相互转化的,"祸兮,福之所倚;福兮,祸之所伏。孰知其极?其无正也。正复为奇,善复为妖。"值得注意的是,在事物相反对立的状态中,一般人多要崇有、争先、登高、逞强,老子却更看重反面的作用,要人重无、取后、居下、守弱。他的理由也是来自于对经验世界的观察,"人之生也柔弱,其死也坚强。草木生之柔脆,其死也枯槁。故坚强者死之徒,柔弱者生之徒。"老子害怕事物发展到极点,就会走向反面,因此要防患于未然,始终保持柔弱不足的状态。毫无疑问,这种柔弱知足的思想有助于维护事物的平衡状态,但是容易产生保守、因循、"怒其不争""哀其不幸"的消极影响。因为过于强调反面的作用,一些思想常引起人们的争议,如"将欲弱之,必固强之;将欲废之,必固兴之;将欲取之,必固予之""夫唯不争,故天下莫能与之争"之类。

总之,老子的智慧像一口深井,取之不尽,用之不竭。韩非子等法家人物曾对老子的思想加以利用改造,作为其专制思想和愚民政策的来源。汉初学者则从中发展出清静无为的"黄老之学","文景之治"就是在这种思想指导之下实现的。后世不少统治者深受影响,在处理政事的时候"内用黄老,外用儒术"。东汉末年,老子被神化成道教的教主。魏晋时期,玄学家如王弼等则用老子学说中的形而上学佐证他们的学说。宋代道学家的"理"中显然有"道"的影子,而从战国的荀子到明清之际的王夫之,他们的思想无疑受到老子自然天道观的影响。在漫长的中国古代社会中,道家思想一般作为儒家的对立面和补充物而存在,儒道两家相辅相成,构成中国传统文化显隐两方面的主干。

庄子,名周,战国中期宋国蒙地人,生卒年月不详,大约与孟子同时代人。据说楚威王曾派人请他做相,被他拒绝了,他宁愿"游戏污渎之中自快,无为有国者所羁,终身不仕"。[①] 庄子生活贫困,以织草鞋为生,即便如此,他仍然很乐观风

---

① 《史记·老子韩非列传》。

趣。庄子生活在"殊死者相枕""桁杨者相推""刑戮者相望"的年代,小心谨慎,也不过"仅免刑焉"。痛苦的现实既然无法超脱,他于是致力于追求精神的自由与内心的调和,"追求个体精神的独立人格和自我超越"。① 与先秦其他思想家多关注如何"平定天下""统治百姓"不同,他把目光投向个体生命。庄子的文章汪洋捭阖,恣肆浪漫,富有游戏精神和审美品格,因此《庄子》这本书,不妨当作小说和美学作品去读。庄子之所以与老子并列为道家,在于他也是以"有情有信""无为无形""自本自根""生天生地",超越经验和时空的形而上学之"道"为整个哲学支点的。不过,他的"道"不似老子的"道"那么玄远,他用道可以在蝼蚁、稊稗、瓦甓甚至屎尿这些每况愈下的低贱事物中存在,来说明"道"无所不在的性质。庄子还提出了神秘的"心斋""坐忘"之类的体道方式,通过修炼,人类可以忘却自身存在,与道合一,成为拥有绝对自由的"无己""无功""无名"的圣人。从"道"出发,庄子提出了相对主义的认识论和自然无为的思想。庄子认为,百家争鸣,每家都从自身立场出发去反对别人,他们得出的结论都是相对的,不可能存在一个为所有认识主体都共同认可的答案,这样一来,辩论不分胜负,是非彼此总是对立的。那么,怎样摆脱这一困境? 庄子认为从"道"的观点看事物,就不存在彼此是非的区分,"果且有彼是乎哉? 果且无彼是乎哉? 彼是莫得其偶,谓之道枢。"不仅如此,也没有成、毁的区分,"其分也,成也;其成也,毁也";生死是相对的,"方生方死,方死方生";大小的区别是相对的,"天下莫大于秋毫之末,而大山为小;莫寿于殇子,而彭祖为夭。"甚至我与非我之间,也不存在界限,"天地与我并生,而万物与我为一"。庄子和惠子一样,把相对主义绝对化了。相对主义的优点是可以破除对真理的迷信,"夫道未始有封,言未始有常",即真理没有固定的标准。但是吊诡的是,相对主义也是专制思想的来源,是非彼此"统合于绝对之大道,即用绝对的相对,来达到绝对的'绝对'亦即道",这种对道的解释"正好为权势主义者所强调的君主权势至高无上而又广大普施,提供了宇宙依据"②。

庄子认为"天然"是与"人为"相对的,不应"以人灭天"。万物虽然自然本性不同,能力不同,顺其自然就好,如果络马首、穿牛鼻,以人为改天然,会造成痛苦。政府和社会不能把约束强加给个人,如果有违他们的自然本性,则会同养鸟的鲁侯和凿"混沌"的倏与忽一样,好心也会办坏事。因此,庄子反对用制度治理国家,"闻在宥天下,不闻治天下也。在之也者,恐天下之淫其性也;宥之也者,恐天下之

---

① 赵金科:《和谐社会群己论构建的传统文化底蕴》,载《东岳论丛》,2012 年第 2 期,第 138 页。
② 冉云飞:《庄子我说》,中国发展出版社 2014 年版,第 23 页。

迁其德也。"从自然无为的立场出发,庄子反对道德和技术对人的异化。庄子看透了道德背后的虚伪,指出仁义本来是圣人治理天下的工具,却被大盗利用,成了窃国大盗的护身符,"彼窃钩者诛,窃国者为诸侯,诸侯之门而仁义存焉",为仁义这样的道德价值献身,并不比求利活动高尚,"伯夷死名于首阳之下,盗跖死利于东陵之上。二人者,所死不同,其于残生伤性均也。"庄子还反对技术对人的异化,《天地》篇中有个寓言讲一位老园丁浇水,用大水瓮去浇,一个年轻人劝他使用较先进的吊杆打水,园丁认为,有机巧之器必有机巧之心,有机巧之心人就会失去纯洁空明的本性。以上庄子的思想已经触及人作为本体的自由、尊严以及存在的问题。在先秦思想史中,庄子对生死的看法非常独特,他"以生为附赘悬疣,以死为决疯溃痈"。生死都无足轻重,死亡反而是一种解脱。据说庄子的妻子死了,他不仅不哭,反而鼓盆而歌。他认为人死了去吊唁死者,"是遁天倍情,忘其所受"。庄子对死亡的理解,建立在对生命的深刻认识上,"故善吾生者,乃所以善吾死也。"过着健全的一生,才有资格享受圆满的死亡。从《秋水》篇里庄子与惠子著名的关于"鱼之乐"的辩论看,庄子把自然审美化了,他移情于外物,达到物我一体的境界,不似惠子,对自然采取分析、解剖的态度。庄子还把"道"发展为艺术创作中超越具体技能之上的一种自由境界,如同解牛的庖丁所言,"臣之所好者道也,进乎技矣。"①《达生》篇中承蜩的佝偻者,《知北游》篇中的捶钩者,《田子方》篇中为宋元公画画的画师,都能达到类似的境界。

　　总之,庄子是一位极富魅力的人物,他对自然、自由的热爱,对生命的歌哭,对社会现实的清醒认识,千载之下,仍能深深引起我们的共鸣。不过,他过于强调人自然存在的一面,企图回到消灭私有制和一切文明的"至德之世",则是复古倒退的思想。在理想人格上,他是清澈高远的;在现实生活中,则是一种处于"材与不材之间""知其不可奈何而安之若命"的自欺欺人、逆来顺受的消极性格。这些我们都要批判地看待。庄子的思想不仅在哲学上激发了魏晋玄学和禅宗的思辨,对文学艺术的影响也很大,"故合而言之,道家之说,显一观赏之自由。内不能成德性,外不能成文化,然其游心利害成败以外,乃独能成就艺术。"②它还影响了传统士大夫们的审美情趣和生活态度,当他们在政治生活中遭到挫折时,往往到庄子的世界里寻求安慰。不仅如此,在节奏繁忙高度机械化的今天,庄子思想中的大自然气息,仍然可以抚慰人心。

---

① 《庄子·养生主》。
② 劳思光:《新编中国哲学史》第一卷,生活·读书·新知三联书店2015年版,第214页。

(四)法家及其基本思想

法家早期的代表人物有申不害、慎到、商鞅等人,后期的代表人物是韩非。韩非,法家思想的集大成者,约生于前280年,卒于前233年,出身韩国贵族,与李斯同是荀子的学生。当时韩国正遭强邻欺凌,韩非多次上书韩王,希望其励精图治,但未被采纳。后来韩非到了秦国,为秦王政所赞赏,尚未得任用,就为李斯所忌,被迫自杀于狱中。韩非虽死,他的思想却一直被秦国贯彻,成为秦国的官学。"法"之所以为"法",是在与"礼"的区别中显示出来的,"礼"是别贵贱、论尊卑的,"法"则是"不别亲疏,不殊贵贱",与贵族特权针锋相对的。因此,法家人物与当权的贵族重臣是势不两立的仇敌,他们的处境孤独而危险,"不僇于吏诛,必死于私剑矣。"韩非骨子里有一种刚毅劲直的死士精神,然而,其悲剧结局实在是一场历史的误会。虽然法家人物大多下场凄惨,但他们的思想符合上升时期新兴地主阶级的要求,适应了由贵族政治向君主专制过渡的历史趋势,因此他们有关加强中央集权、厉行赏罚、奖励耕战、文化专制等思想政策能够落到实处,最终帮助秦国实现统一。

商鞅一派讲究"法"。所谓"法",指的是法律、法令。"法者,编著之图籍,设之于官府,而布之于百姓者也。"法治是通过赏罚"二柄"实行的,"赏存于慎法,而罚加乎奸令者也。"法治对贵族和平民是一视同仁的,"法不阿贵,绳不挠曲。"①申不害一派强调"术"。所谓"术",指的是君主考察、选拔、驾驭群臣的一整套方法和权术,"术者,因任而授官,循名而责实,操生杀之柄,课群臣之能者也。此人主之所执也。"与"法"的明文颁布不同,"术"是不显露出来的,"术者,藏之于胸中,以偶众端而潜御群臣者也。"慎到一派重"势"。"势",即国君至高无上的权势。权势对于君主,必不可少,"尧为匹夫,不能治三人;而桀为天子,能乱天下:'吾以此知势位之足恃而贤智之不足慕也。'"韩非子认为他们各有欠缺,申不害"徒术而无法",没有帮助韩国建立霸王之业。商鞅"徒法而无术",造成"战胜,则大臣尊;益地,则私封立"的局面。所以,他主张要将三者结合起来,在"法""术"关系上,他认为二者缺一不可,"君无术则弊于上,臣无法则乱于下。"在"法""势"关系上,他认为,君主如果"抱法处势",即便才能不及尧舜,拥有中等素质就可以使天下大治。在人性论上,韩非极端冷酷无情,他认为人与人之间,充满了赤裸裸的利害关系。做车子的匠人希望人富贵,做棺材的匠人希望人早死,并非对人有什么爱憎,而是为了卖车子和棺材以获得利益。父母重男轻女,甚至溺死女婴,这是儿子或女儿带给父母的利益不同。君臣之间,也是为了自身的利益而互相计算,"臣尽死

---

① 《韩非子·有度》。

力以与君市,君垂爵禄以与臣市。"所以,治理国家,要抓住人性的特点,"夫圣人之治国,不恃人之为吾善也,而用其不得为非也……故不务德而务法。"

与先秦时代大多数思想家复古的历史观不同,韩非认为历史是发展变化的,他将人类社会的发展分为上古、中古和近古三个时代,"上古竞于道德,中世逐于智谋,当今争于气力。"随着时代的前进,统治者要根据实际情况制定政策,不能因循守旧,"是以圣人不期修古,不法常可,论世之事,因为之备。"①他还从经济因素出发解释历史的发展:人们可以轻易辞掉古代的天子而难以舍弃今天的县令,是因为过去做天子劳动繁重而供养又太薄,待遇还不如今天的县令。儒家的圣人,不过是趋利避害者,因此,没必要美化过去的政治。《史记》中讲韩非"喜刑名法术之学,而其归本于黄老"是有道理的。在认识论上,他在老子"道"的基础上,明确提出了"理"的范畴。道是万物之所以成为万物的一般规律,而理是道落实到每个事物中的特殊规律的展现,即方圆、短长、粗靡、坚脆等具体属性,"理者,成物之文也;道者,万物之所以成也。"如果"缘道理以从事",即按事物本身的规律办事,没有办不成的。韩非还用道来比附君主超然的地位,君主效法道,"无为于上",则"臣竦惧乎下"。因此,"道"成了君主隐秘权术的来源。

总之,韩非的法治思想,都是用来治理臣子和人民的,却没有用来约束君主的,相反,它最大的特点是肯定君主的绝对权力,因此,法家思想在历史上成了专制主义的代名词。虽然韩非的治国理念在秦朝得以实现,但因为其极端的集权独裁,严刑酷法,造成普遍的社会恐怖,导致秦二世而亡。后世的统治者接受教训,不敢再公开打法家的旗号,然而,法家思想的精髓却被历代统治者延续下来,从汉武帝"罢黜百家,独尊儒术"开始,统治阶级便形成了"外儒内法""杂王霸而用之"的政治传统,"法家这种以法治为本,以制度建设为手段的治国理念,在今天看来仍然具有重大的现实意义。"②

### 三、百家争鸣对中华民族文化精神的影响

百家争鸣的先秦时代,是缔造灿烂辉煌的中华文明"轴心时代",凸显了华夏文化天人合一的生态环保思想,塑造了一体之仁、崇尚伦理道德的生命关怀意识,体现了注重综合思维、辩证思维与和谐思维的理性方法,彰显了自强不息、厚德载物的奋斗抗争精神和博大人文情怀,培育了天下一家的和平主义与爱国主义精

---

① 《韩非子·有度》。
② 赵金科、刘煜:《法家法律政治与新农村法制文化建设》,载《齐鲁学刊》,2008年第6期,第104页。

神,型构了中华民族礼仪之邦独特的精神标识与价值体系,深刻影响了中华民族文化精神的历史走向和价值追求,构成了中华民族的精神家园、文化基因和思想摇篮。正如习近平所指出:"中华文明绵延数千年,有其独特的价值体系,中华优秀传统文化已经成为中华民族的基因,根植于中国人内心,潜移默化影响着中国人的思维方式和行为方式。"[①]

(一)关注现实,重视伦理道德

汉代史学家司马谈曾总结诸子百家:"'天下一致而百虑,同归而殊途。'夫阴阳、儒、墨、名、法、道德,此务为治者也。"[②]可见,先秦思想家考虑问题是以现实政治的需要为出发点的,再加上春秋战国时期的社会始终保留着氏族宗法制的残余,因此,他们多半关注现实政治、伦理而非自然界和形而上学。这种特点在对中国文化精神起最大影响作用的儒家那里,表现得尤为明显,孔子偶尔提及的自然现象,不过是论证他自己思想的取譬之物。而对自然科学研究和逻辑学感兴趣的后期墨家、名家则最终湮没在思想史的舞台上。与同样作为文明源头的古希腊思想对比,苏格拉底关注的是正义之为正义,美之为美的一般定义,柏拉图关注的是现象世界背后的"理念"世界。这是"贤人作风"与"智者气象"的区别[③]。这种"贤人作风"影响到后来,即伦理道德成为中国传统文化的核心价值诉求。

习近平总书记曾强调,"培育和弘扬社会主义核心价值观,要突出道德价值的作用。"所以,弘扬、培育和践行社会主义核心价值观,需要从先秦思想中去寻找精神资源。对个人而言,道德修养是立身之本。先秦儒家有不少关于道德修养的论述,比如讲仁爱,"仁者爱人";讲诚信,"诚之者,人之道也";讲礼让,"不学礼,无以立";讲正义,"君子喻于义";讲自律,"诚于中,形于外,故君子必慎其独也";讲"内圣外王","修己以安百姓";讲秩序,"父子有亲,君臣有义,夫妇有别,长幼有序,朋友有信";讲信念,"三军可夺帅也,匹夫不可夺志也";讲原则,反对"以顺为正"的"妾妇之道",鼓励士人做"富贵不能淫,贫贱不能移,威武不能屈"的大丈夫。在秦以后的社会中,封建伦理道德虽然具有制约人们思想、维护封建等级制度和禁欲主义的缺点。但另一方面,这些道德为后来的仁人志士提供了安身立命的根本。从诸葛亮的"静以修身,俭以养德"到范仲淹的"先天下之忧而忧,后天下之乐而乐",从理学的道德说教到文天祥的"三纲实系命,道义为之根",从青年毛泽东称道曾国藩到后来关于共产党员的修养,虽然时代不同,内涵不同,重视道德

---

① 习近平:《习近平谈治国理政》,外文出版社2014年版,第170页。
② 《史记·太史公自序》。
③ 侯外庐、赵纪彬、杜国庠:《中国思想通史》第一卷,人民出版社1957年版,第131页。

修养则是一脉相承的传统。重视伦理道德,反映在国家层面上是德政民本思想。先秦儒家对德政民本思想有系统的论述,比如讲德主刑辅,孔子认为"宽以济猛,猛以济宽",荀子认为"明礼仪以化之,起法正以治之",到了汉代,董仲舒提出"刑者德之辅,阴者阳之辅也",确立了德主刑辅的模式。比如讲以民为本,"民为邦本,本固邦宁";讲关心民生,"省刑罚,薄税敛""制民之产""先富后教""足食,足兵,民信之矣";讲国家安危取决于民心向背,"君者,舟也;庶人者,水也。水则载舟,水则覆舟。"这些思想为历朝历代统治者所重视。虽然古代过分夸大道德治国的作用,容易导致"人治",过去的民本思想也与现代社会的民主理念有很大差别,但毫无疑问,在提倡"以德治国""以人为本"的今天,古代的德政民本思想仍有很大的借鉴意义。

(二)"天人合一"思想

天人关系是先秦思想的一条主要线索,先秦思想中的"天",有以老庄和荀子为代表的"自然之天",有以思孟学派为代表的"心性""义理"之"天",有《周易》经传中富有人格意志的"主宰之天",有人主观不能把握的"命运之天"。在天人关系中,"天人合一"是主流,在讲天人关系的诸家中,儒道两家是主流。就儒家而言,"天人合一"主要不是指人与自然的关系。儒家的"天"多具有道德属性,"人"则指道德高尚的圣人,所谓"天人合一"就是要加强个人的道德修养,遵守圣人取法天道制定的礼仪伦常,实现身心的和谐。当然,儒家的"天"有时也具有自然的含义,如孔子所言:"天何言哉?四时行焉,百物生焉,天何言哉?"如荀子所言"天行有常,不为桀存,不为尧亡",荀子把人类利用自然养活自己叫作"天养",把人类接受大自然的制约叫作"天政",他区分了"天"和"人"的不同功能,提出"制天命而用之",含有按自然规律办事的意味,"天""人"得以在"相分"的基础上实现更好的合一。

儒家的"天人合一"思想为现代生态伦理学提供了价值资源。儒家把人和自然看作道德共同体,尊重天地万物的本性,主张"赞天地之化育",合理利用自然资源。孔子讲"钓而不纲,弋不射宿",将"仁爱"之心推己及物。孟子讲"亲亲而仁民,仁民而爱物",把伦理情感从人与人之间扩展到人与物之间,进而提出"不违农时""数罟不入洿池""斧斤以时入山林"的说法,后来荀子讲"山林泽梁以时禁发而不税"大致一个意思。曾子把"孝"这种伦理道德延伸到自然界,他曾引述孔子的话说:"断一木,杀一兽,不以其时,非孝也。"这些思想影响到后世,北宋时张载提出"民吾同胞,物吾与也",他把天地万物当作朋友。到了明代,王守仁进一步把仁爱精神与鸟兽、草木、瓦石等事物连在一起,是为"一体之仁",这种说法代表了儒家"天人合一"思想的最高境界。道家的"天人合一"是人与自然关系的表达,接近于现代人对自然的看法。道家看待天地万物,不以人类自我为中心。老子说:"人法地,地法天,天法道,道法自然。"他把天地自然当作人生价值的依归。庄子讲"天地与我并生,万物与我为一",他认为天地自然与人类是相互依存的关系。庄子眼中的"天"具有与"人为"相对的"自然而然"的含义,"牛马四足,是谓天;落马首,穿牛鼻,是谓人。"所以,他主张尊重万物的自然本性,"无以人灭天"。庄子还赋予自然审美的意义,他认为,大自然本身包含最美的价值,"天地有大美而不言,四时有明法而不议,万物有成理而不说。"所以,他笔下的自然界总是一派生意盎然。与自然的天道观相对,道家在生活态度上主张清心寡欲,无为无争。

如果拿儒道两家"天人合一"的思想与西方哲学相对比,可知,后者是"天人相分"的思维模式,它们从知识的立场出发,强调人类对自然的征服和开发。这类思想的优点是促进了科学技术的发展,缺点是导致了严重的生态环境危机。今天我们进行生态文明建设,要克服这种"人类中心主义"的缺陷。同时,注意吸取传统"天人合一"思想的优点,比如对大自然要有敬畏之心,审美之情,要对大自然负起自己的道德责任,合理节约和利用自然资源。但是,需要注意的是,传统的天人关系建立在农业文明的基础上,那时,农业的好坏与"天"休戚相关,所以人们敬天、畏天、依赖天,这与现代社会中人对自然的认识有很大差异。同样,在传统的"天人合一"思想中,儒家有把人类道德观念泛化到自然界中的倾向,道家则强调对自然的模仿审美,二者都忽视了对自然界奥秘的探索和研究,从而导致中国古代科学技术的落后。所以,古代的"天人合一"思想要为当今所用,还需要对其进行转变和重塑。

(三)辩证思维与重视和谐的思想

先秦时代的辩证法思想集中体现在《道德经》与《易传》两个系统中,两者都从对立面的相互依存和转化来解释自然界和人类社会的规律。不同的是在辩证法对立的双方中,老子强调柔弱的一方,"天下莫柔弱于水,而攻坚强者莫之能胜,以其无以易之。"而《易传》则注重刚强主动的一面,"夫乾,天下之至健也,德行恒易以知险。"但两者的共同特点是都有"物极必反"的观念:"反者道之动""'亢龙有悔',盈不可久也。"这种观念影响到中国人的性格,一方面大家即使在生活安逸、顺遂的情况下,也不忘未雨绸缪,时刻保持忧患意识,所谓"君子安而不忘危,存而不忘亡,治而不忘乱,是以身安而国家可保也。另一方面则不走极端不偏激,防止刚强过度,脱离必要的生存基础而危及自身。

因为具有辩证思维,害怕"物极必反",先秦思想有重视和谐的传统。和谐包括三部分:人与自然的和谐(具体论述见上一标题)、人与社会的和谐、人与自我的和谐。人与社会的和谐:这种和谐表现在相爱、有序的社会关系中。儒家讲仁爱、忠恕之道，主张"泛爱众，而亲仁""己所不欲，勿施于人"。儒家的礼使人们有群有分、上下有序、互相谦让、避免矛盾冲突，使社会趋于和谐稳定，"讲信修睦，尚辞让，去争夺，舍礼何以治之？"道家在希望人们"无为""无欲""无争"的同时，主张效法天道，"损有余而补不足"，以实现社会的相对均衡。墨家讲"兼爱"，主张人与人之间的互爱互利，"夫爱人者，人亦从而爱之；利人者，人亦从而利之"，如此一来，战争、祸患、盗贼都不会发生，社会就会变得安定有序。这些思想，为我们今天建设和谐社会提供了深厚的文化积淀。人与社会的和谐向外扩展，就是"协和万邦"。先秦思想家大多热爱和平，反对战争，主张国与国之间和谐相处。墨子由"兼爱"发展到"非攻"，认为进攻别人的国家是不义的。老子反战，主张"虽有甲兵，无所陈之"。儒家讲究"礼之用，和为贵""和而不同"。孔子深信文明教化的力量，他曾说："远人不服，则修文德以来之"，孟子则区分出"王道"与"霸道"，"王道"的作用在于德，"霸道"的作用在于力，"以力服人者，非心服也，力不赡也；以德服人者，中心悦而诚服也"。儒家知识分子的理想是治国平天下，建立"天下为公"的大同社会，其终极指向是"和谐世界"。可以说，中国人民崇尚和谐、爱好和平的基因早在先秦时代就已种下。近年来，随着中国的发展壮大，有些别有用心的外部势力抛出"中国威胁论"，他们认为中国的崛起和复兴，会对其他国家构成威胁。对此，我国领导人先后倡导"和谐世界"的理念和"人类命运共同体"的意识，向世界表明，中国绝不会像西方某些国家那样，在崛起的过程中伴随着社会达尔文主义和霸权主义的横行，中国的崛起注定是"和平崛起"，这是最初的文化基因决定的。

　　人与自我的和谐：人与自我的和谐表现在对情感欲望的节制上。儒家讲"礼"，"礼"的作用在于调节人情，人的情欲的流露，必须合乎适当的节度分限。孔子说："恭而无礼则劳，慎而无礼则葸，勇而无礼则乱，直而无礼则绞。"这个节度分限，就是中。孔子讲究"中庸之道"，在人格修养上主张"文质彬彬"的君子人格；在文学欣赏上主张"乐而不淫，哀而不伤"的审美趣味；在对待财富的态度上是"取之有道""用之有度"，"富而可求也，虽执鞭之士，吾亦为之，如不可求，从吾所好。"荀子则提出"以道制欲，则乐而不乱；以欲忘道，则惑而不乐"，主张用理性（道）引导人们的欲望，以达到"乐而不乱"的目的。通过对情感欲望的节制，即便在生活困苦的情况下，人也可以安贫乐道，获得发自内心的幸福体验，正如孔子所言："饭疏食饮水，曲肱而枕之，乐在其中矣。不义而富且贵，于我如浮云。"颜回生活清苦，家境贫寒，但这丝毫改变不了他向道的乐趣，"一箪食，一瓢饮，在陋巷，人不堪其忧，回也不改其乐。"后来宋代思想家把孔子之"乐"和颜回之"乐"合在一起，统称为"孔颜之乐"。道家则超越于世俗的人伦关系之外，讲究欲望的单一，心灵的澄澈。老子主张人的形体与精神的和谐,"载营魄抱一,能无离乎?"庄子则认为:"至人无己,神人无功,圣人无名",要求人排除内部心理的干扰和外在名利的束缚,达到自由的境界。在现代社会中,人们受西方文化带来的消费主义、物质主义的影响,沉迷于物质的需求和欲望,奢靡之风盛行,享乐主义遍布,精神家园失守,心灵无处安放,人生意义逐渐失落,在这种情况下,我们可以回到先秦,在注重人与自身和谐的传统里寻找治疗病症的药方。

(四)自强不息,厚德载物

《周易》中有两句话,一句是"天行健,君子以自强不息",一句是"地势坤,君子以厚德载物。"意思是君子要像天一样刚强劲健,乐观进取;要像大地一样德性深厚,包容万物。张岱年曾经特别强调,"中华民族的民族精神的核心内容是'自强不息''厚德载物'"这两种精神,"支撑着中华民族生生不息、薪火相传,今天依然是我们推进改革开放和社会主义现代化建设的强大精神力量。"①"自强不息"表现在个人品格上就是"乐观进取""进德修业"。孔子是自强不息的典范,面对纷乱的现实,他不停地奔走呼吁,热心救世,"知其不可为而为之",在教育上诲人不倦,在文化上继往开来,最终以一介布衣之身被尊为"至圣先师"。他的一生,可谓"发愤忘食,乐以忘忧,不知老之将至云尔"。孟子认为,修身治学,需要"动心忍性",历经艰苦磨炼,他认为人应当自强自立,而非自暴自弃,"夫人必自侮,然后人侮之;家必自毁,而后人毁之;国必自伐,而后人伐之。"荀子重视学习,"学至乎没而后止",如果"积善成德",下到"锲而不舍,金石可镂"的功夫,那么,普通人就可以成为大禹那样的圣人。老子认为只有能够认识自我、战胜自我的人,才是真正的强者,"知人者智,自知者明。胜人者有力,自胜者强。"先秦士人身上这些自强不息、独立不惧的精神品格深深影响了后世中国人们的心理和行为。

"自强不息"表现在政治生活中就是"与时俱进""革故鼎新"。《易传》认为:"富有之谓大业,日新之谓盛德。生生之谓易。"生即创造,新事物取代旧事物即为易,这说明,注重创新,是中华民族自古以来的传统。《周易》强调变革,"《易》穷则变,变则通,通则久""天地革而四时成,汤武革命,顺乎天而应乎人。革之时大矣哉!"此类革故鼎新的思想,成为中国历史上绵延不绝的革命、改革的理论依据,清末资产阶级改良派梁启超、谭嗣同等人,就是用这些理论来为自己的维新事业辩护。今天我们进行改革开放事业,更需要这种开拓创新、与时俱进、敢想敢拼的精神。"自强不息"表现在国家层面上,就是坚持民族自立自强,绝不屈从于外来压迫。在近现代中国,民族危机日益严重,无数仁人志士为了救亡图存,进行了艰

---

① 习近平:《习近平谈治国理政》,外文出版社 2014 年版,第 158 页。

苦卓绝、顽强不屈的抗争，从洋务运动、戊戌变法到辛亥革命，从太平天国起义到义和团运动，从五四运动到共产党领导的革命、建设再到今天的改革开放，一幕幕恢宏的历史画卷展示了中国人民自强不息、百折不回、团结奋斗的历程。现阶段我们要实现中华民族伟大复兴的中国梦，更需要发扬独立自主、自强不息的精神。

"厚德载物"主要体现在泛爱万物、无私包容的精神品格上。儒家讲爱人，"泛爱众，而亲仁""老吾老以及人之老，幼吾幼以及人之幼。"《中庸》则讲万物"并育而不相害，道并行而不相悖"。道家推崇水的宽厚包容的品格，"上善若水。水善利万物而不争，处众人之所恶，故几于道。"道家理想中的圣人具有"生而不有，为而不恃，长而不宰"的无私品格。在这些思想的影响下，中国文化极富包容精神，从佛学西来到"三教合一"，从"西学东渐"到"改革开放"，不断吸取外来养分。这种包容精神还影响到了民族关系和对外关系，中国几千年历史，民族融合始终是主流，而和平共处，则是中国政府一贯的对外主张。

（五）爱国主义精神

在中华民族几千年的历史发展中，爱国主义始终是民族精神的主旋律。追本溯源，这种精神的形成和先秦时期的儒家思想有很大关系，尽管那个时代的国家概念和今天有很大不同。先秦儒家思想对爱国主义精神的影响表现为四个方面："家国一体"的观念，封建等级制度下的"忠君爱国"思想，"大一统"思想，"华夷之辨"的观念（主要从文化意义上讲）。"家国一体"的观念，就中国古代社会而言，"家"与"国"是一体的。在西周宗法封建制下，"家"就是"国"，"国"就是"家"。秦以后，宗法精神下移至家族，国家就建立在家族制度基础上，在上为"国"，在下为"家"，仍然是"家国一体"。所以，先秦宗法制下产生的伦理道德依然适用于后世。为了维护"家国一体"的社会结构，儒家把适用于家庭的伦理道德扩展为适用于国家的伦理道德，比如"忠"就是由"孝"扩展而来，这是很自然的，因为在先秦宗法制下，君亦为父，孝子自然是忠臣。儒家还认为知识分子要有所成就，必须先从个体修身做起，然后走向家庭、家族，最后走向国家天下，"古之欲明明德于天下者，先治其国；欲治其国者，先齐其家；欲齐其家者，先修其身。"[①]总之，能齐家才能治国平天下。"家国一体"的观念影响到今天，人们依然认为，"家是最小国，国是千万家"，"家""国"是密不可分的命运共同体。这是每个中国人都明白的朴素道理。

封建等级制度下的"忠君爱国"思想。在封建制度下，儒家用礼来节制和区分等级。孔子主张"礼乐征伐自天子出"，来维护以周天子为天下共主的封建统治秩

---

① 《礼记·大学》。

序。荀子明确用礼来区分尊卑贵贱,"礼者,贵贱有等,长幼有差,贫富轻重皆有称者也"①。在封建社会金字塔式的等级制度下,君主位于塔的顶端,常被当作国家的象征,自然视国家为一己私产。在这种情况下,欲爱国则不能不忠君。在儒家思想影响下,中国历来不乏忠君爱国之人,从子路的"食其食者不避其难"到苏武的"仗汉节牧羊",从诸葛亮的"鞠躬尽瘁,死而后已"到岳飞的"精忠报国",从陆游的"位卑未敢忘忧国"到文天祥的"人生自古谁无死,留取丹心照汗青",从顾炎武的"天下兴亡,匹夫有责"到林则徐的"苟利国家生死以,岂因祸福避趋之"。在中国古代,"忠君爱国"思想可谓一以贯之。到了近代,随着封建帝制被推翻,大家开始反思古代爱国思想中的"忠君"乃至"愚忠"成分,不再把国家看作君主的私产,而是把它当作为民服务的公器。不过,我们今天谈爱国,仍然需要从古代的相关思想中寻找价值资源。

"大一统"思想:儒家历来主张维护国家统一,反对分裂割据。在礼崩乐坏的时代,孔子主张"礼乐征伐自天子出"。面对战国时期纷乱的政局,百姓受苦的惨状,孟子主张"定于一"。荀子则认为仅仅"一天下"是不够的,要想真正实现"大一统",还需要"一制度"。汉代董仲舒把大一统理论推崇为天地间普遍的法则,"《春秋》大一统者,天地之常经,古今之通谊也。"②千百年来,大一统观念深入人心,前有祖逖为光复中原而"闻鸡起舞",后有岳飞面对神州陆沉而"怒发冲冠"。前有左宗棠为收复新疆抬棺西征,后有邓公为促进香港回归从容谈判。纵观中国历史,纵然有对峙、割据和分裂,但是,统一始终是主流。不仅如此,"大一统"思想深具现代价值,在新的历史条件下,我们有必要继承先人"大一统"的精神,为祖国统一大业献策尽力。"华夷之辨":"华夷之辩"是古代爱国思想的突出表现。在古代,区分"华夷之辨",不仅具有保护种族、疆域的含义,还有保卫文明礼义,抵抗野蛮侵略和落后倒退的积极含义。从文化角度来说,"华夷之辨"中的"华"代表先进文明的一方,"夷"代表落后野蛮的一方。"华夷之辨"来源于先秦儒家,孔子从维护种族生存和进步文明出发,主张"尊王攘夷",致力于维护周天子和华夏诸国形成的政治、文明共同体,他高度赞扬了管仲"相桓公,霸诸侯,一匡天下",保卫华夏文明的功绩,并许之为"仁"。孟子指出,"吾闻用夏变夷者,未闻变于夷者也。"③在中国古代,华夏文明一直处于领先地位,所以,"用夏变夷"是最自然不过的事情。纵观中国历史,无数少数民族面对华夏文明慕然向化,直到今天,在东

---

① 《荀子·富国》。
② 《汉书·董仲舒传》。
③ 《孟子·滕文公上》。

亚,儒家文化仍然具有无与伦比的地位。所以,抛开其中歧视少数民族的负面因素,就维护先进文明而言,"华夷之辨"实质上就是古代的爱国主义。退一步讲,"华夷之辨"的区分原没有那么严苛,在文化上,汉族儒家代表着文化的道统,只要符合道统,哪怕是少数民族统治中国,最终也会得到承认,这在历史上是证明了的。

总之,百家争鸣是我们民族文化和精神的基因所在,它决定了后来文化的发展脉络和基本走向。在进行文化建设的今天,我们有必要对其辩证地继承,实行"创造性转化和创新性发展","以古人之规矩,开自己之生面",做到文化的"古为今用,洋为中用",为中华民族的伟大复兴找到"精神之钙"。

# 第二章 "海纳百川,有容乃大"
## ——汉唐宋时期的文化嬗变与精神激荡

**一、秦汉:从政治大一统到思想大一统**

如果说先秦文化通过"百花齐放、百家争鸣",孕育了中国文化中的政治思想和哲学基础,构建了中华民族文化的基本精神,那么秦汉王朝则开创了大一统的历史格局,建立了为中央集权统一国家服务的土地所有制度、官僚政治制度、思想文化制度及伦理道德规范,这一时期是中国文化的定型时期,也是中国历史上最具开创性和奠基性的时期。

(一)以法家思想为指导的文化政策及专制主义的滥觞

公元前221年,秦始皇灭六国,统一天下,建立了中国第一个统一的中央集权多民族国家。秦朝虽然存在时间很短,但是确立了高度集中的中央集权制度,开创的封建大一统及政治、经济制度,对两千多年的封建社会有着极为深远的影响。秦朝建立之初,统治者采取一系列文化措施,希望从文字、心理和伦理规范的角度,用文化的统一来配合巩固政治的大一统。秦统一后,秦始皇即颁令天下"书同文字",命李斯简化整理大篆字体,在全国统一推行小篆。文字的统一对政治、思想、文化的一体化至关重要。除了文字统一,秦朝还下令"车同轨""度同制",统一货币及车辆宽度,这些措施有利于加强中央与地方的联系,畅通商业贸易与文化交流。秦朝"以法为教,以吏为师",试图在原东方诸侯国各地移风易俗,改造社会,实现文化的统一。秦始皇先后五次巡视全国,考察各地风俗,"东巡郡县,祠驺峄山,颂秦功业",巡行所到之处留下石刻,"普施明法,经纬天下",倡导宗法伦理,希望"黔首改化,远迩同度",达到"男女礼顺,慎尊职事,昭隔内外,靡不清净"(泰山刻石)的目的,但实际上却事与愿违,很多地方"今法律令已具矣,而吏民莫用,乡俗淫失(泆)之民不止","闻吏民犯法为闲私者不止,私好、乡俗之心不变"①。秦朝还仿照战国时期齐国做法设置七十博士,希望求得政统与学统的合一,《史记·秦始皇本纪》记载"始皇置酒咸阳宫,博士七十人前为寿",有学者评价秦的博士官制度是"超越战国新兴的诸子学术而向上古三代的王官之学回归",是秦王朝"试图建立新官学的最明显的标志"②。可惜,由于博士阶层受到秦始皇的严厉打击,博士官制度未能继续向前发展。

如果说秦王朝初建之时,还是采取以法家为主导、兼容百家的相对宽容的文化政策,那么以"焚书坑儒"为界,秦文化政策很快走向肃杀和专制,秦始皇企图用政治强制手段将大一统扩大到思想文化领域。据《史记·秦始皇本纪》记载:公元前213年,一些儒生和游士引用儒家经典,借用古代圣贤的言论批评时政,秦始皇大怒,"收天下书不中用者尽去之","非博士官所职,天下敢有藏诗、书、百家语者,悉诣守、尉杂烧之。有敢偶语诗书者弃市。以古非今者族。吏见知不举者与同罪。令下三十日不烧,黥为城旦。所不去者,医药卜筮种树之书。若欲有学法令,以吏为师",这就是历史上著名的"焚书"。而在"焚书"的第二年,一些方士借神仙方术欺骗追求长生不老的秦始皇,秦始皇一怒之下将四百多儒生"阬之咸阳",史称"坑儒"。虽然"焚书"并非针对全部文化典籍,而"坑儒"也和儒生"传相告引"脱不了干系,但是它毕竟摧残了大量儒家经典,造成极大的文化迫害,导致儒学纷争延绵多年。例如,"焚书"再加上"挟书令",导致天下无人敢收藏儒家经典,后来汉代想要学习儒学,无经可读,只能依赖一些老儒的口头记忆传经,用隶书将文本记录下来,史称"今文经"。而到了西汉景帝时,河间献王以重金在民间征集古文经书,武帝时鲁恭王又从孔子故宅壁间发现了一批古文经籍,由此引发从文本争论扩展到学术思想、政治观念、社会地位的今古文之争,这场争论旷日持久、时起时伏,影响了两千多年的学术研究③。更加发人深省的是,"焚书坑儒"创设的以残酷暴虐手段对待经典和文化遗产、用暴力手段钳制思想和言论自由的先例,对后世产生了深远的不良影响。

文化的统一需要一个过程,也需要较长的时间。秦朝的文化政策残酷暴虐,

---

① 《语书》,李均明:《秦汉简牍分类辑读》,文物出版社2009年版,第53页。
② 张立文主编,周桂钿、李祥俊著:《中国学术通史》秦汉卷,人民出版社2004年版,第29页。
③ 柳诒徵认为:"两汉同重经学,而学术风气不同。西汉多治今文,罕治古文;东汉则今古文并立。前汉今人说,专尚微言大义,后汉治古文,多详章句训故。此两汉经学之别也。"柳诒徵撰,蔡尚思导读:《中国文化史》,上海古籍出版社2001年版,第360页。

它的移风易俗亦激起东方六国故地的强烈反抗,非但没有达到思想大一统的目的,反而招致秦朝短命而亡,最终思想大一统的问题留给了汉朝。

(二)汉朝思想大一统的形成

秦朝二世而亡,继之而立的汉朝却延续了四百余年。两汉在文化上广采博收,有机整合了先秦思想,适应中央集权的政治需要,建构了一个庞大的以儒学为核心的思想体系,最终由政治大一统完成了向思想大一统的过渡。起先,汉朝开国皇帝刘邦并没有将知识分子、文化学术放在眼里,他尤其厌恶儒生、鄙弃儒学,将儒生骂做"竖子""竖儒",史书记载:"沛公不喜儒,诸客冠儒冠来者,沛公辄解其冠,溺其中。与人言,常大骂。未可以儒生说也。"陆贾经常在刘邦面前谈论《诗经》《尚书》,气的刘邦大骂:"乃公居马上得之,安事《诗》《书》!"陆贾立即反驳说:"马上得之,宁可以马上治乎?"①刘邦面露惭色,让陆贾总结秦朝灭亡教训,于是有了《新语》的问世。除了陆贾,让刘邦对待儒学态度发生转变的关键人物还有叔孙通。刘邦称帝之后,上朝时"群臣饮酒争功,醉或妄呼,拔剑击柱",丝毫不成体统。叔孙通进言:"夫儒者难与进取,可与守成。臣愿征鲁诸生,与臣弟子共起朝仪。"于是他"采古礼与秦仪杂就之"。数月后再次上朝时,情形大为改观,自诸侯王以下,莫不"震恐肃敬",全都"伏抑首","无敢喧哗失礼者"。刘邦大悦,感叹道:"吾乃今日知为皇帝之贵也!"叔孙通审时度势,利用朝仪发扬光大了儒学,司马迁评价其"希世度务制礼,进退与时变化,卒为汉家儒宗"②。经由这些事件,刘邦逐渐改变了对待文化和儒家的态度,他"以太牢祠焉。诸侯卿相至,常先谒然后从政"③。汉高祖刘邦拜谒孔子庙,开创了历代帝王尊奉孔子的先例。虽然汉初统治者开始尊奉儒学,但在实际的施政方针上却是以黄老思想为指导,力求清静无为,推行仁义,减轻刑罚,广求人才,给广大民众休养生息的时间,最终使得社会安定、经济繁荣。黄老之学实际上是道家无为和法家法治的结合,汉相国曹参曾经向大家盖公请教黄老之学,盖公说:"为言治道贵清静而民自定。"于是曹参"其治要用黄老术,故相齐九年,齐国安集,大称贤相"④。汉惠帝曾经"怪相国不治事",曹参答道:"高帝与萧何定天下,法令既明,今陛下垂拱,参等守职,遵而勿失,不亦可乎?"⑤这种清静无为,依法不妄为的施政方针得到了百姓的拥护,百姓赞

---

① 《史记·陆贾列传》。
② 张立文主编,周桂钿、李祥俊著:《中国学术通史》秦汉卷,人民出版社2004年版,第29页。
③ 《史记·孔子世家》。
④ 《史记·曹相国世家》。
⑤ 同上。

颂"萧何为法,顜若画一;曹参代之,守而勿失。载其清净,民以宁一。"①

汉初经过多年战乱,社会经济遭到严重破坏,要想恢复过来,必须实行与民休息、轻徭薄赋的政策,黄老思想正好适应了这一需要。然而,黄老之学"最大的症结在于不能为社会、政治提供一套伦常秩序"。② 到了汉武帝时期,诸侯国割据、叛乱起伏,地方诸侯王招揽文学方术之士,各种思想学派杂糅,中央集权受到严重威胁,黄老所倡导的清静无为满足不了雄才大略的汉武帝,他开始崇尚儒学,任用儒家学者,于是和以窦太后为首的黄老一派产生了冲突,一度出现了儒道互绌的局面:"世之学老子者则绌儒学,儒学亦绌老子。'道不同不相为谋',岂谓是邪?"③学术斗争伴随着政治斗争日益激烈,儒家学者赵绾王臧自尽,将《老子》视为"家人书"的《诗》学大师辕固生则差点丧命。推崇黄老之学的窦太后去世后,儒学终于等来一个发扬光大的契机,元光元年(前134年)武帝召集各地贤良方正文学之士到长安,亲自策问。董仲舒在对策中指出,春秋大一统是"天地之常经,古今之通谊",现在师异道,人异论,百家之言宗旨各不相同,"上亡以持一统",统治思想不一致,法制数变,百家无所适从。他建议:"诸不在六艺之科孔子之术者,皆绝其道,勿使并进。邪辟之说灭息,然后统纪可一法度可明,民知所从矣"④。董仲舒认为只有思想统一才能巩固政治上的统一。汉武帝采纳董仲舒的建议,正式设立五经博士,自此儒学成为独尊之学,凌驾于其他各派之上,成为唯一的官学。

董仲舒的儒学,绝不是上古三代经书或是对先秦儒学的照搬照抄,而是顺应时势结合现实政治的重新创造,它广泛吸收了诸子学说的精华。例如,"董仲舒治《公羊春秋》,始推阴阳,为儒者宗"⑤。道家、法家、墨家、名家等思想"都被纳入儒家仁义之道价值观的统率之下,并披上了经学的外在形式"⑥。这种改造后的儒学,成为封建思想的正统,影响了汉朝的选官制度、司法构建以及社会生活的方方面面。汉代将西周针对贵族的"六艺"教育,转变为面向士人的诗、书、礼、易、乐、春秋的"六经"教育,开创了一条学而优则仕的道路,促使儒家学说在社会上广泛流传。经学对人才、官吏的选拔和任用都有重要影响,学习儒学成为出仕的主要通道。例如,汉朝的举孝廉制度,实质以儒家仁孝为核心推崇儒家德性,西汉时期

---

① 《史记·曹相国世家》。
② 张立文主编,周桂钿、李祥俊著:《中国学术通史》秦汉卷,人民出版社2004年版,第75页。
③ 《史记·老子韩非列传》。
④ 《汉书·董仲舒传》。
⑤ 《汉书·五行志》。
⑥ 张立文主编,周桂钿、李祥俊著:《中国学术通史》秦汉卷,人民出版社2004年版,第87页。

流行一句谚语："遗子黄金满籯,不如一经。"①公孙弘因为学习《春秋》,"白衣为天子三公,封以平津侯。天下之学士靡然乡风矣。"②以春秋决狱为标志,礼治教化开始大量付诸具体的行政和法律实际,儒学成为立法依据和执法标准。"胶西相董仲舒老病致仕,朝廷每有政议,数遣廷尉张汤亲至陋巷,问其得失,于是作《春秋决狱》二百三十二事。动以经对,言之详矣"③。这成为春秋决狱的标志事件,董仲舒的弟子吕步舒"至长史,持节使决淮南狱,于诸侯擅专断,不报,以《春秋》之义正之,天子皆以为是"④。汉朝用儒家经典《春秋》中的原则与精神解读汉律,并以此作为判案量刑的根据,这种断案风格体现了在法律行使中对心理、动机、伦理关系、自然情感、道德情感等的综合考量,促使情感因素日益渗透到严肃法律中,春秋决狱的广泛运用影响了此后整个中国古代法治的构建,最终形成了以伦理法为核心的中国司法体系。

董仲舒在《春秋繁露》中发挥了先秦君臣父子夫妇的道德观念,提出了"三纲"原理和"五常"之道,认为"君臣、父子、夫妇之义,皆取诸阴阳之道。君为阳,臣为阴;父为阳,子为阴;夫为阳,妻为阴……王道之三纲,可求于天"⑤。汉章帝建初四年,白虎观会议召开,班固根据会议内容整理成《白虎通德论》一书,提出了三纲六纪:"'三纲'者何谓也?谓君臣、父子、夫妇也。'六纪'者,谓诸父、兄弟、族人、诸舅、师长、朋友也。故君为臣纲,父为子纲,夫为妻纲。"⑥《白虎通德论》将五常之道概括为:明三纲,正六纪,要做到"诸舅有义,族人有序,昆弟有亲,师长有尊,朋友有旧"⑦。《白虎通德论》成为此后历朝历代处理人伦关系的礼俗规范,它以法典的形式确立了儒家思想的绝对权威。自此,以儒学为基础的一套完整的政治伦理道德体系开始形成,"三纲五常"之道成为历朝历代奉行的道德准则。儒家思想成为封建王朝意识形态的范式和正统思想,具有不可撼动的牢固地位。儒学独尊,并不是意味着儒学之外的其他学派或学说就此湮灭不存。有人批评汉武帝罢黜诸子,崇尚儒学,禁锢了思想,其实,当时并未禁绝学习其他学派,学者依旧可以学习诸子百家之学,只不过只有儒学才是做官晋升的正规渠道,法家、阴阳家、纵横家、兵家在汉代一直得到流传和继承。汉武帝还曾在全国范围内征集图书,

---

① 《汉书·韦贤传》。
② 《史记·儒林列传》。
③ 《后汉书·应劭传》。
④ 《史记·儒林列传》。
⑤ 《春秋繁露·基义》。
⑥ 《白虎通德论·三纲六纪》。
⑦ 《白虎通德论·三纲六纪》。

广开献书之路,《汉书·艺文志》记载:"汉兴,改秦之败,大收篇籍,广开献书之路。迄孝武世,书缺简脱,礼坏乐崩,圣上喟然而称曰:'朕甚闵焉!'于是建藏书之策,置写书之官,下及诸子传说,皆充秘府。"柳诒征称赞道:"古先圣哲思想之流传,实武帝之功。"①

其实,在实际的治国方略中,统治者亦并未完全依赖儒学,而是在统治思想上儒、法相兼,以法制为内核而"缘饰以儒术",即后人所描述的"王霸之道杂之"。《汉书·元帝纪》载:宣帝的太子刘奭(汉元帝)"柔仁好儒,见宣帝所用多文法吏,以刑名绳下,大臣杨恽、盖宽饶等坐刺讥辞语为罪而诛,尝侍燕从容言:'陛下持刑太深,宜用儒生'。宣帝作色曰:'汉家自有制度,本以霸王道杂之,奈何纯任德教,用周政乎!'"武帝时期兼用儒、法、道、阴阳、纵横等各家人才,汉朝从此开始了"霸王道杂之"的治国历史。"霸道",即法家思想;"王道",即儒家思想。霸王道杂之,是将法家、儒家思想兼而并用,既是外儒内法、德刑适中,也表现为酷吏与循吏并用、儒生和文吏宽严相济。王霸之道既从思想上强调大一统的统治秩序,又从行政运作上原则性和灵活性相统一,兼顾依法行政原则。学者许倬云分析认为"法家的理论本来只及于治理的方法,未尝及于为政的目的;儒家的理论有为政的目的,而未尝及于方法。两者结合,遂成为帝国政治体制的理论基础"②。从汉武帝时开始确立的"霸王道杂之"的"汉家制度"可以说是一种行之有效的治国方式,《东坡志林》卷五云:"自汉以来,学者耻言商鞅、桑弘羊,而世主独甘心焉,皆阳讳其名而阴用其实,甚者则名实皆宗之,庶几其成功。"③王霸之道的政治模式,成为历朝历代的治国方略,而儒学也借助这种模式,成为传统社会长期占据统治地位的意识形态。

此外,除了形成了封建思想正统以及确立了王霸之道的治国之术,如果单从文化发展史的角度来看,汉代还是数学、天文学、地理学、药物学体系的形成时期,以辞赋为代表的文学成就十分繁荣,教育事业也发展很快。有学者认为"中国文化所具有的兼容性,很大程度来自秦汉时期所创建并为后世所承袭的各项制度,以及这些制度在功能上的整合"④。文化的兼容性,在多年后的大唐帝国得到了尤为充分的展现。

---

① 柳诒征撰,蔡尚思导读:《中国文化史》,上海古籍出版社2001年版,第352页。
② 许倬云:《东周到秦汉:国家形态的发展》,《中国史研究》1986年第4期,第35页。
③ 林冠群:《新编东坡海外集》中州古籍出版社2015年版,第355页。
④ 李宗桂:《论大一统的秦汉文化》,载《中州学刊》,1991年第2期,第67页。

## 二、唐:有容乃大的大唐文化

唐朝是我国封建社会发展的鼎盛时期,辉煌的唐朝文化在五千多年文明史中占据重要地位。有唐一代,以汉民族文化为主体的中华文明更加成熟,它以高度的文化自信,以开放和包容的姿态迎接异族文化,最终造就了叹为观止、影响深远的大唐文明。范文澜评价道:"承袭六朝并突破六朝的唐文化博大清新,辉煌灿烂,蔚成中国封建文化的高峰,也是当时世界文化的高峰。"①

### (一)唐文化兼容性的原因

处于世界领先地位的唐朝文化,能够对待异质文化兼收并蓄、惠及四方,其原因是多方面的。中华民族古称华夏民族,《春秋左传正义》记载:"中国有礼仪之大,故称夏;有服章之美,谓之华。"衣冠、礼义被看作文明的标志,时人认为少数民族不仅生产落后,礼仪文明更是落后于华夏,所以"夷狄之有君,不如诸夏之无也"②。民族之分不看地域、族群,不论人种、血缘,只要是认同并学习华夏礼乐文明的就是中原民族,否则就是蛮夷、化外之民,因此,是否拥有礼仪文明、是否成就大一统,就成为明"夷夏之辨"、严"夷夏之防"的依据和标准。汉朝董仲舒及《春秋》公羊学派的民族观念颇具代表性,这种观念更重视文化礼义因素,虽然提出内诸夏而外夷狄以维护中原礼乐文明,却并不敌视四夷,认为"晋变而为夷狄,楚变而为君子,故移其辞,以从其事"③,更加希望以王者大一统的观点促进民族关系发展,"故王者爱及四夷,霸者爱及诸侯,安者爱及封内,危者爱及旁侧,亡者爱及独身。独身者,虽立天子诸侯之位,一夫之人耳,无臣民之用矣"④,认为大一统是包括夷狄在内的,这也体现了儒家的仁德思想,正因如此,整个中国古代,很少发生无故讨伐、入侵少数民族的军事行为。

唐代的民族观念更为开放和理性,对待异族文化更为包容,由于唐代是胡化的汉人所建立的政权,受儒家正统思想束缚较少,华夷之防逐渐淡化,更能够放下对夷狄的偏见去容纳异族文化。例如,唐太宗个人胸怀非常宽广,他根本没有华夷之分,他曾讲道:"自古皆贵中华,贱夷狄,朕独爱之如一,故其种落皆依朕如父母,"⑤"夷狄亦人耳,其情与中夏不殊。人主患德泽不加,不必猜忌异类。盖德泽

---

① 刘洋:《据史言儒——范文澜说儒》,孔学堂书局2014年版,第62页。
② 《论语·八佾》。
③ 《春秋繁露·竹林》。
④ 《春秋繁露·仁义法》。
⑤ 《资治通鉴》卷一九八。

洽，则四夷可使如一家；猜忌多，则骨肉不免为仇敌。"①唐太宗抱着一视同仁的态度对待各族人民，着意改善民族关系，被周边少数民族亲切地称为"天可汗""华夷父母"，深受异族拥戴。唐玄宗更是"开怀纳戎，张袖延狄"，这种夷狄一家的民族观念实践在处理民族关系和对外交流上，极大地促进了民族之间的文化交流和共同进步。

　　文化的高峰是孕育并深化在各民族交往融合过程之中的。春秋战国时期，我国出现了历史上第一次民族大融合，大量戎狄内迁，与汉人交错杂居，两汉时期，"华戎杂居，所以徕远示恩，彰其归化之盛也。"②到了唐朝，民族融合进一步发展，唐朝对内实行开明的民族政策，在归附的民族聚居地区，采取怀柔做法，设立八百多个自治性较强的羁縻州、县。通过和亲与吐蕃、吐谷浑等民族发展关系，加强团结；在人事制度上，并不歧视少数民族，始终全方位向各个民族开放，不对少数民族在朝廷做官加以任何限制。例如，唐代有宰相24人，来自15个民族。其中有匈奴人刘崇望、鲜卑人长孙无忌、宇文士及、契丹人李光弼、西域人李抱玉、沙陀人李克用等，五代孙光宪的《北梦琐言》卷五记载："唐自大中至咸通，白中令入拜相，次毕相诚、曹相确、罗相劭，权使相也，继升岩廊。崔相慎猷曰：'可以归矣。近日中书尽是蕃人。'"③军队中的蕃兵蕃将也是人数众多，甚至天子身边的禁军、护卫，也大部分是蕃人。

　　唐代还招收大量的留学生，唐太宗时期国子监添筑学舍一千二百间，增收中外生员多达计八千余人，国学之盛可谓亘古未有。在科举进士录取时，也没有民族出身的限制，反而有意识地加以优待。唐朝皇帝倡导胡汉混融、四海一家。皇室将公主或宗室女和胡人通婚，结为姻亲之好。如高祖李渊有女19人，其中7人嫁给胡族，太宗有女21人，胡族驸马8人。而太宗时代的文成公主，中宗时代的金城公主远嫁和番吐蕃，更是历史上著名的和亲事迹。唐穆宗时期，大唐和吐蕃在逻些立唐蕃会盟碑，石碑一面汉文，一面吐蕃文，约定"患难相恤，暴掠不作……彼无此诈，此无彼虞"④，这块石碑至今还屹立在大昭寺门前，成为汉藏友好关系的象征。唐代四通八达的水陆交通，进一步促进了民族文化的大融合。大唐帝国疆域，东起朝鲜海滨，西至达昌水，是当时世界首屈一指的发达国家，经济文化发展水平都居世界前列，陆路可通往敦煌、西域、吐蕃、南诏等少数民族地区，大运河

---

① 《资治通鉴》卷一九七。
② 柳诒征撰，蔡尚思导读：《中国文化史》，上海古籍出版社2001年版，第404页。
③ 《北梦琐言》卷五《中书蕃人事条》。
④ 范学宗、王纯洁：《全唐文全唐诗有关吐蕃资料选辑》，西藏人民出版社1988年版，第237页。

联结南北经济,"天下诸津,舟航所聚,旁通巴、汉;前指闽越,七泽十薮,三江五湖,控引河洛,兼包淮海"①。唐代交通发达的最显著标志是"丝绸之路"的繁荣。早在西汉时期,汉武帝派张骞出使西域,开辟了一条以首都长安(今西安)为起点,经甘肃、新疆,至中亚、西亚,并连接地中海各国的陆上通道,被称为"丝绸之路"。唐代是丝绸之路的繁盛时期,贞观13年(公元639年),唐太宗决心收复西域,出兵高昌。次年在该地设都护府,后又迁至龟兹,统领龟兹、碎叶、于阗、疏勒四镇,史称"安西四镇",保证了丝绸之路的安全和繁荣。唐高宗又灭西突厥,设安西、北庭两都护府。东西方通过丝绸之路,以大食帝国为桥梁,官方、民间都进行了全面友好的交往。沿着这条丝绸之路,中国和西方各国的商旅、使团络绎不绝。

隋唐还加强了对东南沿海的经营,"广州通海夷道"的海上航路较为发达,被称作"海上丝绸之路",这条贸易路线从中国东南沿海,经过中南半岛和南海诸国,穿过印度洋,进入红海,抵达东非和欧洲,成为中国与外国贸易往来和文化交流的海上大通道,并推动了沿线各国的共同发展。发达便利的交通,有力地促进了民族融合和中外文化交流。

(二)文化兼容性的主要体现

对异族文化的兼容并包,最直观的表现就是发达的对外交流。随着陆地与海上"丝绸之路"的畅通,许多国家的商人、使节、僧侣与留学生,大量涌入唐朝境内,在丝绸之路沿线,在长安、洛阳、广州、扬州等地都有大量的外族人居住。他们与汉人杂居,或商贸往来,或学习交流,有的娶妻生子,永久入籍唐朝,无论是衣食住行、休闲娱乐还是宗教信仰,都对大唐文化产生了深远影响。

外来文化繁荣了大唐文化,大唐文明也通过各种途径传播海外。例如公元742年(唐天宝元年),鉴真应日本僧人邀请,不畏艰险,十余年六次尝试,终于东渡日本,讲授佛学理论,传播博大精深的中国文化,促进了日本佛学、医学、建筑和雕塑水平的提高,受到中日人民和佛学界的尊敬。日本、新罗等国的学子一批又一批到唐朝留学,学成回国后,把唐朝的先进制度,如田制、法律、文字、科举制、医学、天文、历法等在本国推广。再如,日本元明天皇时期按照长安规制建立奈良平城京,还仿照唐朝制度设立大学寮,并以孔颖达的《五经正义》为教材设立明经科。还有一些留学生长年居住中国,读书做官,著书立说。如新罗国崔致远18岁考中进士,写下了至今尚存的《桂苑笔耕录》。日本的阿倍仲麻吕(晁衡)与中国诗人李白、王维等人结下了深厚友谊,在唐朝做过御史中丞、秘书监等官,公元770年终于长安,时年72岁。唐朝先后与世界上70多个国家发展了外交关系。大唐以

---

① 《旧唐书·崔融传》。

包容的姿态,博大的胸怀,积极吸纳外来文化的精华,不断丰富自身营养,将胡风夷俗,融聚为中华文明,营造出盛唐文化的恢宏气象。唐代文化的发展特征,好比是"由百川分流……汇为汪洋大海":一是儒学南北学对立,到了唐朝修撰"诸经正义",儒学综合统一;二是佛教经典阐释、宗派林立在唐朝达到了顶峰;三是中国自创的道教在唐朝"由杂糅而完成,由完成而大行",也达到了一个发展高峰。儒释道三教讲论的盛会,"浸成融合汇合之局,而演为宋人理学之先河"①。文学艺术趋向汇合之境,最终造就了唐代文化的雍容气度和恢宏阔大。

东汉时期,佛教东传,以佛教文化为代表的印度文化圈,是大中华文化圈范围外众多外来文化中离中华最近、接触最早的文化。这种以宗教出世主义为导向的文化,对以现世主义为中心的伦理本位文化带来了巨大影响,有学者认为:"就中国文化来看,佛教及其所承载的印度思想的传入,大大拓展了中国文化的精神视域,提高了中国思想的思维抽象能力,弥补了中国文化现世主义导向过于强烈的俗世主义弊端。"②胡适在一篇题为《印度吾师》的文章中则这样说:"中国花了一千年才逐渐走出印度对中国的文化征服,并取得某些程度的文化独立和思想上的文艺复兴。"佛教传入后和儒家文化争雄斗胜,这是中印两大古老文明第一次在文化思想层面上相遇并展开激烈的交锋,最终,佛教、儒家思想以及土生的道教文化三者合流归一,体现了中国古代的一种"世界文化视野范围观"。中华民族在对待外来文化上广泛吸收融合,不能忘记"本来民族之地位",也不能不加以改造,陈寅恪说:"其真能于思想上自成系统,有所创获者,必须一方面吸收输入外来之学说,一方面不忘本国民族之地位。此两种相反而适相成之态度,乃道教之真精神,新儒家之旧途径,而二千年吾民族与他民族思想接触史之所昭示者也。"③印度佛教能够在中国大地上广泛流传,正是由于它经过了本土化的改造,更加适宜中国的特殊土壤,这种改造并没有从本质上扭曲毁坏佛教主旨,反而促使佛教文化更富想象力和创造性。

如果说秦汉大一统促进了文化大一统,儒学日益占据主导地位,那么到了魏晋南北朝时期,佛教传入,玄学、道教逐渐兴起,与儒家文化一争短长。首先,佛教的传播过程,也是儒释道三者争雄斗胜的过程。印度佛教传入中国,大约是在东

---

① 罗香林:《三教讲论考》,选自国立编译馆、中国唐代学会:《唐代研究论集》第四辑,新文丰出版公司 1992 年版,第 73 页。
② 张广保:《中印文明的交锋——对魏晋南北朝三教论争的沉思》,载《中国文化研究》,2012 年第 3 期,第 83 页。
③ 陈寅恪:《冯友兰中国哲学史下册审查报告》,引自梁荣组:《陈寅恪评传》,百花洲文艺出版社 2015 年版,第 222 页。

汉初期,但直到魏晋南北朝才在中华大地渗透普及,其间,儒、释、道三教彼此之间的排斥和斗争屡见不鲜①,一些统治者格外崇尚佛教,抑制儒学,儒学独尊的地位受到威胁。例如,魏晋南北朝的崇佛者曾吹捧称释迦牟尼为"众圣之王,四生之首",为"大圣"。南朝梁武帝崇佛抑儒、道最为典型,他在《敕舍道事佛》一文中,竟然将中国传统的儒、道二教都斥为邪教,并号召臣下反伪就真,舍邪归正。后来竟然执意拜和尚为师,最终丢掉江山,国破饿死于台城。可见,佛教不是单靠几个皇帝的致力提倡就会发扬光大,同样不会因为几个政权的毁灭打击就能湮灭不存②,佛教要求生存和发展,必须认同本土文化,向本土主流文化靠拢。其次,佛教的发展过程,亦是不断地援儒、道入佛的过程。佛教思想的传播过程中,其哲学思想依附于"老""庄"和玄学,也吸收了许多儒家思想。例如,东汉时期佛教传入早期,为了让中国人能看懂佛典、理解其中义理,当时的译经者采取道家、儒家和阴阳家等学说的词汇与概念,来解释印度佛教经典中的名词及思想,格义佛教对于推动佛教在中国的传播与普及具有重大意义。在我国最早编译的《四十二章经》中就已掺入了很多儒、道思想的内容,该经一方面宣传小乘佛教的无我、无常和四谛、八正道,但同时也杂有"行道守真"之类的道家思想,以及"以礼从人"等的儒家道德行为规范。

总之,从汉献帝到隋文帝建立隋朝近四百年,是中国古代一段分裂动乱时期,五胡乱华,十六国相继建立,各少数民族纷纷入主中原,带来文化上的冲突、融合、杂糅,有学者认为:"此时期中,谓为异族蹂躏中夏之时期可,谓为异族同化于中夏之时期亦可。盖华夏之文化,冠绝东方,且夙具吸收异族灌输文化之力"。③ 一方面少数民族政权"躬染中国之文学"、立国上"多仿中国之教学"、政事上"多仿中国之法意"④;另一方面,以儒家文化为代表的中华文明开始受到印度传来的佛教文化的影响,开始了一段儒释道争雄斗胜的过程,但三教在总体发展趋势上是互相靠拢、互相吸收、互相融合。

儒释道三大主流学派鼎力格局的最终形成是在隋唐时期。尤其是唐朝对释、道、儒三教并尊,形成了以儒家政治伦理观为基准、佛道学说兼收并蓄的统治思想体系,促进了三者间的相互吸收,不断完善。例如,唐朝开国皇帝李渊于武德八年

---

① 例如:在南朝宋文帝时的儒家与佛教之间有关因果报应之争;齐梁之间的神灭、神不灭之争;宋末齐初之间的道教与佛教之间的夷夏问题之辩;元朝时释、道二教首席之争等。
② 中国历史上有四次大规模的限佛毁佛灭佛事件,即"三武一宗"法难:北魏太武帝、北周武帝、唐武宗,一宗指周世宗。
③ 柳诒徵撰,蔡尚思导读:《中国文化史》,上海古籍出版社2001年版,第401页。
④ 同上,第406~408页。

(公元625年），下诏论三教先后，钦定为老先、次孔，最后为佛的排行次序。武则天虽说佞佛，却也提倡三教并重，既不准僧人排斥老君，也不准道士毁谤佛法，命大臣汇集三教典籍，撰成1300卷的大书《三教珠英》，传播天下。唐高祖、太宗和高宗时期，经常举办"三教讲论"的盛会，由儒释道三派的名流大德，在皇帝或皇太子面前，讨论交流，析理明教。唐玄宗既尊儒，又崇道，不抑佛，三教兼容，充分利用。他曾在开元十年、天宝二年先后两次给《孝经》作注，颁行全国，以示教化；又于开元23年亲注《道德经》，下令每家必备一部，次年还将其《御注金刚般若经》颁示天下，对佛教给予支持和弘扬。

佛教正是在这种背景下逐渐走向成熟，进而成为中国式宗教的。这个时期佛教完成了中国化的过程，在摄取中国传统思想，特别是儒、道思想的基础上创立了大量本土宗门，不少僧人常常把佛教的思想比附儒、道，涌现了一批宣传中国伦理纲常的佛教经典；僧侣队伍中还出现了很多所谓"孝僧""儒僧"等。汉传佛教的各宗派如天台、华严、禅宗等一直将中国儒家道家的心性论、伦理观等融入到佛法中，有力促进了佛教在中国的发展。华严宗力求"五戒"与"五常"的融合、佛道和孝道的融合，将汉传佛教融合儒释道的智慧推到一个高峰。禅宗是一个典型的儒、释、道三教结合的派别，它在坚持佛教立场、观点和方法的同时，将老庄的自然主义哲学、儒家心性学说都融入自己的禅学中去。从菩提达摩的"与道冥符"到神秀的"观心看净"，都可以看到老子"静观其道""静心致远"的思想痕迹；从慧能的"能所俱泯"中我们可以看到庄子的"物我两忘"的哲学思想[1]。

儒释道三教各显神通，此消彼长、相互融通、共同进步，极大丰富了人们的精神生活。唐朝诗人身上亦体现了各种宗教文化的印记，例如，大诗人李白很多诗作具有"仙道"烙印，人称仙风道骨，而王维精通禅学，晚年皈依佛教，人称"诗佛"。"三教一致""儒释一家"渐渐被时人接受，很多的典故和象征性事件广泛流传开来。例如，相传南北朝时期，傅翁头戴"道冠"，身穿"僧衣"，脚着"儒履"，集儒、释、道于一身，表示"三教一家"。还有象征三教合流的"虎溪三笑"轶事：据传，东晋时高僧法号慧远，住在庐山西北山麓的东林寺中，一住36年潜心研究佛法，以寺前的虎溪为界，立一誓约："影不出山，迹不入俗"，"送客无贵贱，不过虎溪桥。"不过，有一次诗人陶渊明和道士陆修静相携来访，三人谈得极为投契，不觉天色已晚，慧远送出山门，怎奈谈兴正浓，依依不舍，送出一程又一程，不知不觉早已越过虎溪界限了。三人如梦方醒，相视抚掌大笑，合十躬送而别。据说，后人在他

---

[1] 黄心川：《"三教合一"在我国发展的过程、特点及其对周边国家的影响》，载《哲学研究》，1998年第8期，第27页。

们分手处修建"三笑亭",纪念儒释道三教和谐相处的美好瞬间①。有多事者,还写有一联:桥跨虎溪,三教三源流,三人三笑语;莲开僧舍,一花一世界,一叶一如来②。到了明朝,云栖袾宏、紫柏真可、憨山德清、蕅益智旭"四大高僧"继续力倡三教融合,尤其是晚明时期,三教合一的思想更成一代思潮蔚为风气。最终,中国化的汉传佛教融合了儒道思想后成为中国文化不可或缺的组成部分。

如前文所述,魏晋以来佛教、道教盛极一时,可以说在相当大的领域里夺取了儒学的思想阵地,隋唐统一后一些知识分子致力于恢复儒学独尊的地位,希冀复兴儒学,而对统治者而言,虽然三教并行,但出于现实政治的考量,仍旧认为儒学才是维护封建统治的根本。值得注意的是,儒学在隋唐的复兴,是建立在吸收佛道思想成果的基础上的。正如有学者所说:"儒学的复兴决不是无视数百年来思想发展的路径,把儒学、道教置之不顾,而向两汉经学回归。这需要儒学有一个变化,在保持基本思想的同时,吸取佛、道两家的成果,创立一种新的儒学体系。隋唐儒学的统一,是兼融佛道学说的统一。"③

隋朝建国之初就对儒家倡导的仁义孝悌之道极力宣扬,统治者"崇建庠序","延集学徒",兴办儒学教育。隋文帝在诏书中说:"儒学之道,训教生人,识父子君臣之义,知尊卑长幼之序,升之于朝,任之以职,故能赞理时务,弘益风范。"④号召天下劝学行礼,复兴礼乐制度:"建国重道,莫先于学,尊主庇民,莫先于礼。"即使穷奢极欲、好大喜功的隋炀帝也有浓厚的儒学思想,他说:"昔者哲王之治天下也,其在爱民乎。既富而教,家给人足,故能风淳俗厚,远至迩安。……可分遣使人,巡省方俗,宣扬风化,荐拔淹滞,申达幽枉。孝悌力田,给以优复。鳏寡孤独不能自存者,量加赈济。义夫节妇,旌表门闾。"⑤到了唐朝,由于唐统治者姓李,所以尊老子为师祖,崇奉道教,但是对于儒学却格外重视,例如唐高祖李渊"颇好儒臣",下诏:"朕君临区宇,兴化崇儒,永言先达,情深绍嗣。宜令有司于国子学立周公、孔子庙各一所,四时致祭。仍博求其后,具以名闻,详考所宜,当加爵土。是以学者慕响,儒教聿兴。"⑥唐太宗更是尊儒崇经,推行仁政,他说:"朕今所好者,惟在尧舜之道,周孔之教,以为如鸟有翼,如鱼依水,失之必死,不可暂无耳。"⑦他采

---

① 张英:《遁山逸水:长江流域的隐士风情》,长江出版社2014年版,第86页。
② 刘岳:《中国典故80美例》,世界图书北京出版公司2011年版,第64页。
③ 许凌云:《中国儒学史》,广东教育出版社1998年版,第82页。
④ 《隋书·高祖纪下》。
⑤ 《隋书·炀帝上》。
⑥ 《旧唐书·儒学上》。
⑦ 《贞观政要·慎所好》。

纳魏征"偃武修文"的建议,锐意经籍,大兴文治,"解戎衣而开学校,饰贲帛而礼儒生",努力发展文化教育事业,下令立孔子庙于国子学,尊孔子为先圣,颜回为先师,每年定时"释奠"祭奠孔子。贞观四年"太宗又以经籍去圣久远,文字多讹谬,诏前中书侍郎颜师古考定《五经》,颁于天下,命学者习焉。又以儒学多门,章句繁杂,诏国子祭酒孔颖达与诸儒撰定《五经》义疏,凡一百七十卷,名曰《五经正义》,令天下传习……21年,又诏曰:'左丘明、卜子夏、公羊高、毂梁赤、优胜、高堂生、戴圣、毛苌、孔安国、刘向、郑众、杜子春、马融、卢植、郑玄、服慢、何休、王肃、王捣、杜元凯、范宁等21人,并用其书垂于国肖,既行其道,理合褒崇。自今有事太学,可与颜子俱配享孔子庙堂。其尊重儒道如此。"①重新梳理儒家经典,加上大力褒扬历代名儒大家,这种官方意义的经学统一和思想体系上的重构,极大提高了儒学在本朝的地位。马宗霍在《中国经学史》中评论说:"自《五经》定本出,而后经籍无异文;自《五经正义》出,而后经义无异说。每年明经,依此考试,天下士民,奉为主臬。盖自汉以来,经学统一,未有若斯之专且久也。"②

除了统治者的重视,儒家思想还通过科举制度广泛传播,科举制度"是制度化儒家的核心和枢纽"③,"维系着儒家的文化价值和传统的制度体系之间的平衡"④。经由科举制度,儒学成为知识分子的共同信仰,凝练为统一民族国家的精神动力。隋唐时期是科举制度的创建和发展时期。隋朝隋文帝开始用分科考试的方法来选拔官员,到隋炀帝时,正式设立进士科,科举制正式创立。唐朝时,考试的科目分常科和制科两类。武则天载初元年二月,女皇亲自"策问贡人于洛成殿",这是科举中殿试的开始。科举制度"其科之目,有秀才、有明经、有进士、有俊士、有明法、有明字、有明算、有一史、有三史、有开元礼、有道举、有童子。而明经之别,有五经、有三经、有二经、有学究一经、有三礼、有三传、有史科,此岁举之常选也"⑤。明经、进士两科便成为唐代常科的主要科目,主要考试内容仍旧为儒家经史和礼乐知识。唐朝颜师古作《五经定本》,孔颖达作《五经正义》,二书成为学校教育和科举考试的主要依据。以儒学为主要考试内容的科举制度,改善了用人制度,为国家网罗了大量人才,"太宗皇帝真长策,赚得英雄尽白头",唐太宗看到许多新取进士鱼贯而出,便得意地说道:"天下英雄,入吾彀中矣!"科举制度还改

---

① 《旧唐书·儒学传序》。
② 马宗霍:《中国经学史》,上海书店出版社1984年版,第94页。
③ 干松春:《科举制的衰落和制度化儒家的解体》,载《中国社会科学》,2002年第2期,第109页。
④ 干松春:《制度儒学》,上海人民出版社2006年版,第103页。
⑤ 《新唐书·选举志》。

变了社会风气,士人用功读书的风气盛行。

此外,科举制度大大促进了文化艺术的发展,尤其是进士科重视考诗赋,非常有利于唐诗的繁荣。唐朝的诗歌,风格多样,流派纷呈,名家辈出,气势恢宏,流传千古,大量的田园诗、山水诗、边塞诗、从军诗,以及传奇小说,绝妙文赋,为唐代文学的繁荣增添了内容,蔚为绚丽多姿的盛唐气象,也是唐朝留给后世的宝贵财富。

**三、宋:积贫积弱下的文化繁荣**

(一)宋代文化繁荣的原因

谈到宋朝,往往给人留下积贫积弱、守内虚外、武力不振的印象。北宋亡于金,南宋亡于元,靖康之难更成为中原王朝前所未有的耻辱。然而,宋朝亦是一个大师辈出、学术多元、科技辉煌、思想活跃,开创新学风、新品格的时代。陈寅恪评价说:"华夏民族之文化,历数千载之演进,造极于赵宋之世"①。宋代文化的发展,"在中国封建社会历史时期之内达于顶峰,不但超越了前代,也为其后的元明所不能及"②,宋文明在教育、经学、科技、史学、宋词、散文等方面"总的说来,是胜过了唐文明"③,国际上的汉学界则对宋朝的评价更是超越了汉唐,认为宋朝是"东方的文艺复兴""最伟大的时代""最令人激动的时代"。大体看来,宋代文化的繁荣有以下几个方面的原因:

一是文化政策和文官政治。文化繁荣首先得益于宽松的文化政策和政治环境,宋朝"一反唐中叶后至五代的重武轻文的情境,为重整伦理纲常,重构价值理想,安定社会秩序而提出'佑文'政策,或曰'重文'政策"。④ 宋太祖好读书,尊重儒者,曾问赵普:"天下何物最大?"赵普答:"道理最大。"太祖听后连连称善。宋太祖定下了最开明的政策:不杀士大夫及上书言事人,"太祖有约,藏之太庙,誓不杀大臣、言官,违者不祥。此诚前代不可企及。虽卢多逊、丁谓罪大如此,仅止流窜,亦复北归。"⑤这样就给知识分子提供了宽松的环境和极高的安全感,促进了思想解放,使文人有了更大的自由度,程颐就曾感慨地说:"朝廷宽大,不欲以言罪人"。王夫之说:"自太祖勒不杀士大夫之誓以诏子孙,终宋之世,文臣无殴刀之

---

① 陈寅恪:《金明馆丛稿二编》,上海古籍出版社1980年版,第245页。
② 邓广铭:《宋代文化的高度发展与宋王朝的文化政策》,载《历史研究》,1990年第1期,第68页。
③ 王曾瑜:《正确评价宋朝的历史地位》,载《北京日报》,2007年12月10日第19版。
④ 张立文主编,张立文、祁润兴著:《中国学术通史》宋元明卷,人民出版社2004年版,第4页。
⑤ 王明清:《挥麈录·后录》卷一,中华书局1961年版,第69页。

辟。张邦昌躬篡,而止于自裁;蔡京、贾似道险国危亡,皆保首领于贬所"①。因而"宋之士大夫高过于汉、唐者"②。宋代科举制度日益发展完善,也推动了宋代文化的普及,促使社会文化素质普遍提高,产生了更为广泛的社会影响。宋代科举彻底取消了门户限制,废除了"公荐"制度,考试大门向所有知识分子敞开,严格考试程序,考试更加公平公正,考试内容则趋向多元化,经义、诗赋与策论并重,并且扩大了取士范围,例如太平兴国二年,宰相薛居正批评科举"取人太多,用人太骤",而太宗回应道:"方欲兴文教,抑武事,弗听"③。重文政策和对文人士大夫的宽容,形成了文官政治,使宋朝呈现了一个"与士大夫共治天下"的局面,士大夫进入了封建历史上的黄金时期,成为治国理政的中坚力量。可以说,历史发展到宋朝,中国儒家的"修身、齐家、治国、平天下"的理想才真正成为现实,士大夫受到前所未有的礼遇和重用,"朝为田舍郎,暮登天子堂","万般皆下品,惟有读书高"。宽松包容的文化政策、兼容并包的文化态度④,促使思想、学术、文学、艺术、教育共同发展,最终促进知识的进一步传播。

二是经济基础。宋朝对经济、科技、文化事业都比较注重,促进了经济、科技文化的发展,因此,积贫积弱的宋朝,却是商品经济繁荣,农业生产发达,同时出现了经济、学术文化的高峰期。农业产量和土地利用率都有很大提高,出现了"煤铁革命"和"商业革命",产生了最早的纸币,人口达到一亿,经济总量大,在人力、物力、财力等方面胜于唐朝,是当时世界上经济最为发达的国家之一。

三是宋儒气象。宋朝文化的繁荣和先忧后乐的儒学气象密切相关。宽松的学术氛围和自由争辩的学术风气,加上澶渊之盟、靖康之耻、南宋偷安一隅的民族耻辱和强敌环视、异族入侵的险恶环境,激发了宋朝"先天下之忧而忧"的士子情怀,士大夫们呈现出一种与以往朝代士大夫截然不同的精神风貌。宋儒不再是"穷则独善其身""不在其位不谋其政",而是"居庙堂之高则忧其民,处江湖之远则忧其君","先天下之忧而忧,后天下之乐而乐",他们以一种高度的责任感关注着天下苍生的福祉和朝廷的安宁,体现出更加宽广博大的胸襟和使命感。宋代文

---

① 王夫之:《太祖》,《宋论》卷一,《船山全书》第十一卷,岳麓书社1992年版,第24~25页。
② 同上,第26页。
③ 《续资治通鉴长编》卷十八。
④ 有学者认为历代王朝都实行文化专制主义,而宋朝建立后,"把最大的注意力分别集中在:如何消除存在于各地的割据势力;如何防范文武大臣的篡夺之祸;如何抵御北方强大敌国契丹王朝的侵袭……这种种错综复杂的问题,使得北宋最高统治者们实在没有余力再去对文化事业的各方面实行其专制主义。因此,他们对于儒释道三家无所轻重于其间……一概采取兼容并包的态度"。邓广铭:《宋代文化的高度发展与宋王朝的文化政策》,《历史研究》1990年第1期,第66页。

学艺术作品,尤其是宋词,或幽怨感怀,或悲愤进取,"每念生于靖康之乱","西北望长安,可怜无数山","恨如新,新恨了,又重新","仰天长啸,壮怀激烈"……炽热和深切地抒发出民族斗争中爱民忧国的艺术情怀。

宋学的最高精神代表可以说是张横渠的"为天地立心,为生民立命,为往圣继绝学,为万世开太平",这种精神接近了宗教的追求终极价值的精神。有学者认为"只有由知识阶层表述的知识、思想与信仰系统,才能有效地建构着政治与伦理的秩序,而一个庞大而有影响的知识阶层的舆论,对于国家的意义也是不言而喻的"①。宋代学者对真理孜孜不倦的追求,周敦颐、二程、张载、邵雍、朱熹、欧阳修、苏轼、王安石、司马光、陆久渊、叶适等学者的成就享誉千古。

(二)理学为核心的文化繁荣

柳诒徵有言:"有宋一代,武功不竞,而学术特昌,上承汉、唐,下启明、清,绍述创造,靡所不备。"②文化的核心是哲学,宋代文化的繁荣,主要在于它开创了宋明理学的新时代,引领了理学学术新思潮。理学是中国古代最为精致、最为完备的理论体系,其影响至深至巨。理学的中心观念是"理","理"先于天地而存在,是产生世界万物的精神的东西。理学官方代表人物可概括为"程朱陆王"。理学实际创始人为周敦颐、邵雍、张载、二程,至南宋朱熹而集大成。朱熹思想被尊奉为官学,而其本身则与孔子圣人并提,称为"朱子"。朱熹③认为理是先于自然现象和社会现象的形而上者。《文集》记载:"天地之间,有理有气。理也者,形而上之道也,生物之本也;气也者,形而下之器也,生物之具也。"④他认为理是万事万物的规律和伦理道德的基本准则,而阴阳五行错综不失条绪,便是理。它把"三纲五常"与"天理"联结在一起,提出"三纲五常"是"天理"体现于社会规范的当然的产物,是永恒不变的协调社会关系的妙药。他还说:"孔子所谓'克己复礼',《中庸》所谓'致中和','尊德性','道问学',《大学》所谓'明明德',《书》曰'人心惟危,

---

① 葛兆光:《中国思想史》第二卷,复旦大学出版社2001年版,第174页。
② 柳诒征撰,蔡尚思导读:《中国文化史》,上海古籍出版社2001年版,第555页。
③ 有学者认为:"朱熹的深刻之处在于,把孔孟置于正宗,同时又把董仲舒阴阳五行观、王充对董仲舒的目的论的批判,把张载以及周敦颐、二程的观点,以及佛学高度一元化的哲学和道家的思辨精神,统统加以整理,小心而细致地构造出内容精深的新儒学体系。儒学世界观、方法论薄弱的短处被克服了,历史经过了一千年。万物起源皆出于理,理生气,气生万物,理又规定了儒家伦理道德的合理性。理学的出现大大巩固了儒学在中国封建社会中作为指导思想的地位,使佛、道等学说再也不会动摇它了。宋以后七百年间,理学一直被奉为正统,与宗法一体化结构十分适应,封建王朝的控制能力也增强了。"——参见金观涛、刘青峰著:《兴盛与危机》(第八章:意识形态结构的系统分析)法律出版社1984年版,第267~268页。
④ 《朱文公文集》卷五十八《答黄道夫书》。

道心惟微,惟精惟一,允执厥中',圣贤千言万语,只是教人明天理、灭人欲。"①"存天理灭人欲"是朱熹理学思想的重要观点之一,以往学者对其多有批判,然而正如朱熹在《朱子语类》中说:"去其气质之偏,物欲之蔽,以复其性,以尽其伦。"(卷七),"存天理灭人欲"的要旨是明理见性,不被私欲蒙蔽,体悟天地之理。

陆九渊的"心学"为宋明新儒学思潮向阳明心学的转向创造了必要的学术条件。他提出"宇宙便是吾心"的命题。认为心即理是永恒不变的:"千万世之前,有圣人出焉,同此心同此理也;千万世之后,有圣人出焉,同此心同此理也。"②偏重心性修养,重视持敬的内省工夫,后世王阳明更是大力发扬了陆九渊的"心学",两人并称"陆王心学"。鹅湖之会是程朱理学和陆王心学的一次交锋,是朱熹客观唯心主义和陆九渊主观唯心主义的一场争论,也是中国古代思想史上的第一次著名的哲学辩论会。论辩一方陆九渊提出"先立乎其大"为出发点,认为自古以来圣人相传的"道统"只是"此心",主张只有认识"本心",才犹如木有根,水有源。另一方朱熹则认为先于物而存在的"理"在心外,即"宇宙"之间。鹅湖之会是中国哲学史上一次堪称典范的学术讨论会,它首开书院会讲之先河,突出体现了宽松的文化政策和自由争辩的学术氛围。黄宗羲曾评论道:"假令当日鹅湖之会,朱陆辩难之时,忽有苍头仆子,历阶升堂,捽陆子而殴之曰:'我以助朱子也。'将谓朱子喜乎?不喜乎?定知朱子必且挞而逐之矣。子之助朱子也,得无类是。"③正因为自由争辩的学术风气盛行,儒学发展更加思辨化,士人思想更为开阔,因而华夏学术最终能够"造极于赵宋之世","宋明理学在培养气节操守,重视品德修养,追求圣人人格,讲求以理统情,加强自我节制等建立主体意志结构方面,发挥了重要作用。"④

除了理学,宋代亦是古代史学发展的繁荣时期,宋代修史机构完善,允许私人修史,官修和私修逐渐一体,史书数量达到了中国历史上的高峰。唐宋八大家中宋人就占了六位之多,宋词更是发展到了登峰造极的地步,为后世所不能及。话本则开创了文学史上的新纪元,杂居、绘画、书法也有较高的成就。

(三)古代科技发展的黄金时代

说到宋代文化,不可不提到宋朝的科技发展。宋元时代是古代科技发展的黄金时期,英国学者李约瑟在其著作《中国科学技术史》的导论中说:"每当人们在中

---

① 葛兆光:《中国思想史》第二卷,复旦大学出版社 2001 年版,第 174 页。
② 《陆九渊集》卷二二《杂著·杂说》。
③ 《宋元学案·象山学案》。
④ 孙金荣、杨棣、赵金科、孙文霞:《中国传统文化与当代文化构建》,中国农业出版社 2010 年版,第 104 页。

国的文献中查找一种具体的科技史料时,往往会发现它的焦点在宋代,不管在应用科学方面或纯粹科学方面都是如此。"宋朝的科学技术在许多领域都取得了很大成就,其中最具影响力的当数四大发明中的三项:火药、活字印刷和指南针。马克思说:"火药、罗盘、印刷术——这是预兆资产阶级社会到来的三项伟大发明。火药把骑士阶层炸得粉碎,罗盘打开了世界市场并建立了殖民地,而印刷术却变成了宗教的工具,并且一般地说变成科学复兴的手段,变成创造精神发展的必要前提的最强大的推动力。"[1]南宋中后期,火药兵器在宋朝兵器中占有很大比例,世界上第一次使用火药兵器的海战,也是南宋时期发生的胶西海战。北宋天文学家苏颂领导制造出世界上最古老的天文钟"水运仪象台",开启近代钟表擒纵器的先河,被李约瑟称为"中国古代和中世纪最伟大的博物学家和科学家之一"[2]。南宋秦九韶的"大衍求一术"及高次代数方程的数值解法,在世界数学史上占有崇高的地位,其著作《数书九章》为国内外科学史界公认的一部世界数学名著。此书不仅代表着当时中国数学的先进水平,也标志着中世纪世界数学的成绩之一。可以说,无论是数学、物理、化学、生物、地质、天文等学科,还是中医药学、土木水利工程、机械技术,宋朝都取得了重要的科技成就。其他如钻探深井技术、纸币、水密舱壁、算盘、火枪、商标、广告、象棋、三公床弩等科技发明更是数不胜数。

宋朝沈括更是被李约瑟赞誉为"中国整部科学史中最卓越的人物"[3],日本数学家山上义夫认为:"沈括这样的人物,在全世界数学史上找不到,唯有中国出了这样一个。我把沈括称作中国数学家的模范人物或理想人物,是很恰当的。"[4]沈括的代表作品是《梦溪笔谈》,内容丰富,集前代科学成就之大成,在世界文化史上有着重要的地位。他在中国数学史上,发展了自南北朝时期就停滞不前的等差级数求和问题,并推进到高阶等差级数求和的新阶段,开创了中国垛积术研究的先河。在中国数学史上,沈括第一个利用弦、矢求出了弧长的近似值。这一方法的创立,不仅促进了平面几何的发展,而且在天文计算中也起了重要的作用,为中国球面三角学的发展做出了重要贡献[5]。沈括在世界上第一次提出了"石油"这一科学的命名。他还第一次记录了"红光验尸"的内容,这是中国关于滤光应用的最

---

[1] 马克思:《机器、自然力和科学的应用》,人民出版社1978年版,第67页。
[2] 曲相奎:《宋朝的那些科学家》,中国言实出版社2014年版,第60页。
[3] 丁海斌:《中国古代科技文献史》,上海交通大学出版社2015年版,第287页。
[4] 张家驹:《沈括》,中国书籍出版社2015年版,第2页。
[5] 冯礼贵:《试论沈括的数学思想》,《沈括研究文集》,香港文学报社出版公司2002年版,第371页。

早记载,至今还有现实意义。其他在磁学、光学、声学、化学、天文地理、水利、医药乃至军事、艺术等方面,沈括都做出了突出贡献。可以说,沈括"博学善文,于天文、方志、律历、音乐、医药、卜算无所不通,皆有所论著",①是中国科学史上的坐标。

宋代国力贫弱,强敌环拱,外族虎视眈眈,却依然延续国祚三百余年,并产生了历史上最杰出的文学家、艺术家、哲学家和科学家,以至有历史学家将其称为中国的"文艺复兴"时代。

# 第三章 "闭关自守,万马齐喑"
—— 明清时期的文化专制与精神禁锢

明清时期是中国最后的两个大一统的封建王朝统治时期,也是中国传统社会逐步走向终结的阶段。"封建统治露出了崩解的端倪,但是还很强固。资本主义因素的萌芽已经在东南地区稀疏地出现,但是十分稚嫩"。② 在这个时期,面对西方列强确立资本主义制度、掀起工业革命浪潮,步入近代化社会,中国这个代表着古老东方文明的国家却衰落了下去。中华文明是世界上唯一辉煌灿烂且延绵迄今的文明,在悠久的历史发展进程中长期处于世界领先地位,直到19世纪前的几个世纪,这种优势地位貌似依然存在。明清时期的中国,有着广袤的土地,庞大的人口,系统完整的王朝统治制度,深度开拓垦殖的农业生产以及巨大的市场潜力,这一切无不向同时代的西方人昭示着屹立于世界东方的文明古国的独特魅力。然而,"夕阳无限好,只是近黄昏"。明清时期君主独裁专制空前加强,官僚政治运行效率愈加低下;政府依然采取重农抑商政策,对内压制商品经济的发展,对外实行闭关锁国,限制海外贸易,曾经使中国保持世界强国地位的政治经济体制,其腐朽性、保守性、落后性日益显现出来。在思想文化方面,明清时期适应君权强化的需要,思想禁锢进一步加强。明朝开始实施八股取士,加强思想管控,尽管在明朝中后期因王学的影响,西学的渗透,思想界渐趋多元,明清之际的启蒙与经世思潮更是颇具革新精神,但入主中原的清王朝对君主专制政体进一步强固,厉行文化高压政策,思想文化难有实质性的突破和进展,在清朝中后期更是呈现"日之将

---

① [元]脱脱:《宋史·沈括传》,中华书局1977年版。
② 邱汉生:《明清文化史散论序》,载《武汉师范学院学报(哲学社会科学版)》,1984年第1期,第81页。

夕,悲风骤至"的社会文化状貌,日显没落沉暮。在这种文化氛围之下,中国人仍然沉浸在"天朝上国"的迷梦之中,传统的守旧、封闭思想异常顽强,对急剧变化的世界形势视而不见,直到西方列强以武力强行敲开早已风雨满楼的国门,最终以屈辱的方式被拖入苦难深重的近代时期。

**一、明朝的八股取士和思想管控政策**

明清时期统治者为强化专制主义君主集权,控制思想文化,以程朱理学为官方意识形态,采用科举制度选拔各级官员。中国古代官员选拔制度各个朝代不同,在隋朝以前,荐举任官制一直占有重要地位。魏晋南北朝奉行"九品中正制",世家大族把持乡举里选,垄断仕途,形成了"上品无寒门,下品无世族"的局面。隋朝建立后进行改革,废除九品中正制,创建科举考试。由于科举考试公开进行,有规定的知识结构作为公认的主要录取标准,在一定程度上允许平等地公开竞争,适应了封建社会政治发展的需要,把选用官吏的权力从世家大族手中收归朝廷,有利于中央集权制的巩固,被后来历朝所沿用。唐承隋制,科举制度逐步完善,到宋元时期发展更为完备。科举考试的内容也经历了较为复杂的变化,或以对儒家经典的记诵为主的帖经考试,或以对当前国家统治面临的现实问题提供解决方案为主的时务政策考试,或以诗词文章写作水平的高下为准的诗赋考试。两宋时期中国社会经济已经发展到了一个新的阶段,统治阶级的知识水平和从政能力都有很大提高,思想意识对巩固王朝统治的重要性日益突出。如当代汉学家艾尔曼所说:"国家和社会都认同教育,尤其是经学教育,成为公共秩序和文明生活的基础。大型考场这种怪异的'文化监牢',从宋代起就是景观中的亮点。而为违法者所设的真正的监狱,反倒很少。县衙里的小型牢房已足够关押犯人。"[①]以儒家《大学》《中庸》《论语》《孟子》四书为经典的程(程颢与程颐)朱(熹)理学,是中国古代政治家和思想家长期摸索形成的官方统治思想。程朱理学主张"存天理,灭人欲",最高统治者意图通过引导读书士人学习程朱学说,树立对王朝的高度忠诚和对君主的绝对服从,以此作为日用常行的是非标准和识理践履的主要规则,自觉维护封建纲常伦理秩序。因此,自宋元以后,以程朱理学为科举考试内容,成为维护封建王朝统治的一种有效手段。

明朝科举考试基本内容,开始是五经、四书并重,后来又逐渐发展成主要根据四书成绩录取。这个变化是在当时的政治背景和社会经济发展状况下出现的。

---

① 〔美〕艾尔曼等:《变动中的晚近中国传统文化(1400—1900)》,载《清史研究》,2015年第1期,第2页。

明代初年，百废待兴，各级政府的管理和地方的治理，都迫切需要大量知识人才。因此，明太祖朱元璋（1328—1398）格外重视对人才的网罗，但又希望君主能对臣下拥有足够的驾驭和约束力。然而，当时中国的商业和市场已经有了一定程度的发展，这对封建自然经济是一种冲击，所产生的市民思想和各种"异端邪说"对封建主义的思想体系也是一种冲击。也就是说参加科举考试的举子们已经不再满足于前代人的思想，他们在应试的文章中写出了新的内容，里面不仅有诸子的思想，还加入了佛道两教的观点。应试文章竟然离经叛道，杂入新奇之说、诡僻之论，对封建专制集权统治是不利的。为了迫使当时的知识分子服膺孔孟之道，制止异端邪说，从而巩固封建统治，就必须加强儒家经典的灌输，把人们的思想重新纳入官方思想轨辙之中。要达到这一目的，最好的办法自然是把科举考试从内容到形式都加以严格规定，于是明王朝规定，科举考试必须以儒家经典，尤其是朱熹集注的四书作为标准答案，且答卷必须遵守规定的标准格式。这样，读书人就不再需要有自己独立的思想，也不可以有自己独立的思想，不然的话，就无法通过科举考试这一关。

到了宪宗成化年间，明廷正式颁行了一套完整的八股文写作方法，并且限定字数，规定乡试、会试《五经》义一题，限五百字，《四书》义一题，限三百字，以后到清朝最长也不得超过七百字。考生答卷不许有个人观点，应代圣人立言，以程朱理学为指导，按照规定的格式和字数作文，全文分八个部分，故称八股文，又名制义、时文。开头用一两句话将题意点明，即为"破题"，接下来便是"承题""起讲""入手"，然后是"起股""中股""后股""束股"，每部分用两股排偶文字，对比地展开议论，最后"落下"，结束全篇，容不得半句离题话。明代考试程序也更为繁琐，增加各级预考，同时将学校与科举结合。所谓"学校储才，以应科举"。自明朝中叶起，科举地位日重，出现非进士不入翰林，非翰林不入内阁的局面。从国子监到州学、府学、县学各级学校为追求科举录取名额，常以儒家经典和八股时文作为主要教育内容，引导学生把所有精力都投放在这精致但缺乏实用的仕途"敲门砖"之中，致使大批怀抱"学而优则仕"观念的读书人知识单一、思想僵化、脱离实际、故步自封。明代统治者通过推行这种教育和考试方法，极大地加强了对知识分子思想观念的统一和管控。当时有识之士曾将科举考试的经义八股文，比作秦代"焚书坑儒"，甚至称之为"断送江山八股文"。

八股取士制度是明清统治者为选拔"合格"人才，在总结前代选官制度经验教训的基础上确定下来的。这一制度发展至清朝，其弊端已经暴露无遗。从考试内容上说，它继承发展的是宋元以来所肯定的一种指导思想，即通过阐述经义，督促士人阅读四书、五经，体悟圣贤意旨，以培养、选拔适合统治者需要的人才。从作文格式上说,它继承发展的是诗赋写作中的规矩准绳,以此种文学领域的规则为楷模,经过长期摸索,演变而成的一种文章格式。毋庸讳言,在以儒家思想为指导、以巩固王朝统治为目的的传统政治格局中,对于科举取士来说,采用"排比有定式"的八股文体有其优点,文章对仗工稳与否,标准非常具体,使考官对内容大体达到要求的若干考卷,容易判定高下,避免引起纠纷争论。但这样一套考试制度,实则是桎梏和钳制士人思想的无形枷锁。因为八股文命题仅限儒家经典,"《四书》主朱子《集注》,《易》主程《传》、朱子《本义》,《书》主蔡氏《传》及古注疏,《诗》主朱子《集传》,《春秋》主《左氏》《公羊》《穀梁》及胡安国、张洽《传》,《礼记》主古注疏。永乐间,颁《五经四书大全》,废注疏不用"。[①]文章优劣的评判主要依据作文技巧,是否符合八股对仗的格式要求。这种僵化的文体,不仅难度系数较大,限制了士人自由表达思想观点;而且为了实现形式的排比对仗,所写就的文章内容难免会流于虚浮和空疏。所以,这种考试方法并不能选拔出有真才实学的人才。

　　清代初年即有官员建议进行选官制度改革,但清统治者为推行文化专制主义,继续把科举考试作为笼络汉族士大夫的手段和禁锢知识分子思想的工具,除在雍正时期前分满人、汉人两榜录取以优待八旗子弟外,其余皆继承明朝旧制。清乾隆年间诏令学者方苞(1668—1749)选录明清两朝名家所写八股文,定名《钦定四书文》,编辑成册,刊行全国,供赴考举子阅读。由于能够背诵几部经书,掌握了八股文的写作技巧即可应举入仕,故参加科举的考生日增。为限制录取人数,主考者常乞灵于考试命题,致使毫无价值、近似文字游戏的偏题、难题、怪题泛滥成灾,考生为迎合考试命题而寻章摘句,死钻牛角尖,科举考试制更趋僵化,成为革新政治、发展科学文化的重大障碍。光绪三十一年即1905年,清政府实行"新政"的过程中,终于下令停考科举、兴办学堂,正式废除了自隋唐以来的科举考试选官制度。

　　明清时期通过八股取士,加强思想控制,可以说在秦朝焚书坑儒、汉朝独尊儒术、隋唐开科取士的基础上更进一步,已经达到登峰造极的程度。此类观点,明代以来有识之士多有论及,明末学者吕留良(1629—1683)《真进士歌》中道:"三百年来几十科,科数百人名累累,如今知有几人名,大约尽同蝼蚁死。"奉召编写《钦定四书文》的清代学者方苞就认为:"余尝谓害教化,败人材者,无过于科举,而制艺则尤甚焉。盖自科举兴,而出入于其间者,非汲汲于名,则汲汲于利者也。八股之作,较论策诗赋为尤难。就其善者,持之有故,言之有理,故其溺人尤深,而好之

---

[①] 柳诒徵:《中国文化史》,上海三联书店2007年版,第610页。

有老死不倦者矣。"可以说,明清时期的八股取士制度就是钳制阉割明清知识分子人格最锐利的凶器。八股文的唯一用途就是应对科考,其造成的后果就是读书士人"制义之滥调在胸,锦绣之文章莫吐,而文学之受折为尤甚耳。即政事之萎沉,亦非浅也"。① 明清时期的这一整套虚文繁琐而又等级森严的八股取士制度,主要目的就在于禁锢读书人的思想,使社会中的士人精英力量萎缩、沉沦,耗尽生命伏身于八股章句里,奔赴在名利科场中,从童生开始,秀才、举人、进士,步步攀爬,完全丧失掉读书士人的自由精神和独立人格。

**二、郑和下西洋与明朝的海禁政策**

明朝建立之后,统治逐渐巩固,国势日趋强盛,农业经济恢复,手工业也有较大发展;宋元以来中国造船业发达,航海技术水平包括罗盘火炮使用、航海经验、海洋知识等不断进步,拥有大批航海水手。在雄厚物质条件的基础上,在明朝皇帝的支持下,1405年—1433年郑和(1371—1433)曾率舰队七次下西洋,开展海上远航活动。郑和下西洋,其船舶技术之先进,航程之长,影响之巨,船只吨位之大,航海人员之众,组织配备之严密,航海技术之先进,在当时的世界上,都是罕见的。每次人数都在两万七千人以上,船队由舟师、两栖部队、仪仗队三个序列编成,规模宏大、编制完善、组织严密,并且拥有五种类型的船舶,最主要的宝船可容纳上千人,是当时世界上最大的船只。明朝前期中国的航海成就不仅丝毫不比西方人逊色,甚至在航海时间、船队规模以及航海技术诸方面,均是达伽马、哥伦布、麦哲伦等人的航海活动所望尘莫及的。然而,明代郑和远航与西方人开辟新航路的结局,却有着截然不同的后果。

明王朝派郑和下西洋的动机和目的,主要是为了满足统治者的野心和虚荣心,向海外各国显耀兵力,夸示富强,宣扬大明天朝上国的威德。所以,郑和率领的庞大船队,既不是一般的商贸船队,也不是一般的外交使团,而是由封建统治者组织的负有政治任务的队伍,其"贸易活动,是从属于政治目的的"。② 郑和出使的任务之一,就是招徕各国称臣纳贡,与这些国家建立起上邦大国与藩属之国的关系。向各国宣谕明朝皇帝为奉天承命的上邦大国之君,是奉天命天君的旨意来管理天下,四方藩夷都要遵照明朝皇帝的圣谕;下赐各国国王诰命银印冠服,并赠送各种贵重礼物,威吓利诱各国参加朝贡,从而营造君临天下、怀柔远人、万国

---

① 陈登原:《中国文化史》,商务印书馆2014年版,第730页。
② 唐文基:《明初的经济外交与郑和下西洋》,载《福建师范大学学报(哲社版)》,1985年第4期,第105页。

来朝的盛世图景。但远洋航海和朝贡贸易的活动虚耗靡费太大了。明成祖朱棣(1360—1424)即位当年,就调集浙江、福建、湖广等五省府县优秀造船工匠四百余户到南京龙江造船。他组织动员全国造船力量,随意调拨国库和各地钱粮,倾力打造比曾在印度洋上航行的元船更大更好的远洋巨舶。据统计,成祖永乐年间,新建和改建约二千艘海船,其中每只宝船造价五六千银两。但制造这样巨大的船只,却并不完全取决于实际需要的载重量,而是为了给人"巍如山丘,浮动波上"的观感,达到向各国炫耀中国富强的效果。郑和船队每次出使,皆驾驶数百艘船舶,带领数万船员将士,船舶的建造修补、人员的消费恤饷,加上对各国的大量赏赐馈赠,给明朝财政造成沉重负担,导致支费浩繁,库藏为虚,无力为继,成为明朝远洋航行活动终结的直接原因。

郑和下西洋并没有使中国后来走上海洋强国的道路,其深层原因在于顽固的封建统治思想以及农业文明的保守观念。从表面上看,郑和船队每次出海,云帆蔽日,浩浩荡荡,但从实质上看,却是孤帆远影,萧索苍茫,它的后面没有,也不许跟随民间海商的船队;重视政治效果而忽视经济实力,厚往薄来,当国力下降,无力支撑这种面子形象工程的时候,下西洋的壮举也就只能戛然而止了。明王朝不再组织国家层面的航海,但仍然可以采取开放民间海贸的政策,而事实是,在停止国家组织的郑和下西洋活动的同时,海洋也被封闭了起来。明朝前期的海洋政策存在着一个非常突出的悖论现象,成祖永乐年间,一方面是国家花费巨资打造庞大的舰队,30年间七下西洋;另一方面却是下令民间片板不许下海,禁止沿海军民私自出海与外国交流往来。明朝海洋政策的失败,主要即在于其所采取的海禁政策。虽然无数沿海居民冒着违反国家法令的危险,凭着进取精神和求生欲望,赤手空拳,乘风破浪,到海外开拓新世界、新事业,但专制集权政府对海洋权益的垄断,仍导致中国失去海洋数百年。在明朝,从事海外探险和海上活动是犯罪行为,民众一出海便成为罪犯,而在西欧的葡萄牙和西班牙,出海的罪犯因为其海外经历而成为民族英雄。不同的政策决定了海洋活动的大方向,就明王朝而言,一旦皇家的需要得到满足,一旦他们听到了海晏河清的消息,便从国家层面到民间层面,彻底地封锁了海洋,以至于造成了中国在世界史进程关键时期的缺位。

郑和下西洋,"既表明朝廷对外关系政策的愚昧,更是对民间海外开拓的反动,也埋葬了宋元以来中国朝野的开放趋势"。[①] 在郑和第七次下西洋后的第三

---

[①] 庄国土:《论郑和下西洋对中国海外开拓事业的破坏:兼论朝贡制度的虚假性》,载《厦门大学学报(哲社版)》,2005年第3期,第76页。

年即1436年,明廷下诏停罢远航采买营造,下西洋的行动就此落幕。此后,海外诸国贡使渐稀,明王朝与南洋、西洋各国所建立的朝贡体系名存实亡。中国船队开始绝迹于印度洋和阿拉伯海,中国的航海事业中断,传统的海外贸易市场逐渐被欧洲人所占据,并最终退出了正在酝酿形成中的世界性市场。与之相反,尽管西欧开辟新航路晚了近一个世纪,但却掀起了持续不断的远洋航海热潮。在中国,作为国家的政治任务,郑和下西洋对于经济的刺激作用微乎其微。而在西方,东方的商品和航海贸易的利润直接加速了资本主义的原始积累,加速了西欧封建制度的解体和资本主义生产关系的发展,为殖民主义和奴隶贸易开辟了道路。"自己终止'走出去',必然被外人'打进来',这是明清史昭示的教训,也是从分散趋向整体的近代世界史作出的结论"。① 东西方各自发展道路的选择,已经预示着未来双方在世界舞台上竞逐的结局。

明代东南沿海的倭乱,即与明朝的海禁政策相关。明朝时期,在中国沿海地区进行武装走私和抢劫烧杀等海盗活动的日本失意政客、武士、商人和浪人,称为"倭寇"。根据近些年来的相关研究知道,在倭乱严重的明朝中期,倭寇首领及基本成员大部分是中国人,多为从事海上走私贸易的商人,所谓抗倭战争也被称为一场中国内部的海禁与反海禁的斗争,"封建政府对海上贸易的禁严或禁弛,是海商与海盗相互转化之关键"。② 明代中国的农业和手工业生产增加,商品贸易发达,但却施行海禁政策。于是,海商大贾、浙闽大姓为牟取暴利,不顾朝廷的海禁命令,和海外番商相互贩卖货物,他们成群分党,形成了海上武装走私集团,有些人则亡命海外,勾结倭寇在沿海劫掠,甚至与部分朝廷官员建立了联系。嘉靖年间,明廷不仅加强海禁,并下令断绝包括中日勘合朝贡贸易在内的一切对外活动,期望以围堵的政策来减轻倭寇对东南海疆的威胁,但也就此完全断绝了宋元以来整个海外贸易产业链中的渔业、手工业、造船业、商贸等相关从业人员的生计,致使海贸地下化,商业纠纷无从解决,遂转成武力报复,倭患不减反增,终于酿成了嘉靖倭乱。隆庆年间,明廷已经认识到"市通则寇转而为商,市禁则商转而为寇",开始调整严禁民间私人海外贸易的政策,民间海外贸易获得合法地位,出现一个比较开放的局面,隆庆开关不仅使东南倭乱之患逐渐减轻,而且促进了国内商品经济的发展。

---

① 冯天瑜:《袭常与新变的明清文化》,载《探索与争鸣》,2016年第5期,第106页。
② 林仁川:《明清私人海上贸易的特点》,载《中国社会经济史研究》,1987年第3期,第12页。

### 三、明代中后期阳明心学的兴起

明代前后期之间社会经济状况存在巨大差异。前期结束了元末战乱,重新建立起统一、稳定的政治局面,通过实施鼓励垦荒、劝课农桑等系列政策措施,逐步恢复了乡村经济,以家庭小农生产为基础的自然经济体系再次构建起来。到了明朝中后期,一方面,随着农业和手工业生产的发展,原本稳固的自给自足的自然经济产生动摇,商品经济发达,国内外市场繁荣,商业资本活跃,以白银为本位的货币在市场上更加广泛使用,社会的总体经济状况发生了剧烈变化;另一方面,皇室贵族日益腐化,官僚、地主和商人掌握了越来越多的社会财富,土地兼并严重,贫富分化加剧,加上各种苛捐杂税、差役征派增多,导致大量小农破产,沦为佃农、雇工、流民和草寇,社会矛盾空前激化。这一切反映在思想文化领域,则是作为正统思想的程朱理学更加封闭、僵化、保守,已经丧失了生机活力和革新精神,不能适应社会发展的需要。宋元以来,统治者提倡程朱理学,将之奉为不可动摇的官方意识形态,成为治理国家,规范社会,科场选才的重要标准。但到明代中期之后,社会经济的发展变化不断冲击着旧的社会秩序,带动了传统伦理道德观念的淡薄,社会风气由明朝初年的简单、淳朴,转趋浮华、奢靡。程朱理学中那种绝对的天理说,以及由此相应而生的诸多观念,不仅对社会现象失去了正向的价值指导作用,反而成为现实中读书人日益虚伪、妄为的凭借,已经不复当初所具有的神圣性与合理性。尽管统治者仍然极力维持其正统地位,然而,"经过长时间意识形态的制度化过程,理学已失去了当初那种拯救心灵、批判权力和建设秩序的意义,成了空洞的道德律令和苍白的教条文本,应当有一种活泼泼的思想来更新这个时代"。[①] 程朱理学思想当时已经无可避免地走向了衰落。由是,阳明心学应时而起,逐渐成为明代中后期思想文化的主流。

心学或称陆王心学,源自于战国时孟子、发展于北宋程颢、奠基于南宋陆九渊,集大成者则为明代王守仁(1472—1529)。陆王心学与程朱理学同属于宋明理学范畴,后人评价二者的差异,通常把陆王心学归为主观唯心主义,把程朱理学归为客观唯心主义,由客观唯心主义演变为主观唯心主义,说明宋明理学已经发展到了极端。明儒王守仁,号阳明,他所创立的心学称为阳明心学。程朱理学主张格物以穷理,强调理是经由格物而求得的。王守仁则主张"心即理""致良知""知行合一"。关于"心即理",即最高的道理不需外求,通过反省内心,从自己心里就

---

[①] 葛兆光:《中国思想史》第二卷,复旦大学出版社2014年版,第279页。

可以得到,从而调和了天理与人欲的关系,给予人欲以正面的看法,从维护封建统治的角度来讲,既然天理存在于人心,每个人只要内心恢复固有的伦理纲常观念,顺从统治者安排好的等级秩序就可以了。关于"致良知",即求得内心之理,良知是心之本体,虽然无善无恶,但却自在地知善知恶,一切学问修养归结到一点,就是要为善去恶,即以良知为标准,按照自己的良知去行动。关于"知行合一",即强调知与行不能分家,要通过自省、实践来求知,若知而不行,其实还是不知,所知道的理一定要与现实发生联系才有意义。王守仁将其学说总结为四句话,即:无善无恶心之体,有善有恶意之动,知善知恶是良知,为善去恶是格物。有学者评价阳明心学:"它以儒家学说为根荄,整合了包括佛教、道家(道教)在内的不同思想形态的合理内涵以及宋代以来理学思想之精义,完成了以'良知'为根本理念的思想体系架构,体现出极为宏阔的理论涵容度与相当精致的思想结构。它要求把人人本具的'良知'落实于个体现实生活的实践领域,实现个体的经验生存与其本原实性的同一、实现存在与价值的同一,从而达成'致良知'与'知行合一'所要求的生存境界。正因此故,阳明心学实质上是一种实践哲学。"[1]阳明心学所具有的实践特性,使其对明朝中后期的政治和社会产生了深远影响。

王守仁晚年讲学,门徒众多,阳明学说为其弟子们继承并发扬光大,成为明代中后期思想文化的主流,先后形成了江右学派、南中学派、闽粤学派、北方学派、楚中学派、浙中学派、泰州学派等支脉。其中又以号称"王学左派"的泰州学派将其学说推向了极端,他们公开宣称天理存在于每个人心中,存在于百姓的日用生活之中,只要心存良知,一念向善,凡夫俗子、芸芸众生,无论地位高低、读书与否,都可以成为尧舜那样的圣贤。公开以"异端"自居的晚明思想家李贽(1527—1602),即师出泰州学派,其毕生以反对礼教、抨击道学为己任,可谓中国古代反对封建思想的先驱。他持以气为本的自然观,以童心为核心的伦理道德观,发展进步的历史观,重商言利的义利观,他追求个性解放和天性自由,支持社会革新,反对思想控制,认为世间不存在亘古不变的真理,孔子、孟子的观点同样存在时代的局限性,他批判程朱理学,揭露明代道学家的虚伪无耻,猛烈抨击当时社会上的贪污腐化、抑制工商、男尊女卑等观念和行为,其思想反映了明朝后期商品经济发达、资本主义萌芽的时代要求,在某种程度上带有民主性的色彩,在社会上引起了强烈震动,最后被迫害而死。阳明心学在明代中后期各个社会阶层中普遍流行,固然产生了冲破僵化封闭的程朱理学思想牢笼的作用,具有解放思想的重要意义,但

---

[1] 董平:《别把阳明心学理解偏了》,载《光明日报》,2016年11月7日第16版。

是其所存在的弊端也是很明显的。阳明心学的盛行,使明代后期的知识阶层中出现了束书不观、无根游谈,乃至荡佚法规、放纵私欲的乱象。把一己的私意、私见、私欲混同于良知,借着"致良知"的名义而行"致私意"之实,以任情适意、荡佚礼法、狂放不羁、肆情纵欲为"真性情",从而落入"狂禅""任诞"一路,这显然在事实上就走向了"致良知"的反面。这在理论上实是对"致良知"之说的误用,在实践上则容易导致对社会公共利益的践踏。晚明学术思想界所掀起的批判王学思潮,其主要目的即为匡正部分王门后学的弊病。

**四、明清之际的西学东渐与进步思想**

新航路开辟后,随着欧洲传教士东来,我国与西方思想文化开始直接接触和交流。16世纪中期基督教宗教改革之后,天主教在欧洲的教区缩小,为了扩张势力,组建了耶稣会作为传教组织。由于西方新教势力强大,耶稣会转向东方发展,在中国传播天主教的奠基者,是来自意大利的耶稣会士利玛窦(1552—1610)。他所以能在中国站稳脚跟,获准留居传教,主要因为他把东西方文化进行了有机融合:一方面,用近代西洋器物和自然科学知识博得明朝皇帝及官绅们的好感,以此结交朝野各方人士;另一方面,学习掌握中国文化,说汉语,穿儒服,"获得统治阶级(包括构成其社会基础的士大夫阶层)的认可",[1]借助中国自身的文化传统,以"贬佛毁道,援儒攻儒"的路线图宣传天主教。利玛窦前后在中国活动近30年,不仅传播了宗教,例如士大夫徐光启、李之藻、杨廷筠即受洗入教,成为明末天主教的三大柱石;而且把西方文化知识带到了中国,例如天文学方面的《乾坤体义》,数学方面的《几何原本》和《同文算指》,地理学方面的《坤舆万国全图》,并带来了仪器自鸣钟、乐器西洋琴、西洋画圣母像和天主像等。据统计,利玛窦在中国期间著书多达二十余种,其中自然科学方面的十余种,对西学东渐起到重要的媒介作用。同时,利玛窦积极学习中国的语言文化,并将一些儒家经典翻译成拉丁文传回欧洲。经过在华传教士的介绍、传述,使中国的历史文化在欧洲产生了广泛影响。

在利玛窦之后,来华耶稣会士沿用了其传教的策略和方式。清朝取代明朝的统治后,清廷继续重用西方传教士,汤若望、南怀仁相继出任钦天监正之职,参与修订历法、铸造火炮,天主教在中国获得较快发展,信徒人数达到27万。明末清

---

[1] 戚印平、何先月:《再论利玛窦的易服与范礼安的"文化适应政策"》,载《浙江大学学报(人文社科版)》,2013年第3期,第123页。

初,耶稣会先后共有472位传教士在中国教区服务,同时,在他们的带领下,成千上万的西方人来到了东方,生活在这里,甚至死在这里,葬在这里。在中国学者与文人的帮助下,他们翻译出版了大量西方图书,涉及天文学、历法、数学、地理学、物理学、机械学、建筑学、动植物学、人体科学、医药学、心理学、语言学和音乐、美术等各方面的西方科学知识,当然,还包括西方的宗教文化。许多中文词汇,例如点、线、面、平面、曲线、曲面、直角、钝角、锐角、垂线、平行线、对角线、三角形、四边形、多边形、圆、圆心、外切、几何、星期以及汉字"欧"等就是由他们创造并沿用至今。这种中西交流的景况一直持续到1773年罗马教皇宣布解散耶稣会。明清传教士作为中西思想文化交流的媒介,在中学西渐和西学东渐活动中,向中国传播西方近代科学知识,向西方介绍中国思想文化,对丰富当时中国学者的知识、开阔中西学者的眼界,对明末清初思想学风的变革,做出了重要贡献,并对以后中西之间的交往产生了深远影响。

在这一时期,随着西学东渐进入高峰,学术环境开放,政府支持,中国的士大夫阶层普遍接受和研究西学著作,涌现出了一批有世界级水平的古典科技巨著。例如,李时珍的《本草纲目》(1578年),这部书不仅对16世纪以前的中国药物学进行了全面总结,是古代医药学的集大成之作,而且是一部生物分类学的经典之作,它所采用的药物分类法是当时世界上最先进的药物分类法;徐光启的《农政全书》(1633年),全书60卷60万字,分12个类别对有关农业生产问题,从政策、制度、生产技术等方面进行全面论述,综合介绍中国传统农学成就,并吸收西方的科技知识,建立了比较完整的农学体系,是农学著作的集大成者;宋应星的《天工开物》(1637年),是世界上第一部关于农业和手工业生产的综合性著作,图文并茂,注重实用,被外国学者誉为中国17世纪的工艺百科全书;徐霞客的《徐霞客游记》(1640年),是一部地理学巨著,书中关于我国西南广大石灰岩地区溶蚀地貌特征的考察和记录,在世界上属于首次。此外,还有朱载堉的《律学新说》(1584年),潘季驯的《河防一览》(1590年),程大位的《算法统宗》(1592年),屠本畯的《闽中海错疏》(1596年),吴有性的《瘟疫论》(1642年)等。这么多部优秀的科技著作,其出现频率之高和学科范围之广,在中国历史上是空前的,即使与同时期近代自然科学还没有完全发展起来的西方相比,也是颇具特色和亮点的。

明末清初,在经济领域,社会经济发展,商品经济繁荣,在富庶的江南地区出现资本主义萌芽,新兴市民阶层队伍得到壮大。在政治领域,封建统治危机加深,农民起义、明朝灭亡、满洲入关、山河破碎,在天崩地坼、朝代鼎革的时期,社会矛盾与民族矛盾空前激化并交织在一起。在思想文化领域,面对传统夷夏关系的颠倒和社会经济的变化,读书士人对明代僵死繁琐的程朱理学和猖狂玄虚的陆王心学进行了反思、清算,他们不断追寻明朝何以灭亡的历史文化根源,寻绎中国社会和中华文明发展的精神路径和现实方略,"其中既有对'雕琢辞章,缀辑故实,或高谈而不根,或剿说而无当'的虚浮不实之学风的批判,也包含着反抗绝对君主独制、维护中下层正当利益的社会改革主张,在研究方法上则体现了一定程度的实证科学特征。"①明清朝代的更替造成了短暂的权力真空期,旧的思想控制已经失去效能,新的思想管制尚未确立起来,这为思想的自由发展和言论的自由发挥提供了较为宽松的政治环境。正在这样的社会状况和文化背景之下,出现了一批具有经世致用精神和民主启蒙色彩的进步思想家。

在明末清初的思想家中,黄宗羲(1610—1695)的思想最具民主启蒙的色彩,其政治理念非常具有革新意识和时代价值。近代学者马叙伦称黄宗羲是秦朝以后中国两千年间"人格完全,可称无憾者"的少数先觉人物。② 其《明夷待访录》和《留书》等著作集中体现了他的思想。第一,批判君主专制制度。黄宗羲认为,天下归公众共有,最初设立君主是为了使天下从中受益,君主拥有社会公共权力,需要承担为公众谋求利益的责任;但是后世君主却把天下看作一家一己的产业,把民众视为奴仆,"以为天下利害之权益出于我,我以天下之利尽归于己,以天下之害尽归于人",并传给自己的子孙,不容他人染指;为了获取君主之位,不惜"荼毒天下之肝脑,离散天下之子女",得到君主之位后为了个人享乐,压迫残害人民,"敲剥天下之骨髓,离散天下之子女"。所以,专制君主"以天下之利尽归于己,天下之害尽归于人",可以称得上是天下之大害。他对君主专制进行了猛烈抨击和大胆否定,不但在当时引起震动,而且推动了近代民主启蒙思想的兴起。第二,以法治取代人治,限制君主权力。从要求公天下、否定家天下的思想出发,黄宗羲认为朝廷皇家与草野百姓不应有贵贱之分,所制定的法律应该是天下之法,而不能仅是一家一姓之法,天下之法是公平正义的,一姓之法则利益归于上、祸难遗于下,是桎梏天下人手足的"非法之法"。他主张治法要先于治人,如果制定出了公平正义的法律,人的一些是非善恶,皆不足为患,不能够危害整个民族或国家。黄宗羲并不主张废除君权,而是主张限制君权。他认为民众才是天下的主人,君主是为天下万民做事,大臣官僚辅佐君主,也是为天下万民做事,而不是为君主一人做事,君主与臣下,名异实同,共治天下,"天下之治乱,不在一姓之兴亡,而在万民

---

① 李宪堂:《明清思想的背景、线索与问题》,载《齐鲁学刊》,2014年第2期,第48页。
② 马叙伦:《中国民族主义发明家黄梨洲先生传》,载《政艺通报》,1903年第20号。

之忧乐"。这就打破了把君主作为绝对权威,"君为臣纲"的旧纲常伦理规范,颇有民主色彩。他还从明朝官制废除丞相的做法中吸取教训,主张设置丞相,在君相之间建立平等的师友关系。第三,以学校为议政场所。黄宗羲认为"学贵履践,经世致用",学校不是为了应对科举考试,也不仅是为了讲学和养士,而是要议论朝政,评判是非,发表意见,监督政府行为。也就是说,学校一方面要塑造具有"诗书宽大之气"的社会风尚,另一方面要形成左右政局的舆论力量。他还提出从中央到地方各级学校的学官,须有当世大儒或地方耆宿担当,自天子以下各级官员,必须定期到学校,执弟子礼聆听学官讲学。黄宗羲继承发扬古时学庠传统,以学校为议政机关,虽然不可能真正实现,但非常具有时代眼光。第四,提出工商皆本,主张减轻赋税。黄宗羲对农业为本、工商为末的传统观念持反对意见,认为工商皆本,并提出一系列有利于发展工商业和商品经济的观点主张,反映了在工商业发展和资本主义萌芽出现后新兴社会阶层的要求。他主张减轻赋税,对不断加重农民负担、造成"积累莫返之害"的历代封建王朝的赋税制度进行了深刻批判,分析指出历史上每次税制改革,都导致了赋税的进一步加重;他反对田赋征银,认为农民用粮棉折银纳税,会增加额外负担;他提出以最低标准重定赋税,按照土地的肥瘠程度征收实物税。

黄宗羲的思想对后世产生了深远的影响。清代末年中国的民主革命家把他称作"中国的卢梭",他们借助黄宗羲的思想来了解、接受欧洲启蒙思想家卢梭的民权理论,又用西方的启蒙学说解释、宣传黄宗羲的思想。例如,刘师培撰写《中国民约精义》,就援引《明夷待访录》的内容观点以印证卢梭《民约论》的理论。孙中山领导的兴中会曾经把《明夷待访录》中《原君》《原臣》两篇,刊印为小册子散发,宣传民主革命。现代学者秦晖把黄宗羲关于历代税制改革"积累莫返之害"的观点,总结命名为"黄宗羲定律",国务院前总理温家宝在记者招待会上就曾经提到这一定律,后来该定律还被用来阐述工业社会中的企业税费问题。

顾炎武(1613—1682)被称作是清代学术的开山始祖,他学识渊博,著述宏富,在经学、史学、音韵、天文历算、金石考古、方志舆地以及诗文诸门类学问上,都有较深造诣,做出了开创性的研究,在学术史上建树了承前启后之功,可谓开启先路的一代学问大家。第一,治学提倡经世致用,反对空谈性理。顾炎武对宋明理学进行了反思总结,不仅对陆王心学作了清算,而且在性与天道、天理人欲、理气、道器、知行等诸多范畴上,显示了迥异于程朱理学的观点看法。他反对明代后期盛行的空谈心性、剿说玄理的脱离实际的学风,强调做经世致用的学问,注意对现实的迫切问题进行研究,以明道淑人、抚世宰物。"顾炎武的学术不仅具有严谨的治学精神，而且富有浓厚的经世思想。他生前多次与朋友、弟子谈到其《日知录》一书。如《与友人论门人书》中讲：'所著《日知录》三十余卷，平生之志与业，皆在其中。惟多写数本以贻之同好，庶不为恶其害己者之所去。而有王者起，得以酌取焉，其亦可以毕区区之愿矣。'弟子潘耒在书序中亦指出：'先生非一世之人，此书非一世之书也……立言不为一时，录中固己方之矣。异日有整顿民物之责者，读是书而憬然觉悟，采用其说，见诸施行，于世道人心实非小补。'"[1]他身体力行，把书本知识和实地调查相结合，每到一处地方，均详细考察有关国计民生的现实问题，然后总结出个人的看法，这种脚踏实地的治学作风，对清代学者产生了很大的影响。顾炎武以"博学于文""行己有耻"二语，作为他的治学之旨和处世之道。他说："愚所谓圣人之道者如之何？曰'博学于文'，曰'行己有耻'。自一身以至天下国家，皆学之事也；自子臣弟友以至出入往来、辞受取与之间，皆有耻之事也。"[2]他所理解的"博学于文"是和家国天下之事相联系的，不仅仅限于文献知识，还包括广闻博见和考察调研得来的社会实际知识。他指责阳明心学末流"舍多学而识，以求一贯之方，置四海之困穷不言，而终日讲危微精一之说"；[3]"以明心见性之空言，代修己治人之实学。股肱惰而万事荒，爪牙亡而四国乱，神州荡覆，宗社丘墟"。[4] 说明他所关心的是天下家国之事，所注重的是经世致用之学。他所强调的"行己有耻"，即是要用羞恶廉耻之心来约束自己的言行。有鉴于明末清初有些学人和士大夫寡廉鲜耻、趋炎附势而丧失民族气节的种种表现，顾炎武把"自子臣弟友以至出入往来、辞受取与"等处世待人之道德看成是属于"行己有耻"的范围。他强调做学问要先立人格，只有懂得羞恶廉耻且注重实际学问的人，才真正契合"圣人之道"。第二，探索实现民富国强的根本之计。面对种种社会现实问题，顾炎武在所撰写的《军制论》《形势论》《郡县论》《田功论》和《钱法论》等著作中，探索了造成社会积弊的历史根源，表达了要求在多方面进行社会改革的愿望。顾炎武倡导利民富民和财源通畅，他认为天下最大的祸患在于贫穷，善于治理国家的统治者，必须懂得藏富于民的道理，要让民得其利而不是让官得其利。他不讳言财利，而且承认讲求私利，"固情之所以不能免"，是完全合乎情理的现象，其主张基本代表了当时新兴市民阶层的利益要求。顾炎武主张把天下之权寄

---

[1] 李波：《吕思勉对顾炎武史学思想的继承与发展》，载《华东师范大学学报（哲社版）》，2013年第6期，第35页。
[2] 顾炎武：《与友人论学书》，《顾亭林诗文集》，中华书局1959年版，第41页。
[3] 同上，第40页。
[4] 顾炎武：《日知录校注》卷七，陈垣校注，安徽大学出版社2007年版，第384页。

于天下之人,提出以众治代替君主的专权独治,他还把亡国和亡天下区分开来,认为保卫一家一姓的国家,是君主及其大臣的事,而保卫天下则是所有人的事,这即是后人所总结的"天下兴亡,匹夫有责"的口号,它鼓励人民关切国家大事,心系民族的兴衰和文化的存废。

王夫之(1619—1692)是一位杰出的朴素唯物主义思想家,其理论是对宋明理学唯心主义、形而上学的否定。近代政治家和思想家曾国藩评价王夫之及其思想学说:"荒山敝榻,终岁孜孜,以求所谓育物之仁,经邦之礼。穷探极论,千变而不离其宗;旷百世不见知,而无所于悔。先生没后,巨儒迭兴,或攻良知捷获之说,或辨易图之凿,或详考名物、训诂、音韵,正《诗集传》之疏,或修补三礼时享之仪,号为卓绝。先生皆已发之于前,与后贤若合符契。虽其著述大繁,醇驳互见,然固可谓博文约礼,命世独立之君子已。"[①]王夫之的唯物主义思想概括起来主要有以下几点:第一,坚持唯物论。他持气一元论的观点,认为气在理先,先有形器后有观念。在道和器的关系上,他认为器是第一性的,道是第二性的;在有和无的关系上,他认为有是无限的,绝对的,而无是有限的,相对的。他不认同程朱理学"存天理、灭人欲"的禁欲主义观念,认为天理就在人欲之中。第二,朴素的辩证法思想。他认为物质是运动变化的,运动是绝对的,静止是相对的,动而趋行者为动,动而赴止者则为静,静者实为静动并非为不动。"静即含动,动不舍静",静中蕴含着动,静止是运动在局部上趋于稳定的暂时状态。这就否定了宋明理学家主静的形而上学观点。第三,发展的历史观。王夫之以"趋时更新"的观念看待历史,他对传统的历史循环论和历史复古论做了全面深刻的反思批判。他认为人类社会由野蛮的远古时代到文明的近世,是不断发展前进的,他肯定秦朝推行废封建、设郡县的政策,是历史的进步。

明末清初,黄宗羲、顾炎武、王夫之等思想家"相同的社会环境和类似的亲身经历,使他们对明末的黑暗腐败有着深刻认识,对清廷入主中原给纲纪伦常与文化传统带来的巨大冲击有着深切感受"。[②] 他们从对明朝灭亡的反思出发,总结历代治乱兴衰的经验教训,扬弃宋明理学与汉唐经学思想精华,重新梳理诠释先秦儒家原典,赋予其时代精神,提出了一系列颇具理论价值和启蒙色彩的进步思想。令人惋惜的是,由于清朝入主中原,重新确立起专制主义中央集权的封建统

---

① 曾国藩:《王船山遗书序》,载《船山学报》,1934 年第 4 期,第 2 页。
② 庞天佑:《论明清之际三大学者治学经世致用的特点》,载《史学月刊》,1999 年第 4 期,第 35 页。

治秩序，中断了进步思想继续发展和从理论走向实践的可能，但是其思想内容和创新精神，是值得后世永远珍视的民族文化资产。

**五、清朝的文化高压和闭关锁国政策**

满洲八旗入关后，清王朝逐渐建立起稳固的封建统治秩序。在政治、经济、文化诸领域，清朝基本上延续了明朝的统治政策和措施，为了巩固思想统治，清统治者注意吸收中原汉族文化，其推行的汉化政策远比辽、金、元等其他少数民族政权深入广泛，在思想文化领域也采取了远比其他王朝更加严密残酷的高压政策，黄宗羲、顾炎武、王夫之等人的进步思想没有得到继承发扬，思想文化的发展受到钳制和牢笼。清王朝对付汉族读书士人的思想文化政策，主要在以下两个方面体现出来。

第一，推行笼络、控制政策。清王朝大力推行以儒学为代表的汉文化，尊仰孔子为至圣先师，敕封孔子后人为衍圣公，继续推行科举考试，以程朱理学为官方正统思想，四书五经等传统经典成为上起皇帝下至满洲一般官员的必读书目。清初世祖顺治（1638—1661）、圣祖康熙（1654—1722）、世宗雍正（1678—1735）、高宗乾隆（1711—1799）等几位皇帝十分热衷学习中原文化，以华夏文化的继承者和护佑者自居，这其中不仅含有宣示自身为文化正统所在的政治意义，同时还有以此笼络汉族知识分子的深层用意。清军入关第二年，即开始编修《明史》。本朝通过为前朝修史获得合法性统治地位，这是中国数千年形成的政治文化传统。清军甫定北京，立足未稳便急于为明朝修史，其政治企图非常明显：首先是借此宣告明朝已经灭亡，在南方抵抗清朝统治的南明政权与反清力量都是非法的；其次是借此拉拢汉族士大夫，通过编修故朝史书，让投降清朝的前明官僚从中获得某种精神慰藉和情感寄托。这部官修史书前后历经九十多年，有多名学者参与，直到乾隆四年才最后定稿。清王朝还搜集、整理各种文献典籍汇编成大型书籍，主要包括康熙年间陈梦雷（1650—1741）主编的类书《古今图书集成》和乾隆年间纪昀（1724—1805）等负责编成的丛书《四库全书》。其中，《四库全书》共分为经、史、子、集四个部分，收录了书籍三千四百六十余种，有三万六千余册，堪称目前集成中国传统文化最丰富的大型书籍。该书由乾隆敕编，为了维护清王朝统治的需要，名为"稽古右文"，实则"寓禁于征"，大量搜罗、查禁、删改、销毁各种所谓悖逆、违碍书籍。对清朝统治不利的书籍，不仅明朝的很多档案和官方文书完全销毁，甚至涉及契丹、女真、蒙古的文字都要篡改或毁掉。在编修过程中征集的各种典籍一万余种，经过仔细甄别、认真检查，明令禁毁的书籍就达三千余种，据估计禁毁数要超出收录的总数,这还不包括因为当时查缴违禁书籍在民间造成的恐怖氛围,导致民众偷偷焚毁的大量书籍,合计起来被毁掉的书籍恐怕不知道要有多少部。除毁掉的书籍,对于收录的书籍,则在抄写之时直接进行删削篡改,至于究竟改了多少,由于古籍原本很少留存于世,加上《四库全书》卷帙浩繁,所以已经完全无法考证。近代著名文学家、思想家鲁迅就此批评说:"单看雍正乾隆两朝的对于中国人著作的手段,就足够令人惊心动魄。全毁、抽毁、剜去之类也且不说,最阴险的是删改了古书的内容。乾隆朝的纂修《四库全书》,是许多人颂为一代之盛业的,但他们却不但捣乱了古书的格式,还修改了古人的文章;不但藏之内廷,还颁之文风较盛之处,使天下士子阅读,永不会觉得我们中国的作者里面,也曾经有过很有些骨气的人。"[1]通过编修《四库全书》禁毁书籍,篡改内容,掩盖历史真相,误导人们的认识,这实可称为一场大规模的思想控制和文化浩劫。

第二,制造文字狱,实行高压政策。清统治者对汉族知识分子,在采取笼络招抚政策的同时,对于不配合不服从者,采取严酷变态的镇压政策。满族作为世居东北地区的少数民族,得地利、乘天时,巧妙利用明末时局,从野蛮边荒入主华夏中原,统治数千年来一直在文化上占据优势、领先于周边诸民族的汉族。落后文化的民族征服先进文化的民族,其心态是复杂的,既有作为军事征服者的自傲,又有作为弱势文化者的自卑。而从汉族的传统观念来看,清以少数民族统治中原汉族,可谓"乾坤反覆,中原陆沉",向来强调华夷之辨的汉族知识分子难免会对异族统治者产生对抗情绪和敌视心理。所以,反满兴汉思想从知识阶层到民间社会以各种形式的文字作品广泛传播,并且与以恢复大明江山为旗帜口号的抗清组织相结合,在有清一代二百六十余年间从未中绝,不断威胁着清王朝的统治。雍正帝曾经感叹,从前的朝代更替,异姓称帝,前朝的皇族宗室大都自觉臣服,但现在的本朝奸民,却不断假称朱明后裔,蛊惑人心谋逆造反,实在是前所未见。正是在这种情形下,清统治者对中原文化的主要载体汉语言文字,变得非常敏感多疑,他们从汉族知识分子作品中摘寻字辞,编造罪状,屡兴大狱。文字狱历代都有,但清代文字狱是中外历史上绝无仅有、空前绝后的文化恐怖政策,贯穿整个清王朝统治时期,学者胡奇光即认为清代文字狱"持续时间之长,文网之密,案件之多,打击面之广,罗织罪名之阴毒,手段之狠,都是超越前代的"。[2] 其中,文字狱次数最多,株连最广,惩治最重的则是清代顺治、康熙、雍正、乾隆四朝,尤以乾隆时期最甚。

---

[1] 鲁迅:《鲁迅全集》第六卷,人民文学出版社2005年版,第188页。
[2] 胡奇光:《中国文祸史》,上海人民出版社1993年版,第117页。

"在中国的封建时代,都是没有前例的"。① 清代前期著名的文字狱,例如,顺治时期的函可《变记》案和毛重倬"制艺序案",康熙时期的庄廷鑨《明史》案和戴名世《南山集》案,由此产生了中国的言论出版审查制度,清代读书士人的言论自由程度为中国历代最低,比起思想控制已经大为加强的明朝也是远远不及;还有雍正时期的吕留良、曾静案,自此案之后,清廷统治者开始有意识地制造文字狱,用以压制汉族读书士人的民族意识和民族气节;乾隆时期则有孙嘉淦伪奏稿案、胡中藻诗狱、王锡侯《字贯》案、徐述夔《一柱楼诗集》案等,乾隆年间制造的各种文字狱计达一百三十余件,是清朝文祸最密最多的时期。实际上,清代文字狱大多属于冤假错案,纯粹是统治者望文生义、歪曲解释,无耻小人揭发告密、诬陷投机的结果。例如,翰林院庶吉士徐骏诗中有"清风不识字,何故乱翻书"之句,内阁学士胡中藻诗中有"一把心肠论浊清",还有"南斗送我南,北斗送我北"之句,礼部尚书沈德潜咏黑牡丹诗中有"夺朱非正色,异种也称王"之句,安徽贡生方芬的诗中有"蒹葭欲白露华清,梦里哀鸿听转明"一句,仅仅因为这些诗句中有"清""明"等敏感文字,结果作者或被凌迟处死,或被刨坟戮尸,株连亲友、祸延子孙。当时的读书士人稍有不慎,就可能被附会成罪,横受诛戮。鲁迅在谈及清代文字狱时说:"有的是鲁莽;有的是发疯;有的是乡曲迂儒,真的不识忌讳;有的则是草野愚民,实在关心皇家。而命运大概很悲惨,不是凌迟,灭族,便是立刻杀头,或者'监斩候',也仍然活不出。"② 高宗乾隆统治时期几乎每年都发起几场大规模的文字狱,动辄抄家灭族,数十人处死、数百人流放,捕风捉影、大加株连,达到了疯狂、荒唐的程度。

"避席畏闻文字狱,著书都为稻粱谋",清朝统治者的文化高压政策,是走向极端、趋于没落的封建君主专制统治在思想文化领域的反映,它造成了极其恶劣的影响。其一,践踏了读书士人的尊严,败坏了士林风气。清代的文人士子,个个栖栖惶惶、惴惴自危,不敢写诗作文,更不敢就政治和社会问题发表任何意见。读书士人只得泯灭思想,丢掉气节,或者死守八股程式,背诵四书五经,谋求科考做官;或者逃避现实,钻研古籍,从而形成了乾嘉考据学派。乾嘉考据学者继承了清初顾炎武等人博学多识、不尚空谈的务实学风,对中国传统文化典籍的整理研究做出了很大贡献,其研究方法对后世学术界影响深远,但却失去了清初思想家经世致用的治学旨趣和开拓创新的进取精神,在故纸堆中消磨掉

---

① 周宗奇:《文字狱纪实》,中国友谊出版公司 1993 年版,第 11 页。
② 鲁迅:《鲁迅全集》第六卷,人民文学出版社 2005 年版,第 44 页。

了智慧和志气,变得琐屑恓钉、谨小慎微、保守封闭。其二,严重禁锢了思想,阻碍了社会的进步。清王朝通过文化高压政策巩固了封建统治,但是造成了社会恐慌,社会风气败坏,思想文化扭曲,严重阻碍了科技文化的发展,导致中国越来越落后于西方。

清朝前期,西方天主教耶稣会传教士曾继续来华,带来欧洲的科技产品和科学知识,圣祖康熙帝曾经学习西方的自然科学,但是由于清朝文化思想界僵化沉闷的整体状态,完全丧失了向外学习的热情和动力。雍正元年即1723年,清廷与罗马教廷之间关于中国礼仪的争论加剧,世宗雍正帝诏令全国禁止传播天主教,不许传教士进入国内,并限制中西贸易往来,这被现今学界看作清朝闭关锁国的正式开始。乾隆22年即1757年,高宗乾隆帝通令沿海各省,一律停止与西方各国进行商贸,仅留广州一口通商,并由官府严加管理,限制时间地点,通过设立的公行机构进行交易,清朝闭关锁国政策完全出台并全面推广。清朝闭关锁国政策的根本目的是为了维护清朝的封建专制统治,防范国内反清力量与外国势力联合,但这种防卫措施是极为保守被动的。而且中国所形成的在自给自足小农经济基础上的自然经济体系,使清朝统治者自认为天朝物产富饶,应有尽有,不需要对外贸易往来,从而盲目乐观,骄虚自大,过高评价自己的政治经济实力。乾隆58年即1793年,英国派马戛尔尼(1737—1806)使团访华,企图以为皇帝庆贺80寿诞为突破口,与清朝统治者谈判,打开中国市场,扩大双方经贸往来。但是,"由于中英两国政治、经济结构的截然不同,而双方政府为了维护本国的社会制度和历史传统,在各自的利益上采取了互不相让的顽强抗争态度。因此,在这次外交活动中双方的冲突便不可避免地爆发了,并由此导致外交谈判的失败"。[①] 马戛尔尼使团是第一个正式到中国来访的英国外交使团,是中西关系史上的重大事件。这次事件使以英国为首的欧洲强国认清了中国的真实情况,马戛尔尼使团访华之前,根据耶稣会传教士的描绘,欧洲曾经对中国充满羡慕和向往,法国启蒙运动的思想大师伏尔泰就高度赞美中国的儒家文化与政治经验。但是英国使团访华后,其使团记载使中国的形象完全颠覆。马戛尔尼即把清朝统治下的中国比喻为一艘体积外表较大,但实际早已破烂不堪的头等战舰,预料其沉沦将无可避免。这次访华事件使西方对中国的认识完全转变,而中国则失去了了解外部世界、接触西方近代工业文明的时机,依旧孤芳自赏、故步自封,在世界发展潮流中成为落伍者。总之,清朝的闭关锁国政策,阻碍了中国与外部的交流往来,不仅丧失了对外

---

[①] 刘凤云:《谈马戛尔尼使团访华的礼节冲突》,载《清史研究》,1993年1期,第9页。

商贸的主动权,严重阻碍了本国经济的发展,扼杀了中国资本主义萌芽成长发展的可能,而且使中国不能学习吸取西方先进科学技术,无法有效提高社会生产力,丧失了平稳发展步入近代化的可能。落后就要挨打,当初所推行的闭关锁国政策,已经为后来鸦片战争的爆发埋下了伏笔。

总之,由于明清时期政治制度上的保守主义和文化政策上的专制主义作祟,中华民族"天下兴亡、匹夫有责"的爱国主义精神被阉割,追求团结统一的光荣传统被瓦解,自强不息的人生奋斗意志涣散,民族意识缺失,民族凝聚力下降,从而招致了"西学东渐"以来中国近代史上"一盘散沙""落后挨打"的屈辱悲剧的发生,以至于最终酿就了近现代中国"文化自卑"的苦酒。

第二篇

## 近现代中国文化建构和精神自觉的曲折历程与历史反思

自1840年开始,中国历史进入近代,中国传统文化也进入了"西学东渐"以来的转型期。如前所述,明清中后期,统治者政治上实行君主专制体制,经济上仍然沿袭重农抑商的小农主义政策,文化上采取"文字狱"式的黑暗残暴手段,招致了民族矛盾激化、民族凝聚力缺失,最终落后挨打、国破家亡。而在不断反思落后挨打悲剧的历史进程中,华夏民族也经历了肯定—否定—否定之否定的文化纠结和精神觉醒的曲折、坎坷历程。如果说,"中体西用"思维不过是近代中国知识分子企图在"中体"的酒瓶子里装上"西用"的新酒的话,但至少说明一个问题,"天朝上国"的文化自尊已经开始变得不那么自信了,虽然其实大多数中国人还未真正意识到这一点。但反过来也可以说是催生了在西方"船坚炮利"的强大刺激之下的应激反应——至少"西还有用"的功效,于是近代中国就在"亡国灭种"的生存危机中开启了向西方学习的进程——虽然在当时看来,大多数人并不情愿。由此看来,在洋务运动期间,包括像郑观应、魏源、林则徐一般的知识分子,其基本的思想还是——中国的文化、精神、政治制度不需改进,只是在军事技术上技不如人而已。而洋务运动的惨败,使得这种思维路向发生了逆转。跟日本相映照,这时许多人才意识到,其实中国政治制度也需要改革了,于是才有了后来的戊戌维新和辛亥革命。然而,中国社会仍然处在危急之中,内忧外患,民不聊生。到了20世纪初,以陈独秀、李大钊、胡适、鲁迅为代表的先进知识分子开启了新文化和五四运动,展开了中国近现代史上第一场轰轰烈烈的文化启蒙思想解放运动,对旧的中国传统伦理和道德文化进行了激烈的批判和无情的鞭挞,对以民主、科学和理性为代表的西方文化展开了热情讴歌。客观地说,新文化和五四运动有着巨大的历史功绩和思想解放意义,对于促进中国文化的转型和精神觉醒起到了重大作用。然则,也就是从此开始,中国近现代史上"月亮都是外国的圆"式的文化自卑和精神自虐现象逐渐萌发,从而也引发了文化保守主义、文化虚无主义、文化激进主义的激烈争论。

新民主主义革命时期,在以毛泽东同志为核心的中国共产党人的启迪和召唤之下,中华民族逐渐唤醒了华夏民族精神中血液中蕴涵的刑天舞干戚、大禹治水、后羿射日、女娲补天式的战天斗地、不屈不挠的抗争精神,形成了"指点江山、激扬文字"的豪迈气概和战斗勇气,恰如毛泽东同志所言"我们中华民族有同自己的敌人血战到底的气概,有在自力更生的基础上光复旧物的决心,有自立于世界民族之林的能力",这才是中华民族已有的精神品格和民族气质,也正是在这种强大民族精神的激励和鼓舞之下,中国共产党人作为先进文化的统领、民族脊梁的象征,起到了中流砥柱的引领作用,创造了许多惊天地、泣鬼神的英雄主义事迹,形成了以五四精神、井冈山精神、延安精神、抗战精神、抗美援朝等主要标志的以爱国主义为核心的红色革命文化,这才是实现中国近现代史上争取民族独立和人民解放的决定性因素,彰显了中国近现代以来华夏民族追求文化进步与精神自强的宏大愿景,构成了中国近现代文化自尊、自立、自强的精神密码。

# 第四章 "中学为体,西学为用"

——洋务运动时期的文化冲突与精神困顿

中西文化的冲突与融合,无疑是近现代和当代中国文化发展的主要表现形态之一。盛行于19世纪中后期的"中体西用"这一文化现象,就是面临猛烈冲击的中国文化企图融合西方文化的最早尝试,洋务派不仅在理论上认知了这一模式,而且把它付诸了实践。当然,这种文化对撞、冲突背景下的文化融合,也不可避免地充斥着文化发展的迷惑与困顿。

**一、"中体西用":文化对撞、冲突下的危机产物**

"中体西用"文化观酝酿和萌芽于两次鸦片战争时期,是在"西学东渐"和西方血淋淋炮舰政策的凌厉攻势下,时人伴随着严重的文化危机意识而提出的。

中国古代史上,中外文化交流一直存在,汉唐尤甚。元明以来,"西学东渐"持续不断,但西学并非明显强势,中学的文化主体性意识及自我优越感认同从未丧失。在几千年封闭状态下形成的传统观念,总是把中国当成世界上唯一的礼仪之邦,把国外一切民族都视为"在夷"。孔子:"夷狄之有君,不如诸夏之亡也"[1],孟子:"吾闻用夏变夷者,未闻变于夷者也"[2]。然而,两次鸦片战争清朝接连惨败,

---

[1] 张兆榕编译:《白话论语读本》卷二,上海广益书局印行,第23页。
[2] 赵歧注,金蟠订:《孟子·滕文公》卷二,上海中华书局,第61页。

西方列强随之凭借不平等条约大肆侵入，中国被迫与外界发生越来越多的联系和接触。这一千年变局终于导致人们产生严重的文化危机感，一些有识开明之士开始睁眼看世界。位于战争第一线的林则徐首先看到了东西方炮舰文明的巨大差异。在后来流放途中，他颇有感慨地谈到中西武器的不同，说："彼之大炮远及十里内外，若我炮不能及，彼炮先已及我，是器不良也；彼之放炮，若内地之放排枪，连声不断，我放一炮后，须转展移肘，再放一炮，是技不熟也。"①"内地将弁兵丁，虽不乏久历戎行之人，而皆见面接仗。似此之相距十里八里，彼此不见面而接仗者，未之前闻，故所谋往往相左。"（林则徐《致姚木春、毛冬寿书》）出版有《瀛环志略》并曾担任过总理各国事务衙门的晚清名人徐继畬，也是中国近代开眼看世界的伟大先驱之一，他在致力于"夷情"研究时看到"西人性情缜密，善于运思，长于制器"，"运用水火，尤为奇妙"，从而喟叹"西国越七万里而遍于中土，非偶然也"②。林则徐的好友魏源指出："广东互市二百年，始则奇技淫巧受之，继则邪教毒烟受之，独于行军火器，则不一师其长技"③。晚清思想家冯桂芬认为："如今的中国已全面落于人后，尤其是船坚炮利不如夷"④。经历第二次鸦片战争"创巨痛深"的李鸿章1863年曾致信曾国藩，言及外国兵船"大炮之精练，子药之细巧，器械之鲜明，队伍之雄整，实非中国所能及。其陆军虽非所长，而每攻城劫营，各项军火皆我国所无。虽无浮桥云梯炮台，别具精功妙用，亦未曾见。鸿章亦岂敢崇信邪教，求利益于我，唯深以中国军器远逊外洋为耻，日戒喻将士虚心忍辱，学得西洋一二密法，期有增益。"⑤其为西方炮舰文明震撼之感，跃然文中。

西方文化对中土文明的巨大撞击，使得当朝士绅对大清命运忧心不已，意在图变。徐继畬在致友人的信中说："二百年全盛之国威，乃为七万里外逆夷所困，致使文武将帅，接踵死绥，而曾不能挫逆夷之毫米。兴言及此，令人发指眦裂，泣下沾衣。"冯桂芬说："以广运万里地球中第一大国，而受制于小夷也。"是开天辟地以来"未有之奇愤"⑥。李鸿章在一份奏折中沉痛地说："历代备边多在西北，其强弱之势、客主之形皆适相埒，且犹有中外界限。今则东南海疆万余里，各国通商传教，来往自如，麇集京师及各省腹地，阳托和好之名，阴怀吞噬之计，一国生事，诸国构煽，实为数千年来未有之变局。轮船电报之速，瞬息千里；军器机事之精，工

---

① 中国近代史资料丛刊《鸦片战争》（二），上海人民出版社1957年版，第568～569页。
② 《瀛环志略》卷下，台北文化出版社1966年版，第109～110页。
③ 《魏源集》下册，中华书局1983年版，第869页。
④ 《冯桂芬马建忠集》上篇，辽宁人民出版社1994年版，第75页。
⑤ 中国近代史资料丛刊《洋务运动》一，上海人民出版社1961年版，第41～42页。
⑥ 《冯桂芬马建忠集》上篇，辽宁人民出版社1994年版，第74页。

力百倍；炮弹所到，无坚不摧，水陆关隘，不足限制，又为数千年来未有之强敌。"①。晚清著名知识分子王韬及曾为曾国藩、李鸿章重用的思想家薛福成等都认为西国胥聚中华是"天地之变局"，中国如不顺势图变，势必无以御敌，甚而无以自存，因而主张"师其所能，夺其所恃"，变法自强。李鸿章以日本学习西方成功之先例，建议中国"皇然变计"创立军工企业②。王韬说，面对眼下的局势，"即使孔子而生乎今日，其断不拘泥古昔而不为变通"③。他们满怀信心地寄"御敌"希望于变通之中，相信只要肯于变通，必能"师而法之"至"比而齐之"至"驾而上之"，以至于"内可以荡乎区宇""外可以雄长瀛寰""可以复本有之强""可以雪从前之耻"④。

变通学习的对象当然是打败大清的西方。早期的国人始于"知西洋之强，察西洋之症"，继之提出学习西方的文明，中西文化在对撞中开始了融合的过程。为了了解西方，被称为近代中国开眼看世界的第一人林则徐组织专人翻译外国书刊，把西人讲述中国的言论翻译成《华事夷言》。他依据英国人慕瑞的著作《世界地理大全》编译的《四洲志》，被梁启超称为"新地志之嚆矢"。魏源在此基础上于1842年年底撰就《海国图志》50卷，1852年扩至100卷。全书详细叙述了世界舆地和各国历史政制、风土人情，打破了传统的夷夏之辨的文化价值陋见，摒弃了九州八荒、天圆地方、天朝中心的史地观念，树立了五大洲、四大洋的新的世界史地知识。魏源在《海国图志原叙》里指出："是书何以作？为以夷攻夷而作，为以夷款夷而作，为师夷长技以制夷而作。"在中国近代史上第一次明确提出了向西方学习的思想和口号，启迪了近代学习西方的运动。同期，广东名儒梁廷枏于1846年撰成《海国四说》一书，对英美两国介绍尤详，其对蒸汽机及其应用的描写，在时人眼中犹如天书。曾任福建巡抚的徐继畬，从传教士大卫·雅裨理处得外国地图册等资料，专习精研，于1848年完成《瀛环志略》10卷。这部史地巨著对西方的介绍，比《海国图志》更加详尽、准确，不仅率先突破根深蒂固的天朝意识和华夷观念，将中国定位于世界的一隅，还引进了西方民主政治思想的价值体系，记录了当时世界以民主政体为主导的各国各类政体，宣扬了西方民主制度和理念。曾国藩也在60年代发出"师夷智"主张。王韬则在同期出游欧洲期间对西方近代科学表现出莫大的热情，而且主动反思中西文化的不同，"英国学问之士，俱有实际；其所习武

---

① 中国近代史资料丛刊《洋务运动》一，上海人民出版社1961年版，第61~62页。
② 宝鋆编修：《筹办夷务始末》(同治朝)卷二十五，第19页。
③ 《园文录外编》，辽宁人民出版社1994年版，第23页。
④ 同上，第65页。

备、文艺,均可实见诸措施;坐而言者,可以起而行也"①。他还对英国设立"集议院"做出肯定,明确主张以西方为借鉴,对中国原有制度进行改革。他指出"非华则夷,夷人无礼"的陈腐文化观已经过时,应把文明程度作为判断华夷的价值尺度,"华夷之辨,其不在地之内外,而系于礼之有无也明矣。苟有礼也夷可进为华,苟无礼也华则变为夷"②,从文化的角度表明向西方学习的态度。随着中外交往的增加和扩大,不少中国人开始冲破传统文化的束缚,成为西方近代文化的拳拳膺服者。对近代以儒学为核心的中国传统文化的权威地位,在急剧变化的世界大势面前悄然跌落的学术现状,清末著名学者俞樾曾说过这样一段话:"今士大夫读孔子之书,而孜孜所讲求者则在外国之学。京师首善之地,建立馆舍号召生徒,甚至选吾国之秀民,至海外而受业焉。岂中国礼乐诗书不足为学乎?海外之书,译行于中国者日以益增,推论微妙,创造新奇,诚若可愕可喜,而视孔子之书反觉平淡而无奇闻。彼中人或讥孔子守旧而不能出新法。如此议论,汉唐以来未之前闻,风会流迁,不知其所既极。故曰孔子之道将废也!"③总之,经过两次鸦片战争,中国人内心深处由来已久的文化优越感已逐渐被锥心的耻辱感、强烈的危机意识所替代,曾经牢不可摧的"夷夏大防"的堤坝开始出现道道裂缝。由中国走向世界、由中学走向西学不可避免地成为人们自觉或不自觉的行动。这一切为"中体西用"文化观的产生提供了肥沃的土壤。

"中体西用"的始作俑者冯桂芬,则在前人睁眼看世界及清醒地认识中西文化巨大差异的基础上,首次明白具体地提出了在内政外交军事文化方面的全面改革的必要。他说中国技不如人更要"知其不如之所在"。他指出中国"四不如夷":"人无弃才,不如夷;地无遗利,不如夷;君民不隔,不如夷;名实不符,不如夷。"④军旅方面"船坚炮利""有进无退"亦不如夷。"此外如算学、重学、视学、光学、化学等,皆得格物至理""多中人所不及"⑤。因此他提出要"博采西学",努力学习西方资本主义工艺科学的"格致至理"和史地语文知识。冯桂芬建议在上海、广州设立同文馆、翻译公所,培养新式人才和译西洋书籍,并提出分一半士人去学习西方的"制器尚象"之术。在向西方学习过程中如何对待中国文化的问题上,1861年,冯桂芬第一次大胆提出以体用模式结合中西学,即"以中国之伦常名教为原本,辅以诸国富强之术",这就是对中国近代变革产生重大影响的"中体西用"文化观的

---

① 走向世界丛书,王韬《漫游实录》,岳麓书院1985年版,第125页。
② 《园文录外编》,辽宁人民出版社1994年版,第387页。
③ 《三大忧论》,《春在堂全书·宾明集》卷六。
④ 《冯桂芬马建忠集》上篇,辽宁人民出版社1994年版,第77页。
⑤ 同上,第82页。

雏形。对于冯桂芬之举,李泽厚在他的《中国近代思想史论》一书中曾经这样评价:"如果说,龚自珍给较远的晚晴(19世纪90年代至20世纪初年)煽起了浪漫的热情;那么,魏源就给紧接着他的七八十年代留下了现实的直接主张。而冯桂芬的特点在于:他承上启下,是改良派思想的先行者,是三四十年代到七八十年代思想历史中的一座重要的桥梁。"

地主阶级中的部分当权人物如奕䜣、曾国藩、李鸿章、张之洞、左宗棠等,则成为"中体西用"思想的实践者。他们在和太平军长期战争的军事需要中,同时也从创巨痛深的第二次鸦片战争中,锐感到西方国家在军事上的先进性,认为"中国文武制度事事远出西人之上,独火器万不能"。①"探源之策,在于自强。自强之术,必先练兵"②,"自强以练兵为要,练兵又以制器为先"③。自19世纪60年代到90年代,洋务派发起了以"制器练兵""求强求富"为主旨的洋务运动,编练新式军队,购买西洋武器,兴办军事工厂,延请外国技师,举建新式学堂,遣派出国留学。洋务运动开始就以捍卫中国固有的封建政体、捍卫没落的清王朝为根本,最直接的政治目的是镇压农民起义军,奕䜣在请设总理衙门时表明了清朝开办洋务运动的初衷:"今日之势……发、捻交乘,心腹之害也";俄英等为"肘腋之忧""肢体之患也",列强"数年间即系偶有要求,尚不遽为大害""故灭发、捻为先,治俄次之,治英又次之。"④李鸿章说:"购买外洋枪炮,设局制造开花炮弹,以资攻剿,甚为得力。"⑤其次,"自强"新政有抵御外侮的目的,"有事可以御侮,无事可以示威"⑥。1866年4月,同治皇帝发出上谕:"因思外国之生事与否,总视中国之能否自强为定准","应如何设法自强使中国日后有备无患,并如何设法预防俾各国目前不致生疑之处"。曾国藩说:"目前资夷力以助剿济运,得纾一时之忧,将来师夷智以造炮制船,尤可期永远之利。"⑦奕䜣也说:"购置外国船炮,并请派大员训练京兵,无非为自强之所,不使受制于人。"⑧第三,经济上的考虑。为解决洋务运动在推进军事近代化时面临的经费、原料和燃料等严重短缺等问题,洋务运动又打出"求富"旗号,先后在全国范围创办了二十多个民用企业,这些官倡民办的企业在国内收购生产原料,雇佣中国工人,并占据了一定的国内产品市场份额,在列强对华商

---

① 宝鋆编修:《筹办夷务始末》(同治朝)卷二十五,第18~19页。
② 宝鋆编修:《筹办夷务始末》(咸丰朝)卷二十五,第95页。
③ 宝鋆编修:《筹办夷务始末》(同治朝)卷二十五,第2页。
④ 贾祯等编修:《筹办夷务始末》(咸丰朝)卷七十一,故宫博物院影印版,第36页。
⑤ 《李文忠公全集》奏稿,卷九,第31页。
⑥ 《筹办夷务始末》同治朝卷二十五,第4页。
⑦ 《曾文正公全集》奏稿,卷十五,第14页。
⑧ 《筹办夷务始末》(咸丰朝),第79页。

品输出和资本输出的历史背景下"稍分洋商之利",客观上也推进了中国经济近代化发展。

## 二、"中体西用"文化观产生社会背景及思想渊源

虽然冯桂芬开"中体西用"文化观之先河,并使之成为洋务运动时期中西文化定位的基本模式和洋务运动的指导思想,但纯概念而言,"中体西用"这个名词,在洋务运动时期并未正式使用过。它最早出现于1895年3月的《万国公报》由沈寿康撰写的《匡时策》一文中:"夫中西学问,本自互有得先为华人计,宜以中学为体,西学为用。"次年,孙家鼐在《筹议开办京师大学堂折》中也使用了此词:"今中国京师创立大学堂,自应以中学为主,西学为辅;中学为体,西学为用。"①同年,梁启超在代总理衙门起草的《筹议京师大学堂章程》中也言及:"夫中学体也,西学用也,二者相需,缺一不可"②。但三人都没有对"中体西用"做具体的界定。真正对"中体西用"做出有影响有深度系统性解读的是张之洞在1898年发表的《劝学篇》。而此时,洋务运动已过去30余年,戊戌维新的号角已历历在闻了。同年七月,张之洞将《劝学篇》进呈御览,受到包括光绪皇帝和慈禧太后在内的最高统治阶级的一致称赞,被誉为"会通中西,权衡新旧"③"持论平正通达,于学术人心大有裨益"。《劝学篇》一跃而成为这一时期政、商、学界的必读之书,"挟朝廷之力以行之,不胫而遍于海内",标志着"长期以来习惯于孔夫子的陈词滥调下变得死气沉沉的中国人,终于在时代的现实面前苏醒过来"④,实为"对于中学、西学的斗争做了一个官方的结论"⑤。

然而,作为一种思潮和文化融合现象,我们显然不能拘泥于一种理论的外壳,而应当考察它的来龙去脉,形成发展,传播影响,内涵变化。任何思想的产生都不是凭空出现,都有一定的铺垫和积累。张之洞的"中体西用"理论是对30年中西文化的斗争做了一个结论,冯桂芬的"中体西辅"论也是对前人既有探索基础上的一种延展和突破。早在明清之际,耶稣会士到中国以学术传播为手段进行传教,中国人便开始把西方学术(主要是自然科学和技术)概称之为"西学"。例如,直接以"西学"为书名的就有耶稣会士艾儒略所著分科介绍西学的《西学凡》,此外还有《西学治平》《民治西学》《修身西学》之类。对于这些"西学",纪晓岚在其编

---

① 《戊戌变法:二》,上海神州国光社,1953年版,第426页。
② 《戊戌变法:四》,上海神州国光社,1953年版,第488页。
③ 张之洞:《张文襄公全集·抱冰堂弟子记》卷二二八,中国书店1990年版,第657页。
④ 白权贵、师全民:《中国传统文化概论》,郑州大学出版社2003年版,第332页。
⑤ 冯友兰:《中国哲学史新编》下,人民出版社1999年版,第203页。

纂的《四库全书总目提要》中，一方面认为文、理、医、法、教、道六科是西方国家"国建学育才之法"，"西学"的"天文推算之密，工匠制作之巧，实逾千古"；但另一方面又认为"西学"的理论"特所格之物皆器数之末，而所穷之理又支离神怪而不可诘"，"其议论夸诈迂怪"，"变幻支离，莫可究诘"，属于"异学""杂学"①。其较之"中学"属于不入流的东西，应当"国朝节取其技能，而禁传其学术"。"技能"指的是西方的科技文化，是可以学的；"学术"指的治国理论，"禁传其学术"的言下之意，治国当然要以儒家经典为本。《四库全书总目提要》于1789年刻版付印。纪晓岚是乾隆时期皇帝指定的《四库全书》的主编，他是站在中国的圣贤名教为学理正宗的角度看待西方文化的，其对西学评价当然也代表了官方对西方文化的态度和政策。这种态度和政策，和洋务运动中的"中体西用"思想已有某种暗合之端倪。

在看待中西文化关系方面，魏源一方面提出"师夷长技"，一方面在《海国图志》里完整拷贝了《四库全书总目提要》里纪晓岚评价和界定中西文化关系的这些话，同时还收录了康熙时杨光先维护孔孟之道、申斥天主教的《辟邪论》。魏源引用这些文献，说明他提倡"师夷长技"时，在某种意义上也认同了纪晓岚界定中西文化关系的价值观，即："节取其技能，而禁传其学术"。正是有《四库全书总目提要》和《海国图志》对中西文化关系定位的铺垫和传承，才有冯桂芬的《校邠庐抗议》中"以中国伦常名教为原本，辅以诸国富强之术"的一脉相袭。当然，冯桂芬的"本辅"说与《四库全书总目提要》对于西学的看法，事实上也有很大的不同。《总目提要》虽对西方科技之长有所肯定，但总体上对西学是贬大于褒，视为异端。而且事实上，乾嘉以来的清朝文化政策，真正做到的只是"禁传其学术"，而根本没有认真去"节取其技能"，否则就可能没有后面鸦片战争中大清的惨败了。与《四库全书总目提要》对待西学的态度不同，冯桂芬的"本辅"说，是在真心实意地提倡"采西学"。在其论述中，他主张"购洋炮洋艘，练水战火战之用，尽收外国之羽翼为中国之羽翼，尽转外国之长技为中国之长技"。② 还具体建议在广东办造船厂、火器厂，延请外国技师工匠，凡有益民用者，都在引进师法之列。在他所著《收贫民议》中，甚而还明确主张效法荷兰设立收养和教育贫民的机构，效法瑞典设立强制性义务教育学校，这就表明他已经留心考察西方各国政治和社会方面的政策与

---

① 《四库全书总目提要》卷一二五，《子部·杂家类·存目二》，中华书局1964年影印本，第1080~1081页。
② 魏源：《道光洋艘征抚记》下，《中国思想史资料丛刊·魏源集》，中华书局2009年10月版，第206页。

措施,并希望中国能够择善而从之。

总之,冯桂芬的"中体西用"论,对传统说法固然有所承袭,但更重要的是有所变异,或者说形似而实异,其首创"中体西用"文化观,带来了中西文化融合的一代新风。

### 三、"中体西用":中西文化冲撞下调和的产物

"中体西用"是西风东渐,向西方学习的过程中提出的理论架构,即"中体西用"的重点是在"西用"。然则,学习西方为什么要把中国文化捆绑上来,把"中体"联结到西方文化上呢?其实,对于任何一个国家来说,引进任何外来文明成果,都面临着与本土文明的结合问题。譬如日本作为善于吸引外来文化的岛国,在借鉴中华文明时也没有完全抛弃自身文明的独特之处。佛教当年作为一个进入中国的外来文明,也是花费几个世纪的时间来解决与儒家文化相兼容的难题。"对具有卓越而悠久传统文化的中国而言,大规模地引进西方文明,无疑更要引起文化观念上的巨大震撼和猛烈冲击。在这里,人们面对着一个由几千年文明史结成的文化纽结。不解开它,就休想在中西文化交流的新潮中前进一步。在这样一种文化大背景下,鸦片战争后举凡提倡学习西方文化的创议,都无例外地必须回答如何对待中国传统文化的问题。"①其次,中国的传统文化是一个复杂的综合体,它既有基于几千年来深厚的文明礼仪形成的"华夏文明中心论",认为中国是世界文明的中心,而把一切非我族类者视为没有开化的蛮夷,否认其他民族的文化价值,自以"天朝上国"自居。也有关注现实社会生活,不作纯粹抽象的思辨,强调"实用""实际"和"实行",满足于解决问题的经验论的思维水平,主张以礼节性的行为模式,这种行为模式被李泽厚定义为中国传统的文化观念心理结构主要特征的"实用理性"②。中国文化善于用清醒的理智态度去对待环境,吸收一切于自己现实生存和生活有利有用的事物,舍弃一切已经在实际中证明无用的和过时的东西,而较少受情感因素的纠缠干预。而对西方文化而言,其技艺、学理、经验、制度等,如果施之于中国能够同样有效,能够解决国家民族面临的重大困难,西方的这些文明成果就可为国人所接受。

中西学相捆绑的另一个原因,是守旧势力对西学的顽固拒绝。这些人斥责新派学者是"矜奇眩异,骇人耳目,浮薄妄为,驰心海外及未来千百年之事,侈新异域

---

① 丁伟志:《"中体西用"论在洋务运动时期的形成和发展》,载《中国社会科学》,1994年第1期,第102页。
② 李泽厚:《中国古代思想史论》,天津社会科学出版社2003年版,第317页。

贪四夷之功"。①"对'天朝上国'的盲目自信,对域外世界的无端轻蔑,对本国典章文物古老传统的崇敬,对西方近代科学文化巨大发展的无知,使得他们偏执僵化,拒绝新知,从感情上就抱定与西学不共戴天的态度"②,"立国之道在尚礼义不尚权谋,根本之图在人心不在技艺","若科甲正途人员,奉夷人为师,则正气为之不伸,邪气因而弥炽,数年之后,不尽驱中国之众咸归于夷不止。"③他们直觉上感到"舍己从人""侈谈洋务",必将动摇传统的纲纪法度、道义准则,破坏"中国数千年相承之治法",从而使整个上层社会安身立命之所受到致命威胁,"窃恐天下皆将谓国家以礼义廉耻为无用,以洋学为难能,而人心因之解体。其从而习之者必皆无耻之人。洋器虽精,谁与国家共缓急哉?"④守旧派借势于博大而悠久的传统文化对国人的深厚影响,又借势于把伦理纲常视为华夏文化精髓的观念在当时思想界还是一统天下,抱着卫道的心理和认识,死守中学阵地。守旧派既然认为西学有害于中学,捍卫中学排斥西学,洋务派在提倡西学之际,便必须解决引进西学会对中学影响几何的问题。作为心存庙堂的忠实于朝廷的臣仆,在思想道义上孔孟之道的信徒,洋务派唯一能做的就是充分求证引入西学,中西学并存不但不产生矛盾,而且可以相通相容、相辅相成,各方有益,皆大欢喜。

所以,当冯桂芬提出"中体西用"论后,又专门在《制洋器议》篇中强调:"且用其器,非用其礼也。用之乃所以攘之也。"即以有用的西学来弥补中学的不足。很显然,"中体西用"论者坚持以"体用"来结合"中西"的本意,并不是为西学的引入制造障碍,相反还是希望以一种他们认为恰当的形式,来消除中西学之间旧有的严重对立,从而使两者有机地结合起来。在当时能否引进西学的背景下,"中体西用"的重心其实不是放在"中体"而是"西用"之上,其表面似在维护中学,实质则在接纳西学。冯桂芬对"中体西用"是这样论述的:"夫学问者,经济所从出也。太史公论治曰:'法后王,为其近己而俗变相类,议卑而易行也。'愚以为在今日,又宜曰:鉴诸国。诸国同时并域,独能自致富强,岂非相类而易行之尤大彰明较著者。如以中国之伦常名教为原本,辅以诸国富强之术,不更善之善者哉!"⑤他认为"诸国同时并域","西国独能自致富强",所以贫弱的中国要去学西方、采西学。很显

---

① 庞绍堂:《抵御、自觉、融合——晚清中西文化观演化之我见》,载《南京大学学报(哲学、人文科学、社会科学)》,2009 年第 6 期,第 91 页。
② 丁伟志:《"中体西用"论在洋务运动时期的形成和发展》,载《中国社会科学》,1994 年第 1 期,第 102 页。
③ 宝鋆等编纂:《筹办夷务始末》(同治朝)卷四十八,中华书局 2008 年版,第 202 页。
④ 李鸿章:《朋僚函稿》,沈云龙主编:《近代中国史料丛刊续编》第七十辑,文海出版社 1976 年版,第 2696 页。
⑤ 《冯桂芬马建忠集》上篇,辽宁人民出版社 1994 年版,第 84 页。

然,这段话的中心并不在论证中西学的"本辅""体用"关系,而在说明采西学、行变法之必要。其基调还是要中国引进西学,开新布局,而绝不是抱残守旧。虽然他也不时地标榜不能违背"三代圣人之法",但结合当时的时空背景,就不难发现他这样做的真正意图在于,以此掩饰和淡化自己倡导西学的真实倾向,堵住已经出现和可能继续出现的"离经叛道"之类的责难。兴办洋务之初,李鸿章在《置办外国铁厂机器折》中说:"中国文物制度迥异于外洋榛狉之俗,所以郅治保邦。固不基于勿坏者,固有自在;必谓转危为安,转弱为强之道,全由于仿习机器,臣亦不存此方隅之见。顾经国之路。有全体,有偏端,有本有末。如病方疾。不得不治标,非谓培补修养之方即在是也。如水大至,不得不缮防,非谓浚川浍、经田畴之策可不讲也"①。这段话中,李鸿章虽对"中国文物制度"之"体"大加褒扬,但其中心思想不是论证"中体"之重要性,而是委婉表达置办铁厂机器、引进西方技艺之理由,他着力论证的是"中体离不开西用"。其时,郭嵩焘也充分意识到,"西洋之入中国,诚为中国一大变,其气机甚远,得其道而顺用之,亦足为中国之利"②。薛福成在《筹洋刍议》中极力阐说:"今诚取西人器数之学,以卫吾尧舜禹汤文武周孔之道,俾西人不敢蔑视中华。吾知尧舜禹汤文武周孔复生,未始不有事乎此,而其道亦必渐被乎八荒,是乃所谓用夏变夷者也。"③。这无异于说,引进西学不仅无害于中体,反而能起到卫道、固本之作用,所以中国尽可大力提倡西学,不必担心中学会因此丧失。王韬在为郑观应《易言》所作跋中评价该书"一切所以拯其弊者,悉行之以西法。若舍西法一途,天下无足与图治者"。但他又担心这样明说会导致"天下必将以杞忧生(郑观应)为口实",是故又画蛇添足地说:"夫形而上者道也,形而下者器也。杞忧生之所欲变者器也,而非道也"④。其在特殊历史背景下欲言又止的意涵令人一目了然。

与此同时,为了使"西学"取得与"中学"一样的合法地位,"中体西用"论者还找到了一件可以证明中西学可以共存的强大武器,即明末既已出现的"西学中源"说,来论证学习西方的可行性和合理性。60—90 年代,很多洋务派官员及学者每提倡西学的一个方面,均以中国古文化的相应方面作比附。他们首先指出西学"源出老子墨子""迄秦政焚坑而后,必有名儒硕彦抱器而西,致海外诸邦",学习西方只不过是"以求千百年之坠绪,亦礼失而求诸野之意"⑤。冯桂芬甚而说西方

---

① 《置办外国铁矿机器折》(同治四年十月),《李文忠公全集·奏稿》卷九,第 31 页。
② 杨坚点校:《郭嵩焘诗文集》,岳麓书院版,第 225 页。
③ 《筹洋刍议》,《薛福成集》,辽宁人民出版社 1994 年版,第 90 页。
④ 《郑观应集》上册,上海人民出版社 1982 年版,第 165 页。
⑤ 张廷玉等撰:《明史》卷三十一·志第七·历一,吉林人民出版社 2005 年版,第 340 页。

的天文历数、光学,乃至民俗政治都源出于中国,"中华扶舆灵秀,磅礴而郁积,巢、燧、羲、轩数神圣,前民利用所创始。诸夷晚出,何尝不窃我绪余"①。林昌彝称"外夷奇器,其始皆出于中华,久之中华失其传,而外夷袭之。"②梁廷枏指出"彼之大炮,始自明初,大率因中国地雷废炮之旧而推广之。夹板舟,亦郑和所图而予之者。即其算学所称东来之借根法,亦得自中国。"③李鸿章为了论证派人去西方学习机器制造并不违逆中国传统,就说"西人代数之新法"脱胎于"中术四元之学"④。王韬认为"中国为西土文教之先声"⑤,所以学习西方政教也大可不必大惊小怪。薛福成、郑观应都力证西学乃过去中国古文化西传所成。一时间,无论是洋务派、早期维新派,还是开明者、守旧者,都把"西学中源"看成是理解和论述中西文化关系的理论依据。"西学中源"论在洋务运动时期的兴盛说明,中国的传统文化比世界上任何一种文化都具有更大的惯性,当近代的人们面临强大西方文明的冲击,试图解开西方强盛之谜,寻找传统文明失败的原因时,则自觉或不自觉地从自己熟稔的中国历史中去寻找。"西学中源"说为时人对抗传统的"夷夏之辨"观念提供了理论根据,减轻了传统文化面对西方强盛文明冲击的自卑心理,暂时慰藉了天朝上国自大情感,事实上弱化了传播西方文化的阻碍。"西学中源"论的兴盛从侧面说明"中学西体"文化观就是中西文化碰撞下的调和产物。

**四、"中退西进":文化碰撞下的无奈选择**

作为一种新的文化现,"中体西用"论在相当长的一段时期内是一种为人们所乐于接受的固定模式。然而,"中体西用"的内涵并不是一成不变的,它又一直处于动态的演化之中,其变化的特点是西用的范畴不断扩大,而中体的内涵则逐渐笼统化和边缘化,呈现一种"中退西进"的状态。自从打破"夷夏之辨"的束缚以来,中国人对西学的认识不断由浅入深,由器物技艺深入到各种制度乃至朝廷政教。这一发展主要受到两方面的推动:一方面是"西学东渐"步伐加快,中西各种形式接触增多,另一方面是洋务运动实践对"西用"的需求。曾国藩初涉洋务时,对西方的认识仅限于"造炮制船""逆夷所长者,船也,炮也"⑥,因而把购买外国船

---

① 冯桂芬:《校邠庐抗议·制洋器议》,中州古籍出版社1998年版,第197页。
② 林昌彝:《射鹰楼诗话》卷三,古籍出版社1988年版,第43页。
③ 梁廷枏:《夷氛闻纪》,中华书局1959年版,第172页。
④ 《海防档·机器局》一,台北中央研究院近代史研究所编,1957年出版,第14页。
⑤ 《园文录外编》,辽宁人民出版社1994年版,第387页。
⑥ 《曾国藩全集·书札(十三)》,长沙岳麓书院出版社1994年版,第50页。

炮看成"今日救时之第一要务"①。随着洋务实践的展开,他进一步认识到西方科技和教育的先进,因而采纳了容闳派幼童出洋学习的计划,并领衔上奏,最终促成了中国第一批官派留学生的出洋。李鸿章起初对西方感受最深的亦是其军事装备,甚至断言"中国但有开花大炮、轮船两样,西人即可敛手"②。但不久他就意识到发展工商业的重要,"欲自强必先裕饷,欲浚饷源莫如振商务"③,"古今国势,必先富而后能强"④。后来,李鸿章又承认"西洋水陆兵法及学堂造就人才之道,条理精严,迥非中土所及"⑤,因而建议对科举考试"稍加变通","另开洋务进取一格"。他甚至明确表示:"综核名实,洋学实有逾于华学者"⑥。早期维新派的进步更为明显,19世纪60年代王韬曾写过以"精习枪炮之法"为内容的《操胜要览》,其中说:"今日急务在平贼,平贼在于治兵,治兵必先习西人之所长,使之有恃无恐,兵治贼平而己器精用审矣。"以后,他对中国落后面貌认识更加清醒,对西方的体察眼界更加开阔,认识到西方在文教、经济、政治制度诸方面均较中国优越。薛福成1875年"应诏陈言"时,还把"坚甲利兵"当作首要之急务,四年后所撰《筹洋刍议》已在着力论证"西人之谋富强者,以工商为先"⑦,实地出洋后进而认识到议会制度、学校教育制度也都是"西洋富强之本原"。到90年代,郑观应已将西学概括为天学、地学、人学,认为这些方面西学"皆有益于国计民生,非奇技淫巧之谓也",中国应大力讲求。这种西学认识水平远非冯桂芬的"诸国富强之术"所可同日而语。

日益增多的西学知识逐渐使人们对"西学为用"有了新的理解,即西学绝不是仅有器物、技艺等完全属于"用"的东西,而是有体有用、有本有末的浑然整体。在自强之路上,西体西本可能比西用西末更为关键和重要,更需要借鉴、引进和仿效。对于何为"西学之本",时人一般将目光投向西方的议会制度、经济制度和教育制度。议会制度在西方历史悠久,较能表现西方资产阶级政治制度的民主特征。郑观应赞美泰西列国"都城设有上下议政院"故国家大事"举国咸知",这种"上下同心,教养得法"的议院制度才是西国"治乱之源,富强之本"⑧。他还从民族兴衰存亡的高度来阐说设立议院的必要,"欲行公法,莫要于张国势;欲张国势,

---

① 《曾文正公全集·奏稿》,第1603页。
② 《李文忠公全集·朋僚函稿》卷三,第17页。
③ 《李文忠公全集·奏稿·卷三十九》,《议复陈启照条陈折》。
④ 《李文忠公全集·奏稿·卷四十三》,《试办织布局折》。
⑤ 《李文忠公全集·朋僚函稿·卷一七》,《复郭筠仙星使》。
⑥ 《李文忠公全集·朋僚函稿·卷十五》,《复刘仲良中丞》。
⑦ 《筹洋刍议》,《薛福成集》,辽宁人民出版社1994年版,第71页。
⑧ 《郑观应集》上册,上海人民出版社1982年版,第233页。

莫要于得民心;欲得民心莫要于通下情;欲通下情,莫要于设议院"①。王韬也较早考察过中西政治之得失,"泰西各国……无论政治大小,悉经议院妥酌,然后举行……中国则不然。民之所欲,上未必知之而与之也;民之所恶,上未必察之而勿之施也"②,中国要国势强盛,就须仿效西国"通上下之情"。在王韬的心目中,"泰西议院"与"中国皇古之道"是"暗相吻合"的,所以"中国设此足立富强之本"。与此同时,那些在外国求学或工作的中国人,更切实感受到议会制之优越。留法期间的耳濡目染,使马建忠恍悟西洋富强之本在"得民心,设议院"。出使英法后,郭嵩焘明确认识到,西国以"务求便民"为其行政职能才导致了国家的富强。薛福成也深深体会到"西洋各邦立国规模,以议院为最良"③。80年代后,洋务派中有不少人认识到议院制乃"西学之本"。翰林崔国因一再强调"设议院"为"自强之关键","泰西富强之政……其枢纽全恃乎议院"④。淮军大将、官至两广总督的张树声在其临终《遗折》中,批评洋务运动"遗其体而求其用",同时对西人立国"育才于学堂,论政于议院,君民一体,上下同心,移实而戒虚,谋定而后动"⑤之"体"表示由衷赞同。在当时特定的历史背景下议院观的提出,是中国人认识西方、学习西学的重大突破,鼓吹议院政治和"君民共主"的变法主张,客观上就包含有对"中学为体"的叛逆和挑战的因素。

对西方经济制度的探讨着重是围绕"重商富民"之策来展开的。马建忠指出"近今百年西人之富,不专在机器之创兴,而其要领专在保护商会"⑥。在《富民说》中,他进而表达了"治国以富强为本,而求强以致富为先"⑦的思想。王韬批评传统的"重农轻商"不利于资本主义发展,主张在不轻视农业的基础上积极发展工商业。他说,"盖富强即治之本也"⑧,"舍富强而言治民是不知为政者也"⑨。出使四国期间,薛福成连续撰文,具体论证只有"导民生财"才是富国良策,积极主张发展机器工业。他多次强调,"泰西风俗,以工商立国"⑩。晚年的郭嵩焘,对"富

---

① 《郑观应集》上册,上海人民出版社1982年版,第314页。
② 《园文录外编》,辽宁人民出版社1994年版,第8页。
③ 走向世界丛书,《薛福成出使英法意比四国日记》,岳麓书社1985年版,第197页。
④ 《条陈辛丑三月呈请大学士掌院代奏末行,为谨拟新政备知采择恭折》,《枭实子存稿》,清光绪二十八年(1902年)刻本,第23页。
⑤ 杨家骆:《戊戌变法资料汇编·郑观应·盛世危言》第一册,台湾鼎文书局1973年版,第103页。
⑥ 《冯桂芬马建忠集》下篇,辽宁人民出版社1994年版,第156页。
⑦ 同上,第125页。
⑧ 《园文录外编》,辽宁人民出版社1994年版,第65页。
⑨ 《筹洋刍议——薛福成集》,辽宁人民出版社1994年版,第164页。
⑩ 《郭嵩涛诗文集》,岳麓书社1984年版,第255页。

民"政策表达得更加简洁明快:"国于天地必有与立,亦岂有百姓困穷而国家自求富强之理?今言富强者,一视为国家本计,与百姓无与。抑不知西洋之富专在民,不在国家也。"①郑观应还专门作《商战》篇,大讲"商战为本,兵战为末""习兵战不如习商战"②的道理。

西方学校教育制度也被不少论者作为西"本"而大加倡扬。郑观应视学校为"治天下之大本",对西方国家学校规制、课程设置和教育方法等,做了大量详尽而完备的介绍。他满怀信心地预言,只要"人才日出",中国必定"能与东西各国争胜"③。出使英法的实地见闻,使郭嵩焘对两国各类学校有了相当的认识,对其"规模整肃,讨论精详,而一皆致之实用,不为虚文"④赞不绝口,将此种教育制度与议院制度一道视为"立国之本"⑤。薛福成也对西方各国教育的普及、教育的社会化和专业化等作过不少介绍,而且认定这正是"西洋诸国所以勃兴之本原"⑥。而"中体"的内涵则在学习"西用"热潮中被笼统化。冯桂芬把"中学"表述为"中国之伦常名教",曾国藩、李鸿章等所指之"中学"既有"中国文物制度""四书五经",也有"圣谕广训"等"尊君亲上之义"。早期维新派则多以抽象的"道""教"来概括"中学",或为"尧舜、禹汤、文武、周孔之道",或为"形而上之道"。陈炽认为中国之所长者为"教"。邵作舟说"中国之道"在"纲纪法度"。张之洞所言"中学"包括"四书五经,中国史事、政书、地图"。由此可见,论者论及的"中学"范围非常宽泛,并不限于封建纲常名教。虽然各人的论述不尽相同,但总的来说是对中国传统文化的概称,其核心是孔孟之道、圣道。很明显,这些都是很笼统、很不具体的东西。而且,论者不同时期对"中学"的阐释几乎前后一贯、无甚变化,这与他们对"西学"的深入探讨、详加考究形成了强烈的反差,说明了中西文化的对垒中,"中退西进"的残酷现实。

**五、突破与局限:中西方文化冲突中的迷惑与困顿**

在"中退西进"的趋势中,"西用"范围的扩大实际也就意味着"中体"地盘的缩小,甚而开始发生某些趋向于"西用"的改变。例如冯桂芬、王韬、郑观应等就大力抨击君主专制下的君民悬隔,大力发掘"中体"中有关重民、民本、公平、通下情

---

① 《郑观应集》上册,上海人民出版社1982年版,第586页。
② 同上,第265页。
③ 同上,第267页。
④ 《郭嵩焘诗文集》,岳麓书社1984年版,第196页。
⑤ 《郭嵩焘日记》三,湖南人民出版社1982年版,第393页。
⑥ 走向世界丛书,《薛福成出使英法意比四国日记》,岳麓书社1985年版,第290~291页。

等积极内容以为采纳议院制提供理论依据,而对强调君臣尊卑之别的纲常礼教等谈论甚少甚至闭口不谈。"中体西用"这个在洋务运动之初曾经起到引领中国传统文化创新发展的文化观,到了80年代已经显露出亟须突破的理论局限性。但历史的事实是令人沮丧的,时人对任何可能动摇"中体"的言行甚而理论上的探讨,视若洪水猛兽。他们没有改变祖宗法统与圣贤名教的自觉和勇气,而是怀着一种近乎迷信的、非理性的崇敬之情,在力倡全面汲取西方政教法度的同时紧抱"中体"不放。"而本根所系,则在乎孝弟忠信礼义廉耻,必先以士始。朝廷之所以重士者在此,而民自无不兴起矣……风俗厚,人心正,可使制挺以挞秦楚之坚甲利兵矣,西法云乎哉!而西法自无不为我用矣。此由本以治本,洋务之纲领也。欲明洋务必自此始。"①他们认定"尧舜、禹汤、文武、周公之道"乃"万世不易之大经"②,华夏传统的道德教化是"天人之极致,性命之大原,亘千万世而无容或变也"③。甚而为防止"中体西用"不因"西体"的引进而发生动摇乃至改变,洋务运动中的思想家如薛福成、王韬、钟天纬、郑观应等,还费尽周折地对"中体西进"论的神圣性进行种种难以自圆其说的辩解。他们既想引进"西体",又不敢公开革新"中体",陷入中西方文化冲突的困顿之中。

　　如郑观应在讲教育办学宗旨,论述到中学和西学的关系时说:"学校者人才所由出,人才者国势所由强,故泰西之强强于学,非强于人也。然则欲与之争强,非徒在枪炮战船也,强在学中国之学,而又学其所学也。今之学其学者,不过粗通文字语言,为一己谋衣食,彼自有其精微广大之处,何尝稍涉藩篱?故善学者,必先明本末,更明所谓大本末,而后可言西学。分而言之,如格致制造等学,其本也……语言文字,其末也。合而言之,则中学其本也,西学其末也。主以中学,辅以西学,知其缓急,审其变通,操纵刚柔,洞达政体,教学之效,其在兹乎!"④他承认西学有"本末",而且认为国人应当大力学习西学"精微广大"之大本。然而,等"西学"的"本"来到中国,碰到"中学"的"本",就好像《西游记》中银角大王的紫金葫芦碰到了孙悟空的紫金葫芦一样,奇迹般的变成了"末"。这显然是在维护"中体西用"现有格式的前提下,把"西体"也作为"用"来引进,以此缓和"中体"与"西体"之间的矛盾。他在《道器》也有类似提法:"《新序》曰:'强必以霸服,霸必以王服。'今西人所用,皆霸术之绪余耳。恭维我皇上天宜聪明,宅中御外,守尧舜

---

① 王韬:《弢园文录外编·卷二·洋务下》。
② 《郑观应集》上册,上海人民出版社1982年版,第244页。
③ 求是斋编:《皇朝经世文编五集·时务分类文编卷二·自强·陈次亮》。
④ 《郑观应集》上册,上海人民出版社1982年版,第276页。

文武之法,绍危微精一之传,宪章王道,抚辑列邦,总揽政教之权衡,博采泰西之技艺。诚使设大小学馆以育英才,开上下议院以集众益,精理商务藉植富国之本,简练水陆用伐强敌之谋,建黄极于黄农虞夏,责臣工以稷契皋夔。由强歧霸,由霸图王,四海归仁,万物得所,于以拓车书大一统之宏观而无难矣。"①在此文中,郑观应明确主张改变洋务运动以来对于西学"遗其体而求其用"的偏颇,将西学的"体"与"用"一并实施于中国,在科技、教育、政治、经济、军事诸领域,一概采用"西法",以使中国走上强盛之路。那么这种导致西方富强的"体用"来到中国,应占据什么地位呢? 郑观应贬抑为"霸术之绪余",也就是"用"的范畴。西学之"体用"既然都归到了"西用"名下,法度政教都主张学西方了,那么"中体"还有什么实际内容可言呢? 郑观应将之定义为"守尧舜文武之法,绍危微精一之传"。这样"中学为体"的内容大大缩小了,抽象化了,具体的政教法度已经不在其中,剩下的只是传统的学理原则和伦理信念,只是理学家一贯宣扬的世代相承的"尧舜文武"的法统和"危微精一"的道统。而对应的,"西用"的范围则扩大到连"西体"也都囊括进去的程度。事实上郑观应这是在维护"中体西用"的前提下,试图拟制一种把"中体"缩小、把"西用"扩大的变通方案。类似郑观应,钟天纬也极力提倡学习欧洲各国"通民情、参民政"的"大本大原"。他高度评价西方格致之学的成就同时,却又鼓吹"唯我孔子之教,如日月经天、江河亘地,万古不废"②。这样论述的结果,"中体西用"内容和之前的概念已发生了明修栈道、暗度陈仓的变化了。

其他如曾官至广东雷琼道的清末名人朱采则提出一种"本中之本"的理论:"今之天下,欲弭外患非自强不可,人能知之;而自强之要之本,人固不能尽知也。简器、造船、防陆、防海,末也;练兵、选将、丰财、利众,方为末中之本;修政事、革弊法、用才能、崇朴实,本也;正人心、移风俗、新主德、精爱立,方为本中之本……人心何以正? 躬教化、尊名教,其大纲也。风俗何以变? 崇师儒、辨学术,其大要也。"③这样一来,理学化了的儒学名教,就成了中学之"本中之本",成了高于一切的"大经大本",成了中学的灵魂和精神实质之所在。"中体西用"论者,就是这样在不断扩充"西用"范围的同时,一步步把作为"体"的中学变成了所谓"本中之本"的理学精神。

不难理解,既要坚守假儒学名教名义传承数千年的法统和道统,又要学习西方的政教法度,时人将两"体"合一的努力终究是不可能完成的任务。"中体"与

---

① 郑观应:《盛世危言·道器》,1898 年六卷本卷一,第 3 页。
② 《格致之学中西异同论》,《刖足集·内篇》,第 71 页。
③ 朱采:《清芬阁集·复许竹賛(甲午冬)》卷四,第 301~303 页。

"西体"毕竟一开始就是相互排斥的。郑观应等人虽然已有学习资本主义政教法度之议，但仍无力突破三纲为核心的伦理纲常的束缚，尤其不敢丝毫触及"君道臣纲"这条君权专制制度的灵魂。但事实上，无论他们怎样维护"中体"的权威，拔高"中体"的正当性，也控制不了"西用"的横冲直撞。当西"体"在"用"中发酵、膨胀到"用"再也无法框住它的时候，不管论者主观上还在怎样维持，都挽救不了"中体西用"未来崩解的命运。"中体西用"文化观内容的革新，反映了洋务运动实践活动的变化，反映了向西方学习内容的扩大和深化，这种扩大和深化最终导致的不仅仅是脱茧化蛹而是浴火重生的巨变。

　　洋务派及中国早期维新派在向西方学习时，所产生的文化碰撞中的困顿和迷惑在于，中国几千年儒家思想对人们意识形态的影响和塑造根深蒂固，历代统治者为维护社会平稳运转和宗法秩序，又假孔孟之言把纲常名教神圣化、绝对化，使纲常名教成为社会普遍信仰，在此洗脑式的舆论环境中，不经过颠覆式的文化反思与革命，人们自然难于解除思想上的传统偏见，难于挣脱长期形成的约定俗成式的束缚。这种思维定式造成了即使一些极其热衷提倡学习西学的人士，一旦触碰到"中体"的神经，也迅即成为迂腐固执的卫道者。在长达30年的洋务运动中，洋务派和顽固派在对西学的问题上针锋相对。但在维护纲常名教等所谓"中体"方面双方又都站在了同一立场。而他们往往又狭隘地将博大精深的中国传统文化的"大本"，归结为孔孟传承的礼乐教化、纲纪伦常，将儒学的伦理政治观念与西方资本主义近代文化之间的关系，等同于中西文化的全部关系。这种把中国传统文化解作儒学伦理政治观的偏狭之见，使得守旧一方无法用以抵挡住西学的涌入，空泛的礼乐教化、纲纪伦常的说教，显然不能代替西方近代文明成果的作用，致国家于富强；同时，这种对于中国传统文化的偏狭解释，又使得提倡西学的"中体西用"论者，陷于无法自圆其说的逻辑混乱中，那就愈加解释不清楚中国传统文化的现实价值之所在，愈加解释不清楚既要引进"有体有用"的西学，又何以还要死死维持那个礼乐纲常的信条作"中体"。①

　　而在"中体西用"思想指导下开展的洋务运动的失败，也充分证明将作为资本主义文化的"器用"移花接木地嫁接到作为中国传统文化之"道体"上，企图以汲取西方近代生产技术为手段，来达到维护和巩固中国封建统治的目的，不思变通与革新，必将是死路一条，既不能"自强"，也无法"求富"。严复就曾一针见血地指出："体用者，即一物而言也。有牛之体则有负重之用，有马之体则有致远之用，

---

① 丁伟志：《"中体西用论"在洋务运动时期的形成与发展》，载《中国社会科学》，1994年第1期，第118页。

未闻以牛为体以马为用者也……故中学有中学之体用,西学有西学之体用,分之则两立,合之则俱亡。"①因为新的生产力是同封建主义的生产关系及其上层建筑不相容的,是不可能在封建主义的桎梏下充分地发展起来的。洋务派既要发展近代企业却又采取垄断经营、侵吞商股等手段压制民族资本;既想培养洋务人才,又不愿改变封建科举制度。其所创办的新式企业虽然具有一定的资本主义性质,但其管理基本上仍是封建衙门式的,军事工业完全由官方控制,经营不讲效益,造出的枪炮、轮船往往质量低下。即使是官商合办和官督商办的民用企业,其管理也大多由政府"专派大员,用人理财悉听调度",商人没有多少发言权,还要承担企业的亏损;营私舞弊、贪污受贿、挥霍浪费等封建官场恶习充斥企业。此"牛体马用"的结合,如何跟上世界大势的发展?

但总的来说,"中体西用"论,是中国在特殊历史时期、特殊历史背景下出现的一种特殊社会思潮。尽管有保守性和封建性,但综观它在洋务运动的全程中所起的作用,"中体西用"论无疑是近代中国向西方学习的思想发展的一个阶梯。在中国极度封闭僵化的历史文化氛围中,"中体西用"论超越了当时保守顽固的文化立场,在严密的传统文化所设定的范围内,艰难做出西化的努力,其对于传播西方近代文明,对于中国文化的近代化,起到了积极作用。"中体西用"论是中西文化调和的产物,它意识到中西文化的不同和中国传统文化的不足,以委婉的"体、用"模式,吹响向西方学习的号角,重建中国文化的选择模式。"中体西用"又是中西文化碰撞的结果,随着人们对于中国积贫积弱症结所在认识的加深,随着国门打开,人们对西方文化及国家富强成因了解的深入,"中体西用"论的这种"牛身马腿"的局限性便日益显露出来,而破解这种文化碰撞所产生的文化困顿的结局,"中退西进"便成了不可阻挡的历史趋势。当要求全面学习"体用兼备"的西学在中国实行变法改制的思潮萌动的时候,"中体西用"论走上新的阶段——以学习西方之"本"的戊戌维新运动即将在中国拉开大幕。

---

① 严复:《严复集》第三册,中华书局1986年版,第558~559页。

# 第五章 "救亡图存,由旧趋新"

## ——戊戌运动、辛亥革命时期的文化交锋与精神转型

### 一、戊戌运动的思想革新及文化意义

从鸦片战争到甲午战争,历史给予中国半个多世纪的时间,但是封建王朝积重难返的社会顽疾和中华传统挥之不去的思想桎梏,使清王朝的权贵、官僚与士绅没能利用这段时间进行政治、经济、文化领域的有效变革和创新。中华帝国过去的成功、自我中心的价值体系、躯体的庞大、交通的不便等,在相当长的时期内有效阻挡了西方的渗透,保持了传统的航向,延缓了迈向现代化的步伐。[①]

1860年开始的洋务运动,是中国早期近代化的起步阶段,致力于"自强""求富"的洋务派苦心经营三十余载,建立了以北洋水师为主力的海军舰队。[②] 但是,作为中国第一次真正意义上的近代化战争的甲午战争,却以北洋舰队的覆灭和清王朝的完败而告终。中国长久以来视日本为中华文明边缘一个无足轻重的小岛,然而正是这个一直被中国所瞧不起的"蕞尔岛国"却战胜了唯我独尊的"天朝上国"。日本明治维新学在西学的根本之处,君主立宪,脱亚入欧。而中国的洋务运动名曰"师夷"实则舍本逐末,抱残守缺,只求器用。从这层意义上看,甲午之战是日本以比较彻底的西学,打败了中国不彻底的"中体西用"。《马关条约》签订后,西方列强掀起了瓜分中国的狂潮,亡国的灾难迫在眉睫。民族危机诱发了社会危机,社会危机又引发了理论危机。时代和社会,都提出了中国向何处去的现实问题。无论是传统社会的纲常名教,还是半新半旧的"中体西用",都难以承担救亡图存的时代要求,形势逼迫思想界必须更积极地进行救国理论的探索,在努力发掘传统文化优秀因子的同时,人们把更多的眼光投向了外部世界。[③] 正如陈旭麓先生所言:"1840年以来,中国因外患而遭受的每一次失败都产生过体现警悟的先觉者。但他们的周围和身后没有社会意义的群体,他们走得越远就越是孤独。甲午大败,'成中国之巨祸',中国的民族具有群体意义的觉醒也因此而开始"[④]。葛

---

[①] 龚郭清:《戊戌变法运动透视》,安徽大学出版社2015年版,第31页。
[②] 宗泽亚:《清日战争》,北京联合出版公司2014年版,第527页。
[③] 马克锋:《中国近代文化思与辨》,人民日报出版社2014年版,第180页。
[④] 陈旭麓:《近代中国社会的新陈代谢》,中国人民大学出版社2012年版,第154页。

兆光教授也指出,在面对西方文明时,1895年前的中国人大体上是坚持"在传统中变";可是1895年以后,出现了"在传统外变"的取向。很多人都开始废弃传统旧学而转向追求西洋新知。① 正是伴随着危机感的产生和加剧,要求学习西方、变更旧制、重新定位中华文明发展目标的改革意识逐渐明朗起来,维新的诉求逐步升级,变法的呼声日渐强烈,"救亡图存"成为普遍的共识。危难之际,资产阶级改良派走上了中国的历史舞台。

(一)维新思想溯源

鸦片战争前,清政府衰象尽显,社会矛盾尖锐。生活于乾嘉道年间的诗人兼思想家龚自珍,对于封建专制统治下的黑暗现实和深重危机,已有察觉。他的诗文,发人所未发,能写出身处末世的那种切肤之痛。他呼唤"情完貌全"的个体生命,渴望求"和"斥"同"、人尽其才的社会共同体,弘扬实事求是、名实相符的文化价值,追求既华又质、涵古通今的文明品质。② 龚自珍之后,精通西学的魏源在林则徐《四洲志》的基础上编定《海国图志》,这是关于西方的第一部重要的中文著作③。魏源在书中提出了"师夷长技以制夷"的主张,此外,魏源还在著作中表达了对西方民主制度的向往之情,他极力赞美欧美的政治制度④,而对西方政治制度的了解和介绍正是第一次研究西方潮流的热点之一。早年留学美国的容闳,回国后曾与太平天国领袖洪仁玕等商谈富强大计。他提出的改造军队、创设银行、革新教育等一系列计划,虽然未实施,但是却为后来变法者提供了思路。思想家冯桂芬在其著作《校邠庐抗议》一书中明确指出中国在内政制度上不如西方:"人无弃才不如夷,地无遗利不如夷,君民不隔不如夷,名实必符不如夷"。在这之后,早期维新思想家王韬、薛福成、马建忠和郑观应等人则纷纷著书立说,批判封建顽固派的守旧思想,谴责洋务派对近代工商业的垄断和清政府对民族资本的压制,并且他们在一定程度上认识到西方富强的根本在于其政治制度。⑤ 可以说,维新派走上历史的舞台,不是偶然的,他们承继的是此前一代代思想家敏锐的眼光和意识。早期开眼看世界的思想家大多饱受传统的浸淫,他们所处的时代是国运变动的时代,也是东西方思想文化碰撞交织的时代。他们已经开始自觉地反省和批

---

① 葛兆光:《七世纪至十九世纪的中国的知识、思想与信仰》,《中国思想史》第二卷,复旦大学出版社2000年版,第682~683页。
② 龚郭清:《传统与现代之间——论龚自珍的文化理想》,载《天津社会科学》,2009年第4期,第138页。
③ 徐中约:《中国近代史》,世界图书出版公司2012年版,第200页。
④ 魏源:《海国图志》卷四十七《大西洋瑞士国》、卷五十《英吉利国》总计、卷五十九《外大西洋墨利加州总叙》,岳麓书社2004年版,第1316、1360、1585页。
⑤ 王文泉、刘天路:《中国近代史1840—1949》,高等教育出版社2001年版,第78~79页。

判中国固有的旧制度和旧文化,而这种反躬自省无疑为维新运动提供了思想渊源。

(二)维新派与守旧派的"新旧之争"

甲午战争之后,举国上下要求变法呼声日趋强劲,首先发声的是学贯中西的严复。1895年2月,严复发表《论世变之亟》,认为中西之间的道理本来是相同的,但西方国家行之则常通,中国行之则常病,其原因在于西方有自由而中国无自由。此后他又发表《原强》,提出"收大权、练军实",同时"开民智、奋民力、和民德"的变法方案,全面提出了他的维新思想。紧接着严复又发表了《辟韩》,通过批判唐代思想家韩愈来批评封建帝制。时年5月,天津《直报》刊载严复的长文《救亡决论》,在这篇文章中,最早喊出了救亡的口号。严复这一系列的文章,从中西文化差异和中外局势的深邃眼光呼吁变法刻不容缓,以其内涵深刻和思想犀利的巨大冲击力,震动了中国知识界,呼唤着疾风骤雨似的变法思潮的来临。[①] 自光绪十四年(1888年),康有为先后多次上书光绪皇帝。1895年4月,乙未科进士刚在北京考完会试,传来了日本逼签《马关条约》的消息,条约中割让台湾及辽东、赔款白银二亿两的内容在京师引起轩然大波,代表当时中国思想精英的举人们更是群情激愤。康有为即联合在京参加会试的举人共同发起"公车上书"。他连夜奋笔草成一封长达一万八千字的上皇帝书(《上清帝第二书》),痛陈《马关条约》的严重后果,提出"拒和、迁都、再战"的主张,请求光绪帝"独断圣衷,幡然变计",采取"下诏鼓天下之气,迁都定天下之本,练兵强天下之势,变法成天下之治"的措施。康有为指出,在这四项大计中,前三项都是"权宜应敌"的策略,第四项才是"立国自强"的根本。而这所谓的"变法",又包括"富国之法、养民之法、教民之法"和"改革官制、裁汰冗吏"等内容,直言之就是要求发展资本主义、实行君主立宪,这是维新派最初的政治纲领。虽然上书递到都察院后,都察院拒绝接受,"公车上书"未能直接实现其目标。但是从思想文化史的角度看,这是近代中国知识分子第一次群众性的爱国行动,它打破了清政府长期以来对知识分子过问朝政的压制,变法诉求自此公开化、群体化,同时它推动着维新变法思潮逐渐转变为一场爱国救亡的政治运动。康有为也逐步确立了维新变法运动领袖的地位。5月底,他将原上书稿修改,撰成《上清帝第三书》,得到光绪帝的赞许。

为了奠定改革的思想理论基础,维新派进行了大张旗鼓的理论宣传,著书立说,鼓吹变法。康有为先后写了《新学伪经考》和《孔子改制考》,并分别于1881年

---

[①] 蔡乐苏:《从甲午战争到戊戌变法》,王建朗、黄克武主编:《两岸新编中国近代史(晚清卷)》下,社会科学文献出版社2016年版,第339页。

和1898年刊行。他以这两本书为基础,开始宣传其托古改制的思想。康有为通过论证,认为孔子就是"万世教主",处于乱世,但却向往太平盛世,为了改制救世,所以才托古编纂。他把"据乱世—升平世—太平世"看成是人类历史必须遵循的序列,说明君主专制制度必将为君主立宪制度所代替这一进化规律。康有为把自己的理想加在孔子身上,企图通过孔子的权威来减轻非圣无法的压力,进行维新变法,为资产阶级争取一定的利益,使危机中的中华民族通过改良走向富强。尽管他这些托古改制的思想有些牵强附会,但是在当时犹如一场大地震,严重冲击了封建专制的传统思想,起到了解放思想的作用。梁启超写了《变法通议》,主要内容是论证中国社会变则存、不变则亡的主张,从理论上阐述了维新变法的必要性及其保种、保国、保教的作用。谭嗣同完成了《仁学》①,在《仁学》中,谭嗣同阐述了他的平等、民权思想,指出"君也者,为民办事者也。臣也者,助民办事者也"。严复翻译了赫胥黎的《天演论》,比较全面地介绍了西方进化论学说,提出优胜劣汰、弱肉强食的观点,以此来唤醒国人,通过变法实现救亡图存。维新派的思想家们吸收了中国古代和西方民主思想的精华,强调"主权在民",民不但可以选君立君,也拥有废君的权利,直接击中了封建专制王权的要害。

"公车上书"后,维新变法思潮已发展为爱国救亡的政治活动,维新人士乘此东风,大办学会、报刊,广设学堂。康有为创办《中外纪闻》,组织"强学会"。康梁等人利用报刊和学会发表演说,宣传变法图强②。学会虽然内部成分复杂但却是中国维新势力仿照欧美政党形式建立起来的全国第一个公开合法的政治性团体,是维新派有组织地在社会上公开从事政治活动的开端。③ 此后,康有为又离京南下,创立上海强学会,并创办学会的机关刊物《强学报》。维新人士汪康年和梁启超先后到沪合创《时务报》。任《时务报》主笔的梁启超,因其文章见解新颖、语言生动、警句迭出而深受欢迎。《时务报》的风行,于沉闷的局势中辟出了一条新知识、新思想流动的通道,在启发民智、鼓动人心、宣传变法、引导舆论等方面居功至伟。④ 谭嗣同等人则在湖南成立"南学会"、创办时务学堂和《湘学新报》。省府长沙成为全省维新运动的中心。应该看到,省一级的维新运动是地方督抚权力和地

---

① 作为百日维新中被清廷处死的"六君子"之一的谭嗣同,是戊戌变法运动时期除康有为之外思想足以自立而影响最大者,谭嗣同的思想集中体现在《仁学》一书中,作者自叙作此书的目的是要"冲决网罗",打破一切传统的思想及束缚,这正是思想的革命,梁启超曾称谭嗣同为"晚清思想界的彗星"。
② 茅海建:《〈我史〉鉴注》,三联书店2009年版,第129~133页。
③ 龚郭清:《戊戌变法运动透视》,安徽大学出版社2015年版,第120页。
④ 蔡乐苏:《从甲午战争到戊戌变法》,王建朗、黄克武主编:《两岸新编中国近代史(晚清卷)》下,社会科学文献出版社2016年版,第345页。

方绅士势力增加的结果。当1895年维新运动在湖南开始时①,它是地方政府和域内名流的共同事业,而湖南维新运动中最重要的是一系列文化教育的革新。创立于1897年的时务学堂,便是由湖南省署和绅士共同发起,它有着摆脱传统书院的倾向,它的课程安排上西学占据突出地位,而出任时务学堂总教习的梁启超和分教习的唐才常、谭嗣同等,在日常授课中也广泛介绍西学,宣传变法理论,批判传统的旧学和专制制度。谭嗣同、唐才常等人创办的"南学会",从一开始就主要是维新人士中的激进派在某些省级官员的支持下所创立,它在促进省内改革方面所起的作用比时务学堂更为重要。然而,由于运动后期激进化的表现,湖南维新运动在京师变法高潮到来前便偃旗息鼓了。究其原因,大多数士大夫还具有自强运动提倡者所持有的变革概念的另一面,即认为变革应在中国传统的主要价值和制度永远不变而且神圣不可侵犯的基础上进行。② 总之,维新运动在湖南一省的失败似乎是戊戌变法结局的预兆。

  维新运动的迅猛发展,变法呼声的日渐强烈,引起了保守势力的不满、反对和仇视。封建守旧派和反对改变封建政治制度的洋务派,利用自己的地位和权力,对维新思想发起攻击,他们指责康有为等人是"名教罪人""士林败类",攻击维新派的主张是"异端邪说"。于是,维新派与守旧派之间展开了一场激烈争论,主要围绕以下三个问题展开:第一,要不要变法。守旧派坚持"祖宗之法不可变",他们认为先古圣王流传下来的治国之道是完美的,如果改变"成法",将祸乱国家,有一些顽固守旧的大臣甚至叫嚷"宁可亡国,不可变法"。维新派则根据西方进化论的观点,认为自然界和人类社会都是不断发展变化的。他们提出"变者天下之公理也","能变则全,不变则亡,全变则强,小变仍亡"。维新派还把维新变法和救亡图存联系起来,认为只有变法,才能挽救危亡。第二,要不要兴民权、设议院,实行君主立宪。守旧派认为君主专制制度尽善尽美,诅咒提倡平等、民权是禽兽之行,诬蔑民权之说"无一益而有百害",如果人人得申其权,那就会天下大乱。维新派则运用西方资产阶级政治学说,对封建专制制度作了批判,指出君主专制制度及其精神武器纲常伦理是中国贫穷落后的根源。认为只有君主立宪制度才是当时中国理想的政治制度。他们批判"君权神授",认为只有师法日本和欧美各国,兴民

---

① 关于湖南维新运动及这一时期的新旧之争,罗志田《近代湖南区域文化与戊戌新旧之争》有详细论述,载《近代史研究》,1998年第5期,第51~81页。
② 费正清、刘广京:《剑桥中国晚清史1800-1911》下卷,中国社会科学出版社1985年版,第296~313页;蔡乐苏:《从甲午战争到戊戌变法》,王建朗、黄克武:《两岸新编中国近代史(晚清卷)》下,社会科学文献出版社2016年版,第344~348页;王文泉、刘天路:《中国近代史1840—1949》,高等教育出版社2001年版,第116~118页。

权、设议院,实行君主立宪,才能使中国走向独立富强。第三,要不要废八股、改科举和兴西学。守旧派反对西学,坚持尊孔读经、八股取士,他们认为开办学校"名为培才,实则丧才"。洋务派虽认为西方的军事和技术可以学习,但坚持封建的政治制度、科举八股,尤其三纲五常绝对不能触动。维新派则痛斥八股取士的科举制度是统治者"牢笼天下"的愚民政策,因此要救中国必须废八股、改科举,办学堂、兴西学。严复指出:"欲开民智非讲西学不可"。针对洋务派的"中体西用"口号,维新派驳斥道:"未闻以牛为体,以马为用者"。因为体用是不可分的,把中学之"体"和西学之"用"凑在一起,就如同要让"牛体"产生"马用"一样荒谬。传统的教育和考试制度禁锢智慧,是导致中国贫弱的一大根源,废除科举考试,兴办新式学校,是救亡图存的关键。

维新派与守旧派之间的争论,实质上是资产阶级思想与封建主义思想在中国的第一次正面交锋,也是中国近代史上第一次"新旧之争"。通过这场论战,西方资产阶级社会政治学说在中国得到进一步的传播,中国传统的以儒家思想为核心的价值体系受到冲击。洋务派后期代表张之洞于1898年春出版了他的《劝学篇》,全书以"中学为体、西学为用"[①]为宗旨,反对维新派宣传的民权、自由、平等等西方资产阶级政治观念,反对变革封建君主专制制度,但主张学习西方的生产和军事技术,学习西方的经济、教育和法律,这是一种以维护清朝统治为根本目的的调和主义态度。此书的刊行给维新变法的反对运动以有力的思想支持。张之洞《劝学篇》的出版在某种意义上标志着中国思想斗争新阶段的开始,维新时代的思想辩论在深度和广度上标志着与过去断绝关系,并预示了下个世纪伊始席卷中国的思想冲突。[②] 1898年春,中国再次面临一系列危机。1897年冬德国借口曹州教案强占胶州湾,俄国紧接着派遣炮舰进入旅顺港,从而引发了1898年初列强争夺租借地的狂潮。这一轮掠夺领土的行为使中国再次面临被瓜分的危险。在维新派的推动和策划下,富有爱国心、想要有所作为但又无实权的光绪皇帝也希望通过变法维新来救亡图存,并借变法之机从以慈禧太后为首的后党手中夺取统治大权。1898年6月11日,光绪帝颁布了"明定国是"谕旨,宣布开始变法,并在此后的103天中,接连发布了一系列推行新政的政令,史称"戊戌变法",又称"百日

---

① 关于"中学为体,西学为用",北京大学罗志田教授认为中国士人提出"中学为体,西学为用",是将重心放在后者之上,是基于中学可以为体而文化体系可分的信念,但由于未能认识文化竞争的严重性,中国思想界顺着"西学为用"的路径走入了西方的思想方式。罗志田:《变动时代的文化履迹》,复旦大学出版社2010年版,第9~23页。
② 费正清、刘广京:《剑桥中国晚清史1800—1911》下卷,中国社会科学出版社1985年版,第296~313页。

维新"。其内容归纳起来如下:

政治方面:改革行政机构,裁撤闲散、重叠机构;裁汰冗员,澄清吏治,提倡廉政;提倡向皇帝上书言事等。经济方面:保护、奖励农工商业和交通采矿业,中央设立农工商总局与铁路矿务总局,各省设立商务局;提倡开办实业,奖励发明创造;广办邮政和修筑铁路等。军事方面:裁减旧式绿营兵,改练新式陆军;采用西洋兵制,练洋操,习洋枪等。文化教育方面:创设京师大学堂,各省书院改为高等学堂,在各地设立中、小学堂;提倡西学,废八股,改试策论,开经济特科;设立译书局,翻译外国书籍,奖励新著作,奖励办报刊,准许自由组织学会等。在光绪皇帝发布的新政诏令中,经济和军事领域的诏令体现了自强运动的深化,文化教育方面则大大超过了自强运动的成就。但光绪帝并没有采纳维新派多次提出的开国会等政治主张。这些政令和措施并未触及封建制度的根本,所要推行的是一种十分温和的不彻底的改革方案。但是仍然遭到了封建守旧势力的激烈反对。聚集在慈禧太后周围的守旧势力试图对维新派进行反击和镇压。经过密谋策划,守旧势力于1898年9月21日发动政变,软禁光绪,并捕杀维新人士。康梁逃往国外,谭嗣同等六人被杀,其他维新人士和同情变法的官员,或被囚禁,或被革职。变法期间推行的各项措施,全被废除,只有京师大学堂得到保留,戊戌维新变法运动宣告失败[①]。

康有为和梁启超是公认的戊戌变法的领袖。康有为是戊戌变法的发起人,也是变法理论的奠基者。梁启超是康有为的学生,是宣传变法最得力者。尽管梁启超后来与康有为在政见和学术上产生了分歧,但在戊戌变法前后,二人的思想是一致的。康有为的变法思想,可以概括为"师事日俄,托古改制"八个字。他主张以日本、俄国为师,进行变法。他为变法寻求理论资源而著的《新学伪经考》和《孔子改制考》虽经不起严格的学术推敲,但却为变法扫清了道路,推动学界对传统信仰进行重新评价。同时,康有为始终不愿成为传统的叛逆者,他以公羊三世说作为自己的思想武器,维护今文经学的正统地位。今文经学"微言大义"的研究方式,也使康有为能够充分利用他对经典的阐释来倡导变法。除严复外,康、梁、谭从小接受的全是封建儒学教育,他们没有出过国门,未亲眼看见过西方资本主义国家的社会制度,又不懂外文,不能直接阅读西方的理论著作,只能浏览一些西洋传教士或江南制造局等翻译的若干自然科学和技术方面的通俗书籍,加上在香港、上海等地所见的市政管理。由于知识面有限,只好附会原有的孔孟旧学,牵强阐释。康有为的社会理想,反映在他的《大同书》中。从康有为对"大同之制"的

---

[①] 王文泉、刘天路:《中国近代史 1840—1949》,高等教育出版社 2001 年版,第 120~125 页。

描写来看,其理想是西方乌托邦理想和中国大同理想的结合。但戊戌变法失败后,康有为流亡海外,政治上失意,思想日益保守以致顽固。即使在民国已经建立,帝制一去不复返的情况下,康有为依然提倡尊孔读经、定孔教为国教,甚至积极参与保皇复辟,这距离他的弟子梁启超境界便差得远了。①

梁启超的维新观点和变法思想主要体现在他的《变法通议》一书中。所谓"法者天下之公器也,变者天下之公理也""变而变者,变之权操诸己,可以保国,可以保种,可以保教"。梁启超的变法主张和老师康有为相同,都主张效法日本。同时,他认为变法不应仅限于练兵、开矿、通商等,变法的本原在人才、教育和制度。因此他主张兴学会、办报馆等。梁启超的眼光和视野极其开阔,他已经在试图触及此前洋务运动不敢触及的政治体制弊端,极力倡导民权,对公私之义用西方民权理论进行界定,同时提出"兴民权必须开民智"的主张。这些都奠定了梁启超后来的新民学说。戊戌变法后,他出走日本,同康有为的思想逐渐分道扬镳。他的政治主张再三变化,从"保皇"到"新民",从支持袁世凯到反对帝制,从同情革命到否定革命。但是,梁启超主张宪政、倡导改良,大力推进中国思想文化及社会向近代的转型,则是始终不变的。而他后期的文化思想,则试图建立一个中西合璧的融合模式。梁启超认为,应当在建立对本土文化敬仰和诚意的基础上,采用西方科学方法研究本土文化的真相,从而实现中西的结合,最后把这种全新的文化推向世界。②

严复虽未直接卷入戊戌变法的政治活动,但是他对变法的思想有着不可磨灭的贡献。他是维新时代西学造诣最深的人。正是严复的一些译作,才使得维新运动有了学术上的根基。甲午之战后,严复开始撰文对中国传统文化进行批判,直陈中西文化的差距,呼吁变法,在思想界引起了震动。严复分中国旧学为三:"宋学义理""汉学考据"和"辞章"。他认为这三者都是"无实""无用"的。他还对八股取士进行了无情的挞伐。严复对中西文化差异多有揭示,对于张之洞等所倡导的"中体西用"观进行了批判。严复在维新运动中的最大贡献是《天演论》一书的发表。严复翻译英国赫胥黎的《进化论与伦理学》一书,中文书名译作《天演论》,比较全面地介绍了西方进化论学说。他利用达尔文的进化论,从理论上推翻了中国传统中根深蒂固的循环论,"物竞天择,适者生存"的"公理"为越来越多的中国人所接受。他大声疾呼,中华民族必须紧急行动起来,变法维新,救亡图存。否则,"弱肉"必将被"强食"。并指出正是这个封建专制统治制度,造成了亡国灭种

---

① 张岂之:《中国思想文化史》,高等教育出版社2006年版,第476~478页。
② 同上,第479~486页。

灾难的危机。严复翻译的《天演论》一出版，便在当时的思想文化界掀起巨大波澜，而进化论取代传统的天道观和甲午之前的体用论，是中国近代思想史上一次全面的和深层的观念更新。① 在马克思主义传入中国之前，对近代中国思想界影响最大的要数进化论思想。严复无疑是近代伟大的启蒙思想家，毛泽东曾评价说："自从1840年鸦片战争失败那时起，先进的中国人，经过千辛万苦，向西方国家寻找真理，洪秀全、康有为、严复和孙中山，代表了在中国共产党出世以前向西方寻找真理的一派人物。"②戊戌政变后，严复未受直接冲击。此后，他致力于翻译事业。与同时代的人相比，严复对西方政治思想和文化的了解相当深刻，但他一直用体用关系来解释西方思想，一步步走向了文化保守主义，倡导国故，尽管这种文化保守主义依然立足于先进的科学方法论。不管怎样，总而言之，那个时代治西学无能出严复其右者。③

谭嗣同是戊戌变法中最具有殉道精神的思想家。谭嗣同一直被誉为维新派中的左翼或急进分子。梁启超说："其思想为吾人所不能达，其言论为吾人所不敢言"。他的代表作《仁学》，以"冲决网罗"的姿态表达了自己追求变法救亡的信念和决心。谭嗣同的变法态度在当时是最坚决的。他认为变法是医治中国的良方，必须"全变""大变"，打破一切封建传统的束缚。但是具体到如何变法，怎样变法，谭嗣同并没有解决。激烈的变法呼吁和空泛的实际措施之间的矛盾，也反映了谭嗣同等面临的时代局限和自身局限。而对于西学，谭嗣同所涉不深，仅有初步了解。他试图以西方的自然科学知识作为变法的依据，但却不能形成一种严密完整的理论支撑。所以，谭嗣同又提出"心力"这一概念。强调信念和意志，并且还向佛法中寻求解答。这种科学与"心力"的矛盾，反映了中国在近代转型中的中西思想文化冲突。最后是对"仁"的解释，谭嗣同在中国传统文化基本概念的基础上，赋予了"仁"最新的内涵——反映了对自由与平等的追求。正是《仁学》以及谭嗣同身上的这些矛盾，反映了19世纪末20世纪初的时代变迁，谭嗣同的《仁学》，是中国近代思想文化转型的一面镜子。④ 谭嗣同的献身精神及其代表作《仁学》，很快成为革命党人鼓吹革命的思想资源。

（三）戊戌运动的思想文化意义

戊戌维新运动推动了中华民族的觉醒。1894年的甲午战争固然是中国近代

---

① 马克锋：《中国近代文化思与辨》，人民日报出版社2014年版，第185页。
② 毛泽东：《论人民民主专政》，《毛泽东选集》第四卷，人民出版社1991年版，第1469页。
③ 张岂之：《中国思想文化史》，高等教育出版社2006年版，第486~494页。
④ 同上，第494~497页。

史上一个巨大的事件。一方面,它标志着中国遭受更严重的侵略和奴役的开端;另一方面,随着战后国际国内政治局势的紧张和经济状况的急剧变化,中国人民为救亡图存而掀起的改革和革命也在快速酝酿之中。① 如果说,从1840年鸦片战争以来,中国一直努力的目标是"自强"的话,那么,这场战争则迫使中国人不得不放弃"自强"的梦幻去面对亡国的险境,从而走上救国的道路。② 诚如梁启超所言:"唤起吾国四千年之大梦,实自甲午一役始也。"洋务派惨淡经营了33年的事业,随着北洋舰队的全军覆没而付诸东流,尽管历史学家将19世纪当作王朝衰落与应变失败的时期,但在甲午战争之前,对自身传统充满自信的中国精英却并未感到须对既有文化做根本重估③,早期改良思想的分散表达亦如暗夜中的孤灯。甲午战争后,面对前所未有的危机,要求学习西方、变更旧制的呼声日趋强烈,变法形成思潮和群体集合型诉求,致有后来的强学会、时务学堂和以《时务报》为代表的全国性舆论,湖南的维新运动则为变法开拓先驱,最终促成统治集团内部以光绪帝为中心比较明确和强势的变法意向。百日维新既是甲午以后的时局逼出来的,也是在漫长的心理、思想积累之上发生的。④

戊戌维新运动尽管失败了,但是维新派在民族危亡的关键时刻,高举爱国主义旗帜,要求通过变法,发展资本主义,实现救亡图存,使中国走上富强的道路。因此维新运动首先是一场爱国救亡运动,同时它又是一场资产阶级性质的政治改良运动。维新派突破洋务派"中体西用"思想的局限,由旧趋新,主张用资本主义性质的君主立宪制取代封建主义的君主专制旧制度,以资产阶级的民权、民主政治来代替封建专制统治,为发展民族资本主义开辟了道路。在文化史的意义上,戊戌变法更是一场启蒙运动,它是中国历史上第一次具有近代意义的思想启蒙运动,也是中国历史上第一次具有近代意义的文化转型、移风易俗运动。在维新运动期间,维新派着力传播西方资产阶级社会政治学说和自然科学知识,宣传天赋人权、自由平等和社会进化观念,批判封建君主专制和封建纲常伦理,这些都猛烈地冲击了腐朽的封建旧文化,有利于民主思想在中国的传播,形成一股思想解放的潮流。由于西书的翻译,新学堂的创办以及报刊的普及,新思想广泛传播,君权

---

① 蔡乐苏:《从甲午战争到戊戌变法》,王建朗、黄克武主编:《两岸新编中国近代史(晚清卷)》下,社会科学文献出版社2016年版,第326~327页。
② 王人博:《中国的近代性1840—1919》,广西师范大学出版社2015年版,第28页。
③ 沙培德:《战争与革命交织的近代中国1895—1949》,中国人民大学出版社2016年版,第2页。
④ 蔡乐苏:《从甲午战争到戊戌变法》,王建朗、黄克武:《两岸新编中国近代史(晚清卷)》下,社会科学文献出版社2016年版,第334页。

神授、皇权至上的观念被打破。同时,先觉知识分子反省传统文化之弊,孔子与儒学独尊的地位也发生了一定动摇,平民主义伴随着救国、强国的呼唤而兴起,社会风俗也因之一变。① 维新运动在反对旧学、提倡新学,批判"中学"、鼓吹"西学"的同时,以新的思想内容、新的形式风格,在许多思想和文化领域都开创了新的局面。"诗界革命""文体革命""小说界革命""戏剧改良"等相继而起,形成了广泛的文艺革新运动。尽管维新运动没有能达到它的政治目标,但它所引起的思想变化却对中国的社会和文化有着长期的和全国规模的影响。维新时代产生了新的社会类型的人,他们和新颖的思想风气、新的变革的组织工具以及正在成长的社会舆论一起,构成了维新时代的主要遗产。② 以此为起点,资产阶级文化打破了封建文化独占文化阵地的局面,并逐渐发展成为文化主流,以儒学为中心的文化结构开始发生新的根本性变化。

康有为、梁启超、谭嗣同、严复等的政论和文章吸引了大批的知识分子。仅仅几年之后,中国涌现了一批年轻的资产阶级革命家,如黄兴、宋教仁、邹容、陈天华等。戊戌变法是近代史上中华民族觉醒的一块里程碑。从这个意义上讲,正如胡绳所说,维新运动"成为中国资产阶级领导的民主革命的前奏"。③

### 二、辛亥革命的思想解放及文化转型

(一)清末新政的破产与资产阶级民主革命的兴起

鸦片战争后大批传教士纷纷进入中国,教会势力迅速发展。各国在华传教士相继在沿海、沿江与内地建立教堂,招收信徒,与中国的传统礼教和风俗习惯发生了激烈的冲突。甲午战争以后,各地群众自发地把反教会斗争与反对列强瓜分逐步结合起来,斗争发展到新阶段。19世纪末,起于山东的义和团运动,因山东当局的镇压,于1900年之后向河北地区发展,势力很快遍及京津地区。清廷决定利用义和团以对抗西方列强,从而招致八国联军侵华。义和团在本质上代表的是华北民间的大众文化。这场反对教会势力、反对外国侵略的斗争,在一定程度上反映了基督教在传入中国过程中与中国传统文化习俗之间的冲突。八国联军的侵华战争带来的直接后果是中国近代历史上最严重屈辱的不平等条约《辛丑条约》。至此,清王朝的统治基础彻底动摇,它的崩溃只是时间长短的问题。无论最高统

---

① 耿云志:《清末思想文化变迁的几个大趋势》,《近代思想文化论集》,中国社会科学出版社2013年版,第10~48页。
② 费正清、刘广京:《剑桥中国晚清史 1800—1911》下卷,中国社会科学出版社1985年版,第322页。
③ 胡绳:《从鸦片战争到五四运动》下册,人民出版社1981年版,第502页。

治者是否彻底清醒,中国社会各阶层的危机意识和变革意识遭受了前所未有的巨大刺激,成为推动清末新政改革和资产阶级革命的动力。

八国联军侵华及《辛丑条约》的签订,迫使清政府开始推行新政。其改革举措远比戊戌"百日维新"范围广泛而更有力度。1900年7月以后,清廷数次发布谕旨,开始在各方面切实进行整顿。谕旨要求各级官员参酌中西政要,对朝章国故、吏治民生、教育考试、军制财政等各方面如何改革发表意见和建议。次年刘坤一、张之洞等向朝廷上奏《江楚会奏变法三折》,以"育才兴学""整顿中法""吸收西法"为中心,提出了一整套系统的、切实可行的改革方案。它实际上规划了清末新政的基本框架。三折中涉及的变法内容,虽排除了民权和立宪,但基本包含了戊戌时期的各项变法措施,对新政的启动和实施起了重要的作用。新政涉及政治、经济、军事、文教等各个领域。在政治制度层面,从"改官制"扩展到"预备立宪";在经济制度层面,从奖励农工商业,扩展到试图确立以个人为本位的财产权制度;在军事制度层面,从编练新式陆军,扩展到确立近代军制;在文教制度层面,从设立学堂,改革科举,扩展到废除科举,建立近代学制。而建立近代法律体系和司法制度的努力,则更是戊戌时期所未有的改革内容。其中,文化教育领域的改革措施尤其值得注意,沿袭一千多年的科举制度被废除,对中国教育制度的影响是深远的,不啻一场革命。新政的启动,无疑促进了中国资本主义的发展,也推动着改革思想和改革实践的进一步深入。但是,迟到的新政不可能有起死回生的效力,沉沦了几十年的清政府已经是行将就木,而它也没有抓住最后一根救命的稻草——预备立宪——最终被证明是一场骗局。清政府借宪政改革抵制革命、维护清贵族统治权力的真面目再也掩藏不住,立宪派和地方督抚也对清政府的改革失去希望,开始同情革命,清政府陷入极其孤立的困境。[①] 新政推行的结果,并未舒缓清廷内政外交所面临的困境,反而加剧了国内的社会危机,清末革命形势一点即燃的重要动因之一恰恰是清政府急行新政。

中国的资产阶级民主革命,从严格的意义上说,是从孙中山开始的。孙中山少年时代便远赴檀香山,接受西方教育。早年的孙中山,即有反清、革命的思想,但他最初仍然寄希望于清政府实行自上而下的改革。1894年,孙中山北上京津向李鸿章上书,提出"人能尽其才,地能尽其利,物能尽其用,货能畅其流"的主张,也曾寄希望于进行自上而下的改革,并把发展工业、教育等当作"治国之大经""富强

---

[①] 马勇:《义和团运动与二十世纪中国》,王建朗、黄克武:《两岸新编中国近代史(晚清卷)》下,社会科学文献出版社2016年版,第383~417页;王文泉、刘天路:《中国近代史1840—1949》,高等教育出版社2001年版,第143~163页。

之根本"。但是，李鸿章并没有重视他的意见。孙中山在北上京津的过程中，发现清朝的腐败比他原先了解的要严重得多。这时，他确信"和平方法，无可复施"，决心以革命的方式推翻清王朝的统治。1894年11月，孙中山在檀香山组建了中国近代史上第一个革命团体兴中会，并首次提出"振兴中华"的口号，立誓"驱除鞑虏、恢复中国，创立合众政府"。兴中会成立后，立即着手武装斗争。1895年发动了广州起义，起义失败后孙中山流亡海外，他遍访欧美，接触了当时流行的各种资产阶级政治学说，还受到欧美工人运动的影响，其民主主义革命思想有了进一步的发展。

1897年，孙中山抵达日本，在东京等地宣传革命、结交同志。戊戌变法失败后，康有为、梁启超先后逃到日本，孙中山曾多次找康、梁商谈反清问题。康有为自始至终是反对革命的。为了抵制革命，他于1902年撰写《答南北美洲诸华商论中国只可行立宪不可行革命书》，宣传保皇主义，散布了一系列反对革命的观点。1903年，章炳麟发表了《驳康有为论革命书》，反对康有为的保皇观点，歌颂革命为"启迪心智，除旧布新"的良药，强调中国人民完全有能力建立民主共和制度。年轻的革命者邹容写了《革命军》一书，以"革命军中马前卒"的名义，热情讴歌革命。陈天华写了《警世钟》《猛回头》两本小册子，痛陈帝国主义侵略给中国带来的灾难，揭露清政府已经成为"洋人的朝廷"。在资产阶级革命思想传播的过程中，资产阶级革命团体也在各地次第成立。从1904年开始，出现了十多个革命团体，其中重要的有华兴会、科学补习所、光复会、岳王会等。这些革命团体的成立为革命思想的传播及革命运动的发展提供了不可缺少的组织力量。

1905年8月20日，孙中山和黄兴、宋教仁等人在日本东京成立中国同盟会。同盟会以《民报》作为机关报，其政治纲领是"驱除鞑虏，恢复中华，创立民国，平均地权"。1905年11月，在同盟会机关报《民报》发刊词中，孙中山将同盟会的纲领概括为三大主义，即民族主义、民权主义、民生主义，后被称为"三民主义"。孙中山的"三民主义"学说，初步描画出中国还不曾有过的资产阶级共和国的方案，是一个比较完整而明确的资产阶级民主革命的纲领。同盟会的成立具有里程碑式的意义，它是近代中国第一个领导资产阶级革命的全国性政党，它的成立标志着中国资产阶级民主革命进入了一个新的阶段。在资产阶级的革命思潮广为传播、革命形势日益成熟的时候，康有为、梁启超等人坚持走改良的道路，反对用革命手段推翻清朝统治。1905年至1907年间，围绕着中国究竟是采用革命手段还是改良方式这个问题，革命派与改良派分别以《民报》《新民丛报》为主要舆论阵地，展开了一场大论战。论战所涉甚广，归纳起来，主要是围绕"三民主义"进行的：第一，要不要以革命手段推翻清王朝。改良派认为，革命会引起下层社会暴乱，招致外国干涉、瓜分,使中国"流血成河""亡国灭种",所以爱国就不能革命,只能改良、立宪。革命派指出,清政府是帝国主义的"鹰犬",因此爱国必须革命。只有通过革命,才能"免瓜分之祸",获得民族独立和社会进步。第二,要不要推翻帝制,实行共和。改良派认为,中国"国民恶劣""智力低下",没有实行民主共和政治的能力,如果实行,非亡国不可。因此,只能实行君主立宪,才是中国政治的现实出路。革命派指出,不是"国民恶劣",而是"政府恶劣"。民主共和是大势所趋,人心所向。不能以国民素质低劣为借口,搞君主立宪或开明专制。只有"兴民权改民主",才是中国唯一的出路。中国国民自有颠覆专制制度、建立民主共和的能力。第三,要不要进行社会革命。改良派反对土地国有,反对平均地权。他们认为中国社会经济组织优良,土地问题不是中国最严重的问题,不存在社会革命的可能。土地革命只会导致中国的大动乱。革命派则强调,当时的中国存在着严重的"地主强权""地权失平"的现象。必须通过平均地权以实现土地国有,在进行政治革命的同时实现社会革命,才能避免贫富不均等社会问题的出现。

资产阶级革命派和改良派之间的论战,是继维新派和守旧派的论战之后中国近代史上又一次重要的新旧之争,此前代表"新"的改良派在激进的革命派面前也成了保守畏葸的"旧"。这场论战划清了革命与改良的界限,传播了民主革命的思想,促进了革命形势的发展。论争的实质是资产阶级不同派别准备用怎样的手段、建立一种什么样的资本主义制度,虽然时人大多并不真正懂得民主共和的内容,但通过这次论战,极大地推进了民主革命思想的传播。[①] 革命的政党已经组建,革命的力量已经起势,革命的烽火很快遍燃。1906—1911年短短五年间,孙中山领导的同盟会先后多次发动了武装起义。其中影响最大的是1911年4月的广州起义,极大地震撼了清王朝的统治。四川保路运动直接导致了武昌起义的爆发。1911年10月10日晚,驻武昌的新军工程第八营的革命党人打响了起义的第一枪。起义军一夜之间就占领武昌,取得首义的胜利。革命军在三天之内就光复了武汉三镇,成立了湖北军政府。武昌首义掀起了辛亥革命的高潮,打开了清王朝统治的缺口。在一个月之内,就有13个省以及上海和许多州县宣布起义,脱离清政府的统治。清政府迅速土崩瓦解。1912年2月12日,清帝退位。在中国延续了两千多年的封建帝制终于覆灭。1911年年底,孙中山由海外回到上海,"独立"的各省代表在南京选举孙中山为临时大总统。1912年1月1日,孙中山在南京宣誓就职,改国号为"中华民国",定1912年为民国元年,并成立中华民国临时政府,中国历史上第一个资产阶级共和国就这样诞生了。《中华民国临时约法》第

---

[①] 李侃等:《中国近代史1840—1919》,中华书局1977年版,第336页。

一次在中国宣布"中华民国之主权,属于国民全体"。"主权在民"取代了"君权神授",在中国的现代化进程中具有划时代的意义。

辛亥革命取得了巨大的成功。但是国家尚未统一,北方的清廷还有相当的势力,正在和革命军拉锯,做着殊死的挣扎。北洋军阀首领袁世凯在帝国主义和国内反动势力以及服从革命的旧官僚、立宪派的共同支持下,向南京临时政府施压。在内外反动势力的压力下,孙中山不得不表示只要清帝退位、袁世凯宣布拥护共和,就可以把临时大总统的职位让给他。2月15日,临时参议院选举袁世凯为临时大总统;4月1日,孙中山正式辞去临时大总统职务。南京临时政府只存在了三个月便夭折了。

(二)辛亥革命的历史意义与文化价值

孙中山是中国近代民主革命的伟大先行者,他的思想表现出鲜明的政治色彩,他的学说和理论——民族、民权、民生三大主义,是在民主革命的实践中形成的,民族主义立足于推翻异族统治,实现民族平等,创建自立于世界民族之林的民族国家。民权主义立足于主权在民,人民拥有政权,政府拥有治权,实行立法、司法、行政、考试、监察五权分立。民生主义立足于改善民生,平均地权,节制资本。孙中山从世界历史角度考察,指出从民族主义到民权主义再到民生主义是社会历史发展的必然趋势。① 孙中山的民族主义思想,起源于他的"反满"意识,他提出的"驱除鞑虏,恢复中华",实际源自朱元璋讨元檄文中的"驱除胡虏,恢复中华"。但孙中山很快就超越了单纯的排满意识,提出"于驱除鞑虏、恢复中华之外,国体民生尚当与民变革,虽经纬万端,要其一贯之精神,则为自由、平等、博爱",到兴中会建立时,孙中山已经把"驱除鞑虏"和"创立合众政府"融为一体,将民族革命与政治革命结合起来,这标志着孙中山的革命活动已经由早期的反满斗争发展为近代民族解放运动。南京政府成立后,孙中山提出了"五族共和"的民族政策,这对于近现代中国的国家建构和国民认同,意义非凡。

孙中山的民权主义思想,与民主共和国理想紧密关联,最初的革命口号是"创立合众政府",1903年,孙中山以"创立民国"的口号代替之,孙中山曾在演讲中提及"革命成功之日,效法美国选举总统,废除专制,实行共和"②,可见孙中山以美国为模板,创立共和政体国家的理想,在《中国同盟会革命方略》中,他尤其强调共和政体的性质:"今者由平民革命以建国民政府,凡为国民皆平等以有参政权。大

---

① 张岂之:《中国思想文化史》,高等教育出版社2006年版,第502页。
② 《在檀香山正埠的演说》等三篇,《孙中山全集》第一卷,中华书局1981年版,第226~227页。

总统由国民公举。议会以国民公举之议员构成之。制定"中华民国"宪法,人人共守。敢有帝制自为者,天下共击之!"①,中国的专制传统悠久,在中国这样的国家,要实现共和,难度极大,对此孙中山提出了"军政""训政""宪政"三步走的方略。对于宪政,孙中山提出了著名的"五权宪法",即以外国的行政权、立法权、司法权,加上中国的考试权和检察权,组成体系完整、五权分立、互相监督的政府,孙中山认为这种合中西政体制度之长的政府才是世界上"最完全最良善的政府"②。孙中山的民生主义,是他的社会改革纲领。民生主义的核心是解决土地问题,即同盟会口号中的"平均地权",孙中山曾在《中国同盟会革命方略》中说道:"文明之福祉,国民平等以享之。当改良社会经济组织,核定天下地价。其现有之地价,仍属原主所有;其革命后社会改良进步之增价,则归于国家,为国民所共享。"除了"平均地权",孙中山还提出了"节制资本",由国家经营重大产业,以消除私人垄断资本的社会弊端,这是孙中山主张的民生主义的实业政策。

中国传统文化则是孙中山思想体系的一个组成部分。孙中山认为中国既不能全盘西化,更不能全盘复古,也不能中体西用。他的中西文化观,概括起来有:第一,一切从革命需要出发。孙中山认为,凡是有益于中国革命事业的好思想,不论古今中外,中国都要学习,以为我所用;第二,全盘西化不符合国情民性。孙中山认为,中国的社会生活、民族心理等和西方大异,学习西方要考虑到中西文化背景的差异,不要机械地生搬硬套;第三,对于中国传统文化,既要继承,又要批判,更要在此基础上有所创新。孙中山的文化观是比较正确的,正因如此,他对中国传统文化尤其是儒学的态度上既不是全部肯定,也不是全部否定,而是主张取其精华,去其糟粕,合理地继承、改造和批判,概而言之,孙中山对儒家思想,继承了其民族思想、和平观念和大同理想,改造了儒家的伦理道德,批判了儒家所宣扬的封建专制、皇权、宗法思想等。孙中山对于传统儒学,既不是简单因袭,也不是全盘抹杀,而是一切着眼于中国民主革命的需要,"破旧立新",表现了一个民主革命先行者的宽阔胸怀。③

辛亥革命是资产阶级领导的以反对封建君主专制制度、建立资产阶级共和国为目的的革命,是一次比较完全意义上的资产阶级民主革命。在中国近代史上,它是中国人民为救亡图存、振兴中华而奋起革命的一个划时代的里程碑,它使中国发生了历史性巨变。辛亥革命促进了中华民族的觉醒。审视1900年到1911年

---

① 《中国同盟会革命方略》,《孙中山全集》第一卷,中华书局1981年版,第297页。
② 同上,第297~298页。
③ 马克锋:《中国近代文化思与辨》,人民日报出版社2014年版,第204~211页。

这十余年间,中国思想理论界掀起一股狂风骤雨,形成了以孙中山、章太炎、严复、梁启超等为主力的庞大思想启蒙阵容,他们大力宣传西方资产阶级社会思想、哲学观点和政治学说,猛烈抨击封建专制制度,重新反省国民性及传统文化。他们上承戊戌维新思潮,下启五四新文化运动,在近代中国思想文化史上,处于举足轻重的地位。① 在辛亥革命时期,革命党人通过报纸、刊物进行了大量的革命宣传鼓动工作,为救亡图存、振兴中华而不懈奋斗。此时民主思想的传播,几乎抛弃了维新派"托古改制"的外衣,不带任何神学色彩,而是直接依据西方近代资产阶级的政治学说以及进化论的观点,在理论上论证封建君主专制存在的不合理以及建立民主共和国的必然性,具有非常鲜明的近代性质。在其传播的民主思想中最具启蒙意义的是"自由、平等,博爱"的"天赋人权"学说,号召人们争得"自由之形体,独立之精神",使近代中国人民经受一次空前广泛的民主洗礼。同时,革命党人在宣传民族民主革命的同时,对禁锢着人们头脑的以王权为中心的封建专制主义的旧制度、旧思想、旧观念、旧习俗,也进行了猛烈的冲击。颠覆旧制度,破除君主偶像。封建传统思想特别是孔学和儒家的正统地位进一步动摇。国外各种主义、思潮被介绍到中国来,人们在思想上获得了一次空前的大解放。辛亥革命为中国的进步打开了闸门,促进了中华民族的觉醒。这股思想解放的潮流,在后来的新文化运动中得以深入和延续。在近代文化发展过程中,辛亥革命时期处于一个承上启下的阶段,戊戌维新时期提出的一些问题,这时得以展开;这一时期文化的进步,又为日后文化的发展开辟了道路、创造了条件。就中国历史发展的总趋势来看,辛亥革命又是一个重要的分水岭,它一方面结束了中国的传统社会,另一方面又推动了中国文化的近代化进程。

### 三、戊戌运动、辛亥革命和中国近代的文化交锋与精神转型

就广义的文化史而言,一部近代中国史,也是传统中国与近代西方之间两种文化冲突和交融的历史,其间交织着屈辱、沉沦与奋争的多个面相。梁启超在《五十年中国进化概论》中总结近代中国人向西方学习的历程经历了器物、制度、文化三个层次的思想认识的深化过程(戊戌变法和辛亥革命无疑属于"制度"的层次)。中国近代史上有两次制度创新的尝试:戊戌变法和辛亥革命;两者之间的过渡则是清末新政。从戊戌到辛亥的现代化历程凸现出改革孕育了革命,革命深化

---

① 马克锋:《中国近代文化思与辨》,人民日报出版社2014年版,第195页。

了改革的趋向。① 可以说,戊戌变法在中国近代历史上第一次较全面地提出了革新"制度"的要求。辛亥革命则把制度层面的创新推向更高阶段。不仅结束了两千年来的君主专制政体,也结束了君主立宪政体,在中国也在亚洲第一次确立了共和政体。但是,制度移植虽多,却存在创新不足的问题。资产阶级的改良派和革命派,在民族危亡的历史关头,顺应了时代的潮流,抓住了时代的主题,高举爱国主义旗帜,喊出"救亡""振兴中华"等口号,进行了两场轰轰烈烈的政治运动,极大地推动了中国社会的现代化进程以及政治、文化的转型,唤醒了民众,促进了中华民族的觉醒。同时,因时代及认识的局限,救亡的激情压倒了启蒙的理性,这两大旨在改变中国命运实现民族复兴的政治运动,并没有最终完成民主革命的任务,中国半殖民地半封建的社会性质并没有发生根本的改变,特别是旧的封建文化占支配地位的现象并没有发生根本的扭转,中国并未迈步进入新式的现代化国家的行列,中国人民仍然生活在苦闷彷徨之中。因此才有了后来更大规模的思想解放运动,以资产阶级民主主义的新文化反对封建主义的旧文化的新文化运动。

当然,改良与革命的文化意义是不可低估的。除了西方制度文化对中国社会的深刻影响之外,由此带来的其他领域思想文化的变化也是显著的。19 世纪以孙中山为首的革命党人的革命活动与康梁领导的维新运动相比,无论是规模还是影响都相形见绌,但是到了 20 世纪初期,革命运动的发展便有一日千里之势,"革命"逐渐代替"维新"成为时代的主旋律。由改良到革命,既是时势使然,也是历史发展的必然。这一时期是近代中国历史转变的一个关键时期,在戊戌变法和辛亥革命两个政治运动交织之下,中国政治层面发生了结构性的剧变:两千余年的封建帝制土崩瓦解,资产阶级共和国建立起来,中国政治开始从传统向现代转型,同时,思想、文化、观念等都随着政治上的变动而相应地变化,这些变化又在一定程度上反映着政治变革的广度与深度。②

一是传统学术思想与学科体系的转型。传统经学权威逐渐没落,诸子学说在近代有所复兴。另外,在"西学东渐"的过程中,近代西方学科分类思想逐渐输入,促使中国传统学术向近代学术转型,中国近代的学科体系得以初步建立。二是近代新学科的初创与科技的发展。清末民初,西方近代人文社会科学和自然科学的理论与方法逐渐输入中国,与此同时,西方近代应用科技也逐渐传入中国,并且不

---

① 谢放:《制度创新与中国现代化——从戊戌变法、清末新政到辛亥革命》,载《中华文化论坛》,2002 年第 1 期,第 54 页。
② 张海鹏、李细珠:《新政、立宪与辛亥革命(1901—1912)》,中国社会科学院近代史研究所编、张海鹏:《中国近代通史》第五卷,江苏人民出版社 2013 年版,第 140、530 页。

断在各领域得到推广,从而既提高了近代中国的社会生产力发展水平,也促进了近代中国的现代化。三是文学艺术的新动向。晚清时期,在西学传入的过程中,出现了以严复和林纾为代表的翻译大家,严复翻译的近代西方哲学社会科学著作旨在启蒙,林纾等人翻译的西洋小说也蕴含着一定的经世精神,这是当时救亡图存、由旧趋新的时代背景使然。此外,诗界的革命、语言文字的革新以及戏剧的改良和话剧、电影的引进,无一不是时代的产物,而这些,也自然地成为维新志士和革命党人进行思想启蒙和革命宣传的有力武器。四是宗教思想与文化的变迁。晚清佛学复兴,由"出世"转向"入世",具有鲜明的时代特色,无论"居士佛学""寺僧佛学"还是"学人佛学",都追求积极入世,希图以佛学经世来实现救亡图存的社会政治目标。在庚子事变受到重挫的基督教,积极调整自身,同时适应外部的社会政治环境,通过办报、译书、办学等文化活动加强其传教,基督教这些文化事业的发展,客观上促进了近代西方文化在中国的传播,推动了近代中国社会的发展和思想文化的转型。五是社会心理与风习的嬗变。女子缠足、男子蓄辫的陋俗开始剪除,婚俗、社交礼仪等方面变革也较为深入。在主要的城市,人们的生活方式和生活观念也趋西和洋化,而它的严重后果之一便是民族文化自信心的陷落。[①]

总之,近代中国严重的民族危机与文化危机,迫使国人在反抗西方列强侵略的同时转而向西方学习,以救亡图存。由于危机的日趋严峻,促使向西方学习的取向渐与传统疏离,这种思想倾向在戊戌变法期间已经初现端倪,经过辛亥革命的巨大冲击,到五四时期成为激烈的反传统精神及其后的全盘西化思潮。[②] 近代中国,就是在这种内忧外患、新旧交织的环境中,不断匍匐前行。

# 第六章 "民主科学,新潮奔涌"

——新文化、五四运动时期的文化执着与精神决绝

1911年的辛亥革命是一次伟大的资产阶级民主革命。它推翻了清王朝的统治,结束了中国两千多年的封建君主专制制度,建立起中国历史上第一个资产阶级民主共和国——"中华民国"。但是,中华民国的成立并没有带给国人期待已久的和平、有序与统一。相反,"中华民国"早期的特征是道德沦丧、政治失序,整个

---

[①] 张海鹏、李细珠:《新政、立宪与辛亥革命(1901—1912)》,(《中国近代通史》第五卷),江苏人民出版社2013年版,第530~632页。

[②] 同上,第530~632页。

国家依旧处于动荡混乱的状态。当时的著名记者黄远庸写道:"清时代,国之现象,亦惫甚矣。然人心勃勃,犹有莫大之希望。立宪党曰,吾国立宪,则强盛可立致;革命党曰,吾国革命而易共和,则法美不足言。今以革命既成,立宪政体,亦既确定,而种种败象,莫不与往日所祈向者相左。于是全国之人,丧心失图,惶惶然不知所归,犹似短筏孤舟驾于绝潢断流之中,粮糒俱绝,风雨四至,惟日待大命之至。"①在这动荡的时局面前,有些人开始"别有用心"地缅怀过去。

### 一、封建思潮的弥漫

面对民初的乱世局面,一些学界人士和前清旧官僚们认为,辛亥革命后共和政体无法形成强有力的中央集权,于是"民国不如大清""今不如昔"的论调开始蔓延,政治复辟、文化复古的呼声此起彼伏。当时,袁世凯窃权后,袁氏在民国的招牌下便企图建立独裁统治。1915年夏,社会上盛传袁世凯将要变更国体,帝制自为。袁氏则声称:"许多人都说我国骤行共和制,国人程度不够,要我多负点责任。"②首为袁氏重建独裁统治摇旗呐喊的是一位美国人。1915年8月3日,总统府顾问、美国政治学者古德诺按照他的一贯观点,在北京政府主要喉舌《亚细亚日报》上发表了《共和与君主论》一文。古氏在文章中首先回顾了英国、美国、法国以及中美、南美各国的宪政历史,从而得出"盖中国如欲保存独立,不得不用立宪政治,而从其国之历史习惯、社会经济之状况与夫列强关系观之,则中国之立宪,以君主制行之为易,以共和制行之则较难也"的论断。③古德诺的文章发表后,袁世凯帝制派如获至宝,以杨度、孙毓筠为首的筹安会很快出台。1915年8月23日,杨度等人在北京发起成立了袁世凯筹备帝制过程中最为知名的机构——筹安会。在起草的《筹安会宣言》中,杨度以古德诺的文章作为立论的基础,高呼对中国而言,"君主实较民主为优",中国应听从古德诺的建议,"不能不用君主国体"。并强调说:"此义非独古博士之言也,各国明达之士,论者已多。"④

其后,杨度又在《君宪救国论》中公然倡言帝制,称中国"多数人民,不知共和为何物,亦不知所谓法律以及自由平等诸说为何义","人人皆知大乱在后",故"欲求富强,先求立宪,欲求立宪,先求君主",如此则"前清与民国之弊,皆可扫除矣。以此而行君主立宪,中国之福也"。筹安会的主张发表后,全国各地纷纷出现

---

① 黄远庸:《远生遗著》第一卷,商务印书馆1984年版,第88~89页。
② 张国淦:《洪宪遗闻》,《文史资料选辑》第一辑,中国文史出版社1960年版,第143页。
③ 〔美〕古德诺:《共和与君主论》,章伯锋、李宗一主编:《北洋军阀(1912-1928)》第二卷,武汉出版社1990年版,第947~952页。
④ 李希泌、曾业英、徐辉琪编:《护国运动资料选编》上册,中华书局1984年版,第9~10页。

遥相呼应的言论。一时间，各地大大小小的官僚纷纷驰电主张实现君主制，更甚者出现了五花八门的拥护称帝请愿团。与政治复辟遥相呼应的是思想领域尊孔复古主义的喧嚣日上。1912年9月20日，袁世凯下令"尊崇伦常"："中华民国以孝悌忠信礼义廉耻为人道之大经。政体虽更，民彝无改"，"惟愿全国人民恪守礼法，共济时艰"。① 10月《天坛宪法草案》第十九条第二项，列入"国民教育，以孔子之道为修身大法"。是年，《孔教会杂志》创刊，康有为的学生陈焕章在该杂志第一卷第一号中，撰文声称"目击时艰，忧从中来，惧大教之将亡，而中国之不保也"，要"挽救人心，维持国教，大昌孔子之教，聿昭中国之光"②。同年10月，陈焕章和沈曾植、梁鼎芬等人在上海发起成立"孔教会"，简章规定以"昌明孔教，救济社会"为目的。次年，孔教总会成立，康有为为会长，陈焕章担任主任干事，总会设在北京。接着，各地孔教分会、孔社、宗圣会、孔道会等团体纷纷出笼。1913年4月，康有为发表《以孔教为国教配天议》，提出"欲定国教，唯有尊孔而已"③。1913年6月，袁世凯总统发布《尊孔祀孔令》，称孔子为"万世师表"，要对其"以表尊崇，而垂永远""以正人心，以立民极"。④ 之后，十几个省的都督发出设孔教为国教的号召。1913年8月，陈焕章、严复、梁启超等人上书参议院，提交《请定孔教为国教》的请愿书。

在浓厚的复古思潮弥漫下，孔教国教的地位呼之欲出。1913年9月，教育部致电各省，要求把旧历9月27日孔子生日定为圣节。9月3日，经教育部批准，孔教会在国子监举行仲秋丁祭祀孔大会。1914年2月，袁世凯又通令各省，以春秋两丁为祭孔之日。汤化龙任教育总长后，令中小学全部读经，拟定孔教为国教。1914年9月25日，袁世凯发布"祭孔令"，以"道德"为中国的"立国根本"，提倡以尊孔读经而讲求传统道德，"凡国家政治，家庭伦纪，社会风俗，无一非先圣学说发皇流衍。是以国有治乱，运有隆污，惟此孔子之道，亘古常新，与天无极。"⑤9月28日，袁世凯在全副武装的侍从护卫下在早晨6点半抵达孔庙，以极隆重的形式祭奠孔子。与此同时，全国各地长官纷纷到省会文庙祭奠孔子，上演了民国以来首次官祭孔子的闹剧。此后，袁世凯更是加快了复古的步伐。1914年12月23日，袁世凯在天坛行祭天礼，其官位设置、上下称呼、处事之道等均有复旧之趋势。1915年初，教育部出台《教育要旨》《教育纲要》，明令人们效法孔孟，教员要研究

---

① 《正宗爱国报》，1912年9月20日。
② 陈焕章：《孔教会序》，载《孔教会杂志》，第一卷第1号，1912年2月。
③ 汤志钧编：《康有为政论集》下册，中华书局1981年版，第846页。
④ 《政府公报》，1913年6月23日。
⑤ 同上，1914年9月26日。

理学。1916年参、众两院重开宪法会议时,陈焕章等人联络了一百多名议员,在北京组织成立"国教维持会",并得到张勋等十三省区督军的回应。同时,各地的尊孔会社联合组建成了"全国公民尊孔联合会",继续开展国会参、众两院请愿活动,掀起第二次请立孔教为国教的运动。

在复辟运动与复古思潮的双重推动下,1915年12月11日,参政院进行国体投票的总开票,结果1993名国民代表均"恭戴今大总统袁公世凯为中华帝国皇帝,并以国家最上完全主权奉之于皇帝,承天建极,传之万世"。随后,参政院当即草出推戴书上呈袁世凯。袁世凯在推迟一番之后,于12月12日接受拥戴,宣布更改国体。12月31日,袁世凯下令立新朝年号为"洪宪",决定自1916年1月1日起,将民国纪年改为洪宪元年。但袁世凯复辟之举遭到蔡锷等西南军政界,以及段祺瑞、冯国璋等北洋系内部将领的反对,83天后,不得不宣布放弃君主制。在一片讨伐声中,袁世凯于1916年6月6日病逝,副总统黎元洪继任总统,段祺瑞出任内阁总理。继之而来的是以黎元洪为代表的总统府和以段祺瑞为代表的国务院互为对立的府院之争,两者争斗的结果是"辫帅"张勋进京调停,却乘机拥戴溥仪复位,上演了民国成立后的第二次复辟运动。在封建思潮弥漫之下,封建时代表彰节烈的恶风陋习亦沉渣泛起,各地报刊不断有节妇烈女的事迹报道,而当地官员们也纷纷为她们送匾立碑。更让人愤怒的是,北京军阀政府竟然以法律的形式颁布了《褒扬条例》,规定寡妇不应该再嫁,鼓励妇女以自杀的方式殉夫(包括未婚夫)。在这种风气下,妇女们纷纷走上守贞节的道路。1918年,一位妇女在丈夫死后试用了9种不同方式自杀,在受了48天的罪后,最终身亡。但她的牌位却被供奉在祠堂里让人膜拜,她本人也被许多妇女视为道德楷模。与此同时,在传统"男女授受不亲""男女七岁不同席"等礼教的规范下,男女社交走向公开的趋势仍为社会所不容。在各地仍会经常看到如今令人感到匪夷所思的禁令和规定。比如,在女校禁止学生结伴游行,禁止男女学生交际。更甚者,长沙周南女校要求男教师上课时不能直接面向女学生,必须在讲台上挂一块帕帘,将师生分开,使学生只闻其声,不见其人,实行"垂帘"讲课。

## 二、反孔新文化运动的狂飙

共和国刚刚诞生,短短几年内就发生两次帝制复辟闹剧,人们的行为观念仍未脱封建之窠臼,现实社会的混乱促使着一批先驱者的觉悟。与以孙中山为代表的革命派不同,这批先驱者认为,当时最急迫、最重要的并不是讨伐袁氏夺取政权,而是促进国民自觉,以为建设民主政治奠定基础。例如,在鲁迅看来,民国建立后的封建复辟逆流甚嚣尘上,"也不是新添的坏,乃是涂饰的新漆剥落已尽,于是旧相又显了出来。使奴才主持家政,那里会有好样子。"①为何奴才根性的国民性如此根深蒂固? 如何改变这种奴才根性的国民性? 这成为鲁迅始终关注的根本问题。通过反思,这些先驱者们认为,辛亥革命之所以失败,原因在于革命仅停留在社会政治界的表面,而未触及伦理道德及人的精神界。高一涵说:"中国革命是以种族思想争来的,不是以共和思想争来的;所以皇帝虽退位,而人人脑中的皇帝尚未退位。""共和政治,不是推翻皇帝,便算了事。国体改革,一切学术思想亦必同时改革;单换一块共和国招牌,而店中所卖的,还是那些皇帝'御用'的旧货,绝不得谓为革命成功……所以入民国以来,总统行为,几无一处不摹仿皇帝……皇帝身兼'天地君亲师之众责',总统也'身兼天地君亲师之众责'。这就是制度革命思想不革命的铁证。"②新文化运动的首倡者陈独秀指出:"这腐旧思想布满国中,所以我们要诚心巩固共和国体,非将这般反对共和的伦理、文学等旧思想,完全洗刷得干干净净不可。否则不但共和政治不能进行,就是这块共和招牌也是挂不住的。"③还说:"继今以往,国人所怀疑莫决者,当为伦理问题。此而不能觉悟,则前之所谓觉悟者,非彻底之觉悟,盖犹在惝恍迷离之境。吾敢断言:伦理的觉悟,为吾人最后觉悟之最后觉悟。"④

在陈独秀看来,"伦理的觉悟"就是要以西方近代文化作为价值依归,发动一场对传统文化的批评运动;"决计革新",便是"采用西洋的新法子",用新的伦理道德取代旧的伦理道德。陈独秀,字仲甫,号实庵,1879年10月9日出生在安徽安庆怀宁县的一个书香门第,"独秀"是他1914年为自己起的笔名。陈氏幼年丧父,过继其叔陈衍庶。陈衍庶是一个亦儒亦官亦商的全才型人物。受陈衍庶的影响,陈独秀从小接受传统的儒家教育,"读八股,讲旧学",17岁便中秀才,惟考举人落榜。是时正值甲午战败,民族危难进一步加深之际。陈独秀读到《时务报》,对康、梁主张深以为然,便由"选学妖孽转变为康梁派",从此由儒学转向西学,思想发生了第一次自觉的转变。从1901年至1915年,他先后5次到日本自费游学与活动。期间,他参加了倾向革命的"励志会""青年会",投身于爱国活动中,思想发生了第二次自觉的转变。1915年,陈独秀从日本归国后,在上海创办了《青年杂志》,陈氏笃信进化论,随后改名为《新青年》,矢志唤醒国内的青年来摧毁死气沉沉的旧传统,创建一种新文化。在创刊号上,陈独秀以《敬告青年》为名,号召年

---

① 《两地书·八》;《鲁迅全集》第十一卷,人民文学出版社2005年版,第31页。
② 高一涵:《非"君师主义"》,载《新青年》,第五卷第6号,1918年12月15日。
③ 陈独秀:《旧思想与国体问题》,载《新青年》,第三卷第3号,1917年5月1日。
④ 陈独秀:《吾人最后之觉悟》,载《青年杂志》,第一卷第6号,1916年2月15日。

轻一代来冲破旧的、腐朽的社会因素,并改革他们的思想行为,以实现民族的觉醒。为实现这一不朽的任务,陈独秀提出"自主的而非奴隶的、进步的而非保守的、进取的而非退隐的、世界的而非锁国的、实利的而非虚文的、科学的而非想象的"六大主张,并指出"国人而欲脱蒙昧时代,羞为浅化之民也",当以"科学与人权并重",从而打出了作为新文化运动象征的民主(时称"德先生")与科学(时称"赛先生")的大旗。此后,因蔡元培出任北京大学校长,聘请陈独秀为北大文科学长。陈独秀得以《新青年》为中心,团结北大文科的一批同仁,如胡适、李大钊、刘半农、高一涵等,以北大为阵地,决绝地掀起了一场思想解放大革命。"要拥护那德先生,便不得不反对孔教、礼法、贞节、旧伦理、旧政治;要拥护那赛先生,便不得不反对旧艺术、旧宗教;要拥护德先生又要拥护赛先生,便不得不反对国粹和旧文学。"因此,"我们现在认定,只有这两位先生可以救治中国政治上、道德上、学术上、思想上一切的黑暗。若因为拥护这两位先生,一切政府的压迫,社会的攻击笑骂,就是断头流血,都不推辞。"①

鉴于封建思潮与孔教密切相连,新文化运动发动者继而对以孔教为代表的封建专制主义进行了猛烈、坚决的批判,矛头主要指向四个方面:

(一)在政治层面上,为维护民主共和否定君主专制的政统

中国的封建社会以君主专制为政统,《青年杂志》创刊之际,正值筹安会大造舆论,鼓吹改变国体之时。面对利用孔教复辟君主制的妖风,新文化派旗帜鲜明地主张共和制度。1915年9月15日,高一涵在《青年杂志》第1卷第1号发表《共和国家与青年之自觉》一文,指出:"专制国家,其兴衰隆替之责,专在主权者之一身;共和国家,其兴衰隆替之责,则在国民之全体。专制国本,建筑于主权者独裁之上,故国家之盛衰,随君主之一身为转移;共和国本,建筑于人民舆论之上,故国基安如泰山。"②在同期杂志上,陈独秀对封建专制的精神支柱儒道名教,痛加挞伐,封建"名教之所昭垂,人心之所祈向,无一不与社会现实生活背道而驰。倘不改弦而更张之,则国力将莫由昭苏,社会永无宁日"③。况且,在陈独秀看来,共和与孔教乃绝对两不相容之物,两者必存其一,必废其一。因为民主共和的基本精神是人人平等自由,孔教的基本精神是阶级尊卑,是奴隶道德,这两者之间根本没有调和的余地。康有为"主张民国之祀孔,不啻主张专制国之祀华盛顿与卢梭,推

---

① 陈独秀:《本志罪案之答辩书》,载《新青年》,第六卷第1号,1919年1月15日。
② 高一涵:《共和国家与青年之自觉》,载《青年杂志》,第一卷第1号,1915年9月15日。
③ 陈独秀:《敬告青年》,载《青年杂志》,第一卷第1号,1915年9月15日。

尊孔教者而计及抵触民国与否？是乃自取其说而根本毁之耳,此矛盾之最大者也"①。陈独秀还指出,"吾人果欲于政治上采用共和立宪制,复欲于伦理上保守纲常阶级制,以收新旧调和之效,自家冲撞,此绝对不可能之事。盖共和立宪制,以独立平等自由为原则,与纲常阶级制为绝对不可相容之物,存其一必废其一。倘于政治否认专制,于家庭社会仍保守旧有之特权,则法律上权利平等经济上独立生产之原则,破坏无奈,焉有并行之余地？"②

1916年2月,易白沙在《新青年》第1卷第6号、第2卷第1号上发表的《孔子评议》③一文中,针对尊孔派要求在宪法中规定以孔教为国教的叫嚣,干脆直接笔伐孔子,强调说孔子尊君权漫无限制,易演成独夫专制之弊。易白沙指出,古代对君王设限制有二,一是墨家之说,人君善恶,天为赏罚,虽有强权,不敢肆虐。墨子之说近于宗教。二是法家之说,国君行动,以法为轨,君之贤否,无关治乱,法之有无,乃定安危。法家直说近于法治。孔子之君权说,无此二种限制,天君一体,"以君象天,名曰天王,又曰帝者天称之,又曰天子者"。君主"既超乎法律道德之外,势将行动自由,漫无限制,则修身齐家治国平天下诸空论,果假何种势力,迫天子以不得不遵"④？这种以天行道,权力漫无限制,势必形成独裁专制。

(二)在学术层面上,为维护思想自由否定儒学一尊的学统

在中国传统中,自儒学被汉武帝定于一尊,中国两千年来形成的是"以孔子之是非为是非"的学术格局。新文化人为改变这种传统学术的既定格局,他们对儒学独尊及其流弊作了批判和清算。吴虞说:"不佞常谓孔子自是当时之伟人,然欲坚执其学以笼罩天下后世,阻碍文化之发展,以扬专制之余焰,则不得不攻之者,势也。"⑤陈独秀说:"窃以无论何种学派,均不能定为一尊,以阻碍思想文化之自由发展。"⑥"孔学优点,仆未尝不服膺,惟自汉武以来,学尚一尊,百家废黜,吾族聪明,因之锢蔽,流毒至今,未之能解……不于报章上词而辟之,则人智不张,国力浸削,吾恐其敝将只有孔子而无中国也。"⑦若孔教定于一尊的局面不攻破,"吾国之政治、法律、社会道德,俱无由出黑暗而入光明"⑧。

---

① 陈独秀：《驳康有为致总统总理书》,载《新青年》,第二卷第2号,1916年10月1日。
② 陈独秀：《吾人最后之觉悟》,载《青年杂志》,第一卷第6号,1916年2月15日。
③ 《孔子评议》是《新青年》直接抨击孔子的首篇,也是新文化运动中第一篇直接讨伐儒家礼教的檄文。
④ 易白沙：《孔子评议(上)》,载《新青年》,第一卷第6号,1916年2月15日。
⑤ 吴虞：《致陈独秀》,见赵清、郑成：《吴虞集》,四川人民出版社1985年版,第385页。
⑥ 陈独秀：《答吴又陵》,载《新青年》,第二卷第5号,1917年1月1日。
⑦ 陈独秀：《再答常乃惪(古文与孔教)》,载《新青年》,第二卷第6号,1917年2月1日。
⑧ 陈独秀：《答吴又陵》,载《新青年》,第二卷第5号,1917年1月1日。

易白沙的《孔子评议》一文亦指出,儒者之学、九家之学和域外之学,"三者混成,是为国学",故"孔子之学只能谓为儒家一家之学,必不可称以中国一国之学。盖孔学与国学绝然不同,非孔学之小,实国学范围之大也"①。儒学在春秋系显学,孔集其大成,"主张君权于七十二诸侯,复非世卿,倡均富,扫清阶级制度之弊,为平民所喜悦"。但自汉武帝始,"罢黜百家,独尊儒术,利用孔子为傀儡,垄断天下之思想"。后来的历代帝王,"皆傀儡孔子,所谓尊孔,滑稽之尊孔也。典礼愈隆,表扬愈烈,国家之风俗人心学问愈见退落。孔子不可复生,安得严词拒绝此崇礼报功之盛德耶?"公羊家进一步将孔子神话,"历代民贼,遂皆负之而趋矣"。况且,孔子讲学不许问难,也易演成思想专制之弊。真理是越辩越明,学术由竞争而进。但"孔子以先觉之圣,不为反复辨析是非,惟峻词拒绝其问";孔学一门之中,"有信仰而无怀疑,有教授而无质问",这样的孔学"不仅壅塞后学思想,即儒学自家学术亦难阐发"②。这种不许问难的做法推广开去,势必形成思想专制。

(三)在伦理层面上,为维护个性自我否定纲常名教的道统

中国的传统道统"即为以仁教为中心的道德政治的教化系统,亦即礼乐型的教化系统"③。这种教化系统就是孔子之道。但新文化人认为"孔子之道,以伦理政治忠孝一贯,为其大本"④,是封建专制时代的意识形态,只能适应于专制政治,不符合现代生活。陈独秀指出:"儒者三纲之说,为一切道德政治之大原:君为臣纲,则民于君为附属品,而无独立自主之人格矣;父为子纲,则子于父为附属品,而无独立自主之人格矣;夫为妻纲,则妻于夫为附属品,而无独立自主之人格矣。率天下之男女,为臣,为子,为妻,而不见有一独立自主之人者,三纲之说为之也。"⑤在陈独秀看来,儒家三纲之说实质上就是一种奴隶道德,这种奴隶道德塑造了国人的奴隶根性,使天下男女都成为他人的附属品,而不见有独立自主之人。于是,在奴隶道德的制约下,"人"的真实意义泯灭了。基于这一深刻的认识,新文化人对封建纲常礼教进行了猛烈的抨击。

面对当时盛行的尊孔复古逆流,陈独秀指出孔教"别尊卑,重阶级,事天尊君,历代民贼所利用"⑥,实为中华民族道德堕落之源泉。"宗法社会之奴隶道德,病

---

① 易白沙:《孔子评议(下)》,载《新青年》,第二卷第1号,1916年9月1日。
② 易白沙:《孔子评议(上)》,载《新青年》,第一卷第6号,1916年2月15日。
③ 牟宗三:《关于文化与中国文化》,见郑家栋:《道德理想主义的重建》,中国广播电视出版社1992年版,第85页。
④ 陈独秀:《复辟与尊孔》,载《新青年》,第三卷第6号,1917年8月1日。
⑤ 陈独秀:《一九一六年》,载《青年杂志》,第一卷第5号,1916年1月15日。
⑥ 陈独秀:《驳康有为致总统总理书》,载《新青年》,第二卷第2号,1916年10月1日。

在分别尊卑,课卑者以片面之义务,于是君虐臣,父虐子,姑虐媳,夫虐妻,主虐奴,长虐幼。社会上种种之不道德,种种罪恶"①皆源于此。因此,陈氏一再强调,孔教之旧道德与以西洋为代表的现代社会尊人权重个人的新道德,南辕北辙,根本不相容。"新旧之间,绝无调和两存之余地,吾人只得任取其一。"②与陈独秀强烈的现实关怀不同,另一批孔骁将吴虞主要是从历史、学理上批判儒家旧道德,其抨击对象是儒家的核心内容孝与礼。在孝的问题上,吴虞指出,礼教讲孝,不是出于子女对父母的挚爱,而是出于报答养育之恩。"《论语》:'宰我问三年之丧:期已久矣!孔子说:子生三年,然后免于父母之怀;三年之丧,通丧也。予也有三年之爱于其父母乎?'从这个意思说来,是因为当儿子的非三年不得免于父母的怀抱,所以父母的丧也必以三年去报他。"③在吴虞看来,此种"孝"如同买卖交易,实在太过虚伪。但这种虚伪的孝道却很受统治者的欢迎,因为统治者把孝养之意义,推广到社会,以此"教一般人恭恭顺顺的听他们一干在上的愚弄,不要犯上作乱……其实他们就是利用忠孝并用、君父并尊的笼统说法,以遂他们专制的私心"④。

礼与孝是相表里的。鲁迅在小说《狂人日记》里,曾以"狂人"形象深刻揭露批判封建社会用礼教吃人,这也得到了吴虞的积极回应。吴虞在《吃人与礼教》一文中写道:"《狂人日记》内说:我翻开历史一查,这历史每页上都写着'仁义道德'几个字。我仔细看了半夜,才从字缝里看出字来,满本都写着两个字,是'吃人'。我觉得他这日记,把吃人的内容和仁义道德的表面,看得清清楚楚。那些戴着礼教假面具吃人的滑头伎俩,都被他把黑幕揭破了。"吴虞还用历史的例证,揭露孔教是吃人的礼教,具有极其虚伪性和残忍性。齐侯"一面讲礼教","讲了多少'不孝,无以妾为妻,敬老慈幼'等道德仁义的门面话",一面却吃人肉。汉高祖(刘邦)诛梁王彭越,"醢之。盛其醢,遍赐诸侯"。"你看高帝一面讲礼教,一面尊孔子,一面吃人肉,这类崇儒重道的礼教家,可怕不可怕呢!"⑤吴虞鲜明地揭露:"孔二先生的礼教讲到极点,就非杀人吃人不成功,真是惨酷极了!""到了如今,我们应该觉悟:我们不是为了君主而生的!不是为圣贤而生的!也不是为了纲常礼教而生的!甚么'文节公'呀,'忠烈公'呀,都是那些吃人的人设的圈套,来诳骗我

---

① 陈独秀:《答傅桂馨(孔教)》,载《新青年》,第三卷第1号,1917年3月1日。
② 陈独秀:《答佩剑青年》,载《新青年》,第三卷第1号,1917年3月1日。
③ 吴虞:《说孝》,见赵清、郑成:《吴虞集》,四川人民出版社1985年版,第174页。
④ 同上,第173页。
⑤ 吴虞:《吃人与礼教》,载《新青年》,第六卷第6号,1919年11月1日。

们的！我们如今，应该明白了！吃人的就是讲礼教的！讲礼教的就是吃人的呀！"①显然，新文化人对中国封建礼教的揭露和批判，促进了"人"的意识的觉醒和伦理觉悟的实现。

（四）在文学层面上，为造新文学否定言文分离的文统

在我国，言文分离已久。据胡适的考察，早在战国时，中国的文体与语体已经分开，所以才有秦始皇的"书同文"。至汉代，由于方言不一，政府只能用"文言"做媒介，结果文言成为官方语言。加之又有科举制的维持，所以文言尽管已脱离现实生活，却能保持两千年的权威，长期成为官方文字和上层文化的语言工具，成为维护封建等级制度的工具。② 新文化人废文言，就是要改变两千年来言文分离的文统，建议言文一致的新文体。新文体的首倡者是胡适，几乎在《新青年》创刊的同时，远在美国求学的胡适就提出了"文言是死文字，白话才是活文字"的观点。1916年10月，他在《新青年》发表《寄陈独秀》的信，首次提出了文学革命"八事"："一曰不用典；二曰不用陈套（滥调）；三曰不讲对仗（文废骈、诗废律）；四曰不避俗字俗语（白话可入诗）；五曰须讲求文法之结构；六曰不作无病之呻吟；七曰不模仿古人话语，须有个我在；八曰须言之有物。"③1917年1月，胡适又在《新青年》发表《文学改良刍议》，再次重申了文学革命"八事"："一曰须言之有物；二曰不模仿古人；三曰须讲求文法；四曰不作无病之呻吟；五曰务去滥调套语；六曰不用典；七曰不讲对仗；八曰不避俗字俗语。"④

1917年2月，在《新青年》第2卷第6号上，陈独秀发表了《文学革命论》，对胡适的文学观表示坚定支持，并进一步阐释革命文学观。"今日庄严灿烂之欧洲，自何而来乎？曰，革命之赐也。欧语所谓革命者，为革故更新之义，与中土所谓朝代鼎革，绝不相类；故自文艺复兴以来，政治界有革命，宗教界亦有革命，伦理道德亦有革命，文学艺术，亦莫不有革命，莫不因革命而新兴而进化。近代欧洲文明史，真可谓之革命史。""吾苟偷庸懦之国民，畏革命如蛇蝎，故政治界虽经三次革命，而黑暗未尝稍减。"其根本原因，在于"吾人疾视革命，不知其为开发文明之利器故"。"孔教问题，方喧哗于国中，此伦理道德革命之先声也。文学革命之气运，酝酿已非一日，其首举义旗之急先锋，则为吾友胡适。余甘冒全国学究之敌，高张'文学革命军'大旗、以为吾友之声援。"⑤陈独秀在《文学革命论》中还鲜明地提出

---

① 吴虞：《致陈独秀》，载《新青年》，第二卷第5号，1917年1月1日。
② 胡适：《白话文学史》，岳麓书社1986年影印版，第2～5页。
③ 胡适：《寄陈独秀》，载《新青年》，第二卷第2号，1916年10月1日。
④ 胡适：《文学改良刍议》，载《新青年》，第二卷第5号，1917年1月1日。
⑤ 陈独秀：《文学革命论》，载《新青年》，第二卷第6号，1917年2月1日。

三大主义:推倒雕琢的阿谀的贵族文学,建设平易的抒情的国民文学;推到陈腐的铺张的古典文学,建设新鲜的立诚的写实文学;推倒迂晦的艰涩的山林文学,建设明了的通俗的社会文学。"际兹文学革新之时代,凡属贵族文学,古典文学,山林文学,均在排斥之列。以何理由而排斥此三种文学耶?曰:贵族文学,藻饰依他,失独立自尊之气象也;古典文学,铺张堆砌,失抒情写实之旨也;山林文学,深晦艰涩,自以为名山著述,于其群之大多数无所裨益也。其形体则陈陈相因,有肉无骨,有形无神,乃装饰品而非实用品;其内容则目光不越帝王权贵,神仙鬼怪,及其个人之穷通利达。所谓宇宙,所谓人生,所谓社会,举非其构思所及,此三种文学公同之缺点也。"①

在新文化人看来,封建的贵族文学、古典文学、山林文学、桐城派、骈体派、江西派等都不过是由"死文字"造成的"死文学",今后中国文学的正宗将是"活文学",中国现代文学的趋势将是"活文字"。所谓"活文字"是指日用口语之文字,即白话;"活文学"泛指西洋文学,口语化的文学,是文体不受拘束的通俗的白话文学。因此"中国若想有活文学,必须用白话,必须用国语,必须做国语的文学"②。故而,《新青年》人抱着"为大中华,造新文学"的意愿,用白话文反对文言文,用白话文创作新文学,反对古典主义的"死文学",用民主主义的新文学反对传统主义的封建文学,在中国大地上掀起了以白话文为正宗的新文学运动。1918年4月15日,《新青年》第4卷第4号开始出版白话文作文,在《新青年》的表率下,后来的五四运动一年中,至少有400家报刊用白话文,极大地推动了新文化启蒙运动的发展。

### 三、东、西文化的争论

尽管新文化人在批判孔孟儒学的过程中注意摆事实、讲道理,以理服人,但总体说来态度还是比较激烈,甚至有些人说了过头话。例如,钱玄同在1918年3月以通信的形式提出:"中国文字论其字形,则非拼音而为象形文字之末流,不便于识,不便于写;论其字义,则意义含糊,文法极不精密;论其在今日学问上之应用,则新理新事新物之名词,一无所有;论其过去之历史,则千分之九百九十九为记载孔门学说及道教妖言之记号。此种文字,断断不能适用于二十世纪之新时代。我再大胆宣言道:欲使中国不亡,欲使中国民族为二十世纪文明之民族,必以废孔学,灭道教为根本之解决,而废记载孔门学说及道教妖言之汉文,尤为根本解决之

---

① 陈独秀:《文学革命论》,载《新青年》,第二卷第6号,1917年2月1日。
② 胡适:《五十年来的中国文学》,《胡适文集》三,北京大学出版社1998年版,第256页。

根本解决。"①当时,钱氏主张"废汉字"的言论一出,就引发了舆论的哗然,不少人对钱氏是持反感态度的。此外,在新文化运动的发展过程中,社会上有部分青年过于极端蔑视传统,他们处处惟"西化"是效,甚至身着奇装异服,改取西人姓名,有的竟然还称父为兄,此种现象也引起了人们的严重反感与不安。于是,一些知识分子起而弘扬传统文化,抵制和反对新文化运动的西化主张。实际上,新文化运动兴起不久,就有陈恨我、辜鸿铭、林纾等人站在维护传统的立场上,攻击五四新文化运动"覆孔孟、铲伦常""尽废古书,行用土语"。然而,由于陈恨我、辜鸿铭、林纾等人这些传统士绅知识分子非常热爱以儒家思想为核心的中国传统文化,爱的如此深沉,以至理不胜情,缺少对传统文化的理性反省和对传统文化真正价值的深刻体认,结果在与新文化派的交锋中,很快败下阵来,并没有产生多大的社会影响和获得社会的同情。真正对新文化派产生阻力的是杜亚泉、梁启超和梁漱溟等新的文化保守主义者。

早在1913年,杜亚泉在发表的《论社会主义运动之趋势与吾人处世之方针》一文中,认为中国对西方的物质文明可以吸取,国体整体也可参考西方进行改革,但中国固有的道德、文学、宗教以及社会风俗、家族制度则不宜也不应改变。自1916年起,杜亚泉以伧父为笔名,连续在《东方杂志》上发表文章,与《新青年》展开论争。如他在《东方杂志》第13卷第10号上发表《静的文明与动的文明》一文中说:"盖吾人意见,以为西洋文明与吾国固有之文明,乃性质之异,而非程度之差。""文明者,社会之生产物也。社会之发生文明,犹土地之发生草木,其草木之种类,常随土地之性质而别。西洋社会与吾国社会之差异,即由于西洋社会与吾国社会之差异。"②杜氏认为,东方文化的实质为"静",西方文化的实质为"动",故东西文化只有"性质"之异,而无"程度"之别。既然东西文化有很大的差异,那么,未来新文化是一种怎样的文化?又如何建设新文化呢?杜氏的办法是中体西用,调和东西。1917年,杜亚泉在《东方杂志》第14卷第4号上发表《战后东西文明之调和》,认为欧战已经使得西方文明破产,中国人不应对西方文明再抱崇信,中国"当此世界潮流逆转之时,不可不有所自觉与自信","确信吾社会中固有之道德观念,为最存粹最中正者",主张"以科学的手段,实现吾人经济的目的。以力行的精神,实现吾人理性的道德"。1918年,杜亚泉还在《东方杂志》第15卷4号发表《迷乱之现代人心》,说西方文化的大规模输入造成了中国文化的丧失和精神界的破产,挽救之道在于用儒家思想来"统整"西方文化中对我"可用者",从而使中

---

① 钱玄同:《钱玄同致陈独秀》,载《新青年》,第四卷第4号,1918年4月15日。
② 杜亚泉:《静的文明与动的文明》,载《东方杂志》,1916年第十三卷第10号,第1~8页。

国文明发扬光大。

　　与杜亚泉的观点相同的还有梁启超。1920年3月至6月,北京的《晨报》和上海的《时事新报》连载了刚刚访欧归来的梁启超撰写的访欧游记《欧游心影录》。梁启超在文中以亲历者的身份描绘了战后西方的社会凋敝、精神消沉,以及西方一些人士对中国文化的赞颂和期待,主张欧洲的科学及科学万能论破产了,人类社会理应创造一种新的文明,而中国人应当承起此重任。梁启超要求当时的青年人:"第一步要人人存一个尊重爱护本国文化的诚意。第二步用西洋人研究学问的方法去研究他,得他的真相。第三步把自己的文化综合起来,还拿别人的来补充他,叫他起一种化合作用,成了一种新文化系统。第四步把这新系统往外扩充,叫人类全体都得着他好处。"①梁氏之意,显然是要中国青年以"东方文明"去拯救西方文明。1921年8月,梁漱溟受邀到山东济南教育会演讲"东西文化及其哲学",并在时年年底,参酌在北京大学讲课时的记录,整理出版《东西文化及其哲学》一书。该书标志着梁氏成为中国最著名的文化保守主义者和现代新儒学的开启者。在此书中,梁漱溟从文化源泉和人生哲学上对新文化运动进行了全面的清算,公开举起"新孔学"和"东方化"的旗子,认为世界未来文化是中国儒家文化的复兴。梁漱溟开宗明义指出,当时中国急迫要解决的问题是文化向何处去,有三条道路可以选,即西方化、东方化和中西文化折中调和。梁漱溟明确表示反对西方化,折中调和他认为不可能,唯一选择是东方化。书中写道:"我又看着西洋人可怜。他们当此物质的疲弊,要想得精神的恢复,而他们所谓精神又不过是希伯来那点东西,左冲右突不出此圈,真是所谓未闻大道,我不应当引导他们于孔子一条路上来吗?我又看见中国人蹈袭西方的浅薄,或乱七八糟,弄那不对的佛学,粗恶的同善社,以及到处流行种种怪秘的东西,东觅西求,都可见其人生的无着落,我不应当导他们于至好至美的孔子路上来吗?无论西洋人从来生活的猥琐狭劣,东方人的荒谬糊涂,都一言以蔽之,可以说他们都未曾尝过人生的真味,我不应当把我看到的孔子人生贡献给他们吗!"②

　　持有同种言论者还有张君劢和章士钊。张君劢成为文化保守主义者的标志,是1923年2月14日他在清华大学演讲的《人生观》以及随后发表的几篇有关人生观的文章。在这些文章中,张君劢对"吾国今日人心,以为科学乃一成不变之真

---

① 梁启超:《欧游心影录》,见忻剑飞、方松华:《中国现代哲学原著选》,复旦大学出版社1989年版,第89页。
② 梁漱溟:《东西文化及其哲学》,上海人民出版社2007年版,第2~3页。

理,颇有迷信科学万能者"①的现象提出了批评。张氏认为,西方近三百年是物质文明,中国是精神文明,西方物质文明弊端已显,因而应大力提倡"玄学"或"新宋学",以中国的宋明理学来解救西方的物质文明之弊。他说:"当此人欲横流之际,号为服国民之公职者,不复知有主义,不复知有廉耻,不复知有出处进退之准则。其以事务为生者,相率于放弃责任;其以政治为生者,朝秦暮楚,苟图饱暖,甚且为一己之私,牺牲国家之命脉而不惜。若此人心风俗又岂碎义逃难之汉学家所得而矫正之乎? 诚欲求发聋振聩之乐,惟在新宋学之复活,所谓实际上之必要者此也。"②章士钊则从文化的民族性出发,反对用西方的制度救中国,鼓吹只有大力弘扬中国文化才能真正救国。他说:"凡一民族,善守其历代相传之特性,适应与接之环境,曲迎时代之精神,各本其性情之所近,嗜好之所安,力能之所至,孜孜为之,大小精粗,俱得一体,而于典章文物,内学外艺,为其代表人物所树立布达者,悉呈一种欢乐雍容、情文并茂之观,斯为文化。"③然而,"吾人非西方之人,吾地非西方之地,吾时非西方之时",新文化诸学人强自输入西方文化又有什么用处? 此外,他针对新文化派提出的"新"与"旧"在性质上极端相反,要开"新"就不能守"旧"的观点,鼓吹新旧调和,认为宇宙的进化是"移行"的,而不是"超越"的,世界物种不论进化到何种阶段,都是"新旧杂糅",就是"调和"。章士钊进而以欧洲第一次世界大战后的情况为例,论证"物质上开新之局,或急于复旧,而道德上复旧之必要,比甚于开新",公开主张复兴旧道德。④

　　上述文化保守主义者的理论和主张,无疑是宣布新文化运动选错了方向。对此,新文化派积极撰文,予以驳斥。1918年9月,陈独秀在《新青年》第5卷第3号发表《质问〈东方杂志〉记者——〈东方杂志〉与复辟问题》一文,就《东方杂志》刊登的3篇文章——杜亚泉的《迷乱之现代人心》、钱智修的《功利主义与学术》、平佚的译文《中西文明之评判》——提出16条质问,其中驳平文9条,驳钱文6条,驳杜文虽仅1条,但内含7点,驳文最长。从内容看,陈氏主要是驳斥杜亚泉的"统整"说。陈独秀质问杜亚泉:中国学术文化之发达,是以儒家统一以后的汉魏唐宋为盛? 还是以儒家统一以前的晚周为盛? 欧洲中世纪,耶教统一全欧千余年,文艺复兴之后的文明诚混乱矛盾,但比之中国和欧洲中世纪,优劣如何? 西洋

---

① 张君劢:《学术方法上之管见》,《改造》第四卷第5号,1922年1月15日。
② 张君劢:《再论人生观与科学并答丁在君》,见刘梦溪:《中国现代学术经典·张君劢卷》,河北教育出版社1996年版,第660页。
③ 孤桐:《评新文化运动》,见章含之、白吉庵等:《章士钊全集》第四卷,文汇出版社2000版,第211页。
④ 章士钊:《新思潮与调和》,载《东方杂志》,第十七卷第2号。

文明于物质生活以外,是否也有精神文明?中国所谓精神文明,是否指的是儒家的君道臣节名教纲常?除儒家的君道臣节名教纲常之外,是否绝无其他文明?陈独秀坚决反对把"儒术"当作中国不可动摇的"国基",把儒家的君道臣节纲常名教当作永不可变的"信条"。他指出民主共和与功利主义有其一致性,《东方杂志》记者反对功利主义,企图用"儒术"来"统整"人心,这与帝制复辟有必然的联系。① 1919年2月,陈独秀在《新青年》第6卷第2号上再发表《再质问＜东方杂志＞记者》,继续批驳杜亚泉的"统整"论,指出杜氏以卫护学术思想之统一为名,要求实行学术"统整",这有害于文明进化,是一种妨碍学术自由发展的专制行为;相反,标新立异,乃是文化发展兴隆之道。② 1917年4月,李大钊发表《动的生活与静的生活》一文,从表面上看,李大钊和杜亚泉一样,把东西文明看成是一种动静之别。他说:"吾人于东西之文明,发现一绝异之特质,即动的与静的而已矣。东方文明之特质,全为静的;西方文明之特质,全为动的。"③但李大钊的结论与杜氏截然相反。1918年7月,他在《东西文明根本之异点》说:"中国文明之疾病已达炎热最高之度,中国民族之运命已臻奄奄垂死之期。中国民族今后之问题实为复活与否之问题,亦为吾人所肯认。顾吾人深信吾民族可以复活,可以于世界文明为第二次之大贡献。然知吾人苟欲有所努力以达此志者,其事非他,即在竭力以受西洋文明之特长,以济吾静止文明之穷,而立东西文明调和之基础。"④

　　1919年12月,陈独秀在《新青年》第7卷第1号发表《调和论与旧道德》一文,批评章士钊等提出的"物质上开新,道德上复旧"的"新旧调和"论,认为无论东洋西洋一切民族的社会上不良现象,都是旧道德所造成的,都在革除之列。⑤同月,李大钊也在《新潮》第2卷第2号发表《物质变动与道德变动》一文,对"新旧调和"论进行了唯物主义的剖析,指出:"物质若是开新,道德亦必跟着开新,物质若是复旧,道德亦必跟着复旧。因为物质与精神原是一体,断无自相矛盾、自相背驰的道理。"⑥

　　1923年3月,胡适在《读书杂志》第8号上发表《读梁漱溟先生的＜东西文化及其哲学＞》一文,批评了梁漱溟的"文化路向说",认为它是"主观的文化哲学",

---

① 陈独秀:《质问＜东方杂志＞记者——＜东方杂志＞与复辟问题》,载《新青年》,第五卷第3号,1918年9月15日。
② 陈独秀:《再质问＜东方杂志＞记者》,载《新青年》,第六卷第2号,1919年2月15日。
③ 《李大钊全集》第二卷,人民出版社2006年版,第96页。
④ 同上,第211页。
⑤ 陈独秀:《调和论与旧道德》,载《新青年》,第七卷第1号,1919年12月1日。
⑥ 《李大钊全集》第三卷,人民出版社2006年版,第117页。

"犯了笼统的大病",因为它用"整齐好玩"的公式来规范"繁多复杂的文化",结果只能是主观和武断的"闭眼瞎说"。中国早期马克思主义者杨明斋在1924年出版了一本批判专著《评东西文化观》,全书共四部分:第一部分评梁漱溟的《东西文化及其哲学》,第二部分评梁启超的《先秦政治思想史》,第三部分评章士钊的《农国辩》,第四部分是总解释,属于通论性质。杨氏依据马克思主义理论,从宽阔的文化背景和具体的历史事实出发,对梁漱溟等人的文化观点和主张作了逐章逐段的批驳。从整个论战过程看,新文化派与文化保守主义者争论的焦点问题有三个:东西文化的差异比较、新旧文化的关系看待和中国文化出路的选择。争论的实质则是要不要向西方学习、如何学习以及如何对待中国传统文化。应该说,在当时的时代背景下,与文化保守主义者相比,新文化派的文化观点和主张显然更符合历史的要求,因而具有进步的意义,所以后人对新文化运动的历史功绩一直津津乐道。但新文化派的文化观点和主张在学理层面上的片面性也遭到了后人的质疑。

1969年5月,美国哈佛大学东亚研究中心举办五四运动50周年纪念讨论会,美国华裔学者林毓生在提交给会议的论文中首先明确提出了全盘性反传统主义是五四新文化运动的思想基调。林毓生在其所著的《中国意识的危机——五四时期激烈的反传统主义》一书中,开宗明义指出:"20世纪中国思想史的最显著特征之一,是对中国传统文化遗产坚决地全盘否定的态度的出现与持续。"它的"直接历史根源,可以追溯到本世纪中国现代知识分子起源的特定性质,尤其可以追溯到1915-1927年五四运动时代所具有的特殊知识倾向"[1]。正是由于五四时期"反传统主义"是非常激烈的,"所以我们完全有理由把它说成是全盘的反传统主义。就我们所了解的社会的文化变迁而言,这种反崇拜偶像要求彻底摧毁过去的一切思想,在很多方面都有一种空前的历史现象。"[2]林毓生尤其提及"在胡适的意识中占统治地位的是他以全盘西化为基础的全盘性的反传统主义"[3]。其后,"全盘性反传统"成为对新文化反传统态度的流行表述。甚至,有些学者以此作为贬黜新文化运动的有力佐证。

### 四、新文化运动激烈反传统的得与失

毋庸置疑,反传统是新文化运动思想启蒙的手段,1919年1月,陈独秀在《<新

---

[1] 林毓生:《中国意识的危机——五四时期激烈的反传统主义》,贵州人民出版社1988年版,第2页。
[2] 同上,第6页。
[3] 同上,第140页。

青年>罪案之答辩书》中说得很明白:只因为要拥护德先生(民主)与赛先生(科学),才不得不反对孔教,反对礼法,反对旧宗教、旧文学等。可见,《新青年》的目的是引进民主与科学,反传统只是为实现这一目的而"不得不"采取的手段。诚然,新文化人在反传统的过程中表现过于偏激,因而存有诸多不足。例如,新文化派对中西文化的"古今之别"夸大有余,对中西文化的民族性却拒不承认,结果带来了民族认同的难题。因为民族以共同的语言、地域、经济生活、传统文化和心理素质为特征,文化认同是民族认同的一个重要方面。正如有人所言:"中国过去有强固的文化认同感,中华民族之自觉地别于他族,主要基于文化之别,'华夷之防',其意义即在此。当中国人说'非我族类'时,主要亦就他族之文化不同于我者言。"①对于这一点,新文化派也看得明白。1929年,胡适说:"凡是狭义的民族主义的运动,总含着一点保守性,往往倾向到颂扬固有文化,抵抗外来文化势力的一条路上去。这是古今中外的一个通例……凡受外力压迫越厉害,则这种拥护旧文化的态度越坚强。""中国的民族主义的运动所以含有夸大旧文化和反抗新文化的态度,其根本原因也是因为在外力压迫之下,总有点不甘心承认这种外力背后的文化。这里面含有很强的感情作用,故偏向理智的新文化运动往往抵不住这种感情的保守态度。"②抗日战争爆发后,当民族救亡浪潮高涨之时,凡激烈反传统者因与民族传统文化的认同相背离,不得不草草收场。

　　再如,新文化派虽然正确认识到文化演进过程中的变革性,但他们却忽视了文化演进过程中的连续性,因而犯下了所谓"破旧立新"的错误。众所周知,任何一种新文化都不是凭空产生的,新的文化必定脱胎于旧文化的母体,因此新文化与旧文化之间存在着一种连绵承续的关系。但新文化却视此种连续性为"惰性""恶德"所造成的"一种不幸的现象",片面夸大"新""旧"之间的斗争性,而否定了它们之间的同一性。这就决定了他们不能对中国传统文化持正确的态度。因而,新文化派在批判传统文化的时候,将一些优秀的民族文化遗产,如戏曲、曲艺、中医、中药、气功、拳术、汉字等也作为传统文化的"糟粕"而加以否定。结果,后人把"全盘性反传统"的帽子扣在了新文化派的头上。但是,需要澄清的历史事实是,新文化派激烈反儒学、反孔教,但并没有简单地全盘否定中国的传统文化,甚至也没有简单地全盘否定孔子本人及儒学。陈独秀虽声称"非独不能以孔教为国教,

---

① 金耀基:《现代化与中国现代历史》,见姜义华等:《港台及海外学者论传统文化与现代化》,重庆出版社1988年版,第312页。
② 欧阳哲生:《胡适文集》第五册,北京大学出版社1998年版,第581页。

定入未来之宪法,且应毁全国已有之孔庙而罢其祀"①,看似一位激烈反传统的"斗士",但当我们回到历史语境中就会发现,事实并非如此简单。前已提及,五四新文化运动反儒反孔的兴起,与辛亥革命后的帝制复辟和孔教运动颇有关系。所以新文化人批判的主要是儒学的现实价值。如胡适言:"孔教的问题,向来不成什么问题;后来东方文化与西方文化接近,孔教的势力渐渐衰微,于是有一班信仰孔教的人妄想用政府法令的势力来恢复孔教的尊严;却不知道这种高压的手段恰好挑起一种怀疑的反动。因此,民国四五年间的时候,孔教会的活动最大,反对孔教的人也最多。"②陈独秀也认为:"学理而至为他种势力所拥护所利用,此孔教之所以一文不值也。"③

其实,新文化人对孔子、儒学的历史价值还是肯定的。陈独秀就多次肯定孔子所创学说的历史地位与重要价值,如他说"孔学优点,仆未尝不服膺"④,"孔教为吾国历史上有力之学说,为吾人精神上无形统一人心之具,鄙人皆绝对承认之,而不怀丝毫疑义"⑤。陈独秀在当时一再声明:"我们反对孔教,并不是反对孔子个人,也不是说他在古代社会无价值。不过因他不能支配现代人心,适合现代潮流,还有一班人硬要拿他出来压迫现代人心,抵抗现代潮流,成了我们社会进化的最大障碍。"他在为《新青年》批孔辩驳时也强调指出:"本志诋孔,以为宗法社会之道德,不适于现代生活,未尝过此以立论也。"⑥陈独秀在《再质问〈东方杂志〉记者》一文中更是写道:"就历史上评论中国之文明,固属世界文明之一部分,而非其全体。儒家又属中国文明之一部分,而非其全体。所谓君道臣节名教纲常,不过儒家之主要部分,而亦非其全体。此种过去之事实,无论何人,均难加以否定也。"⑦胡适也说:"有许多人认为我是反孔非儒的。在许多方面,我对那经过长期发展的儒教的批判是严厉的。但是就全体来说,我在我的一切著述上,对孔子和早期的'仲尼之徒'如孟子,都是相当尊敬的。"⑧事实上,新文化运动的反孔批儒对于把握儒学的根本精神具有建设性意义。正如现代新儒家贺麟所说:"五四时代新文化运动,可以说是促进儒家思想新发展的一个大转机……新文化运动的最

---

① 陈独秀:《再论孔教问题》,载《新青年》,第二卷第5号,1917年1月1日。
② 葛懋春,李兴芝:《胡适哲学思想资料选》上册,华东师范大学出版社1981年版,第128页。
③ 陈独秀:《答常乃德》,载《新青年》,第二卷第4号,1916年12月1日。
④ 陈独秀:《再答常乃惪(古文与孔教)》,载《新青年》,第二卷第6号,1917年2月1日。
⑤ 陈独秀:《答俞颂华(宗教与孔子)》,载《新青年》,第三卷第1号,1917年3月1日。
⑥ 陈独秀:《答佩剑少年(孔教)》,载《新青年》,第三卷第1号,1917年3月1日。
⑦ 陈独秀:《再质问〈东方杂志〉记者》,载《新青年》,第六卷第2号,1919年2月15日。
⑧ 葛懋春,李兴芝:《胡适哲学思想资料选》下册,华东师范大学出版社1981年版,第265~266页。

大贡献在于破坏和扫除儒家的僵化部分的躯壳的形式末节,及束缚个性的传统腐化部分。它并没有打倒孔孟的真精神、真意思、真学术,反而因其洗刷扫除的工夫,使得孔孟程朱的真面目更是呈露出来。"①

至于新文化运动中的偏激,应该指出武断、偏激、绝对化是五四时期许多先进青年的通病,这也是常为后人诟病的地方。但有学者对此历史现象加以解释:"对陈独秀等五四新文化战士而言,当时'反传统'是有特定含义的,主要是指腐朽而顽固的封建传统。因为当时正值民国初创之际,封建余孽和封建幽灵仍在四处猖獗地活动,成为阻碍民主、科学精神传播的最大障碍和社会进步的最大阻力。只有毫无妥协地与旧的传统势力彻底决裂并全力铲除它,才能为民主共和制度和民主、科学精神的确立扫清障碍,所以说,陈独秀的这种反传统主义不仅具有唤醒民众的深刻的思想启蒙意义,而且具有推动社会进步的不可磨灭的历史功绩。虽然当时个别新文化战士提出过废除汉字、取消中医、改良种族之类的过激观点,但有这种主张的人也并非他的本意,而是一种反封建的急躁情绪的随意发泄和矫枉过正激将法而已。陈独秀本人并不赞成废除汉字,只是主张汉字走拼音化道路;虽然他提倡白话文,但并不否认中国格律诗词的艺术价值;虽然无情抨击儒家'三纲五常'的封建礼教,但对作为学者和教育家的孔子,仍表示相当之尊敬,并没有不分青红皂白地一概骂倒。这些都充分表明,当时陈独秀的反传统主义有特定的内涵和指向,不可任意曲解。有人总是貌似'辩证'地挑剔其中全盘否定封建传统所犯'绝对化毛病',其实这是最缺乏辩证眼光的庸人之见。如果对当时危害甚烈的阻挠社会进步的封建传统,也持'公允'的'一分为二'的含糊态度,还有五四精神和开启中国现代化大门的新文化运动吗! 是否可以这样讲,在当时条件下,这种'绝对化毛病'是为了彻底反封建而在认识论上必然要付出的代价。从这个意义上说:没有片面性,就没有新文化运动。"②

总而言之,在民国初期封建思潮的弥漫中,《新青年》高举起反封建的大旗,意义深远,正如《<新青年>之新宣言》所揭示的那样:"一九一一年十月十日的中国革命,不过是宗法式的统一国家及奴才制的清朝宫廷败落瓦解之表象而已,至于一切教会式的儒士阶级的思想,经院派的诵咒画符的教育,几乎丝毫没有受伤。如何能见什么自由平等! 可是中国的大门上,却已挂着'民国'招牌呢。当时社会思想处于如此畸形的状态之中,独有新青年首先大声疾呼,反对孔教,反对伦常,

---

① 贺麟:《文化与人生》,上海人民出版社 2011 年版,第 12 页。
② 《陈金川在南京全国第七次陈独秀学术研讨会上的发言》,见唐宝林:《陈独秀全传》,香港中文大学出版社 2011 年版,第 78~79 页。

反对男女尊卑的谬论,反对矫揉造作的文言——反对一切宗法社会的思想,才为'革命的中国'露出真面目,为中国的社会思想放出有史以来绝未曾有的奇彩。"[①]
五四运动爆发后,《新青年》办刊宗旨发生了根本的变化,其标志是1920年9月《新青年》第8卷第1号发表陈独秀的《谈政治》,开设了"俄罗斯研究"专栏。《谈政治》不仅是陈独秀转变成马克思主义者的标志,也是《新青年》由一个以宣扬自由主义为主的综合性的刊物改变成以宣传马克思主义为主的综合性刊物。1921年七八月,中国共产党全国组织正式成立后,《新青年》成为中共中央的机关刊物,从而实现了自己红色的"华丽转身"。由此,标榜学习西方的新文化开始向新民主主义文化急转。

# 第七章 "指点江山,激扬文字"
——新民主主义革命时期的文化进步与精神自强

自十七届六中全会,特别是十九大以来,文化自觉和文化自信愈来愈成为学术界探讨的热点问题。对于自己的文化我们既要有自知之明,更要对其报以自信。新民主主义革命时期中国处于一个社会的动荡期,外有帝国主义的入侵,内有多种政治势力的斗争与较量。在这样动荡的历史发展中,中国的文化也呈现出多元发展的特点,共产党、国民党、中间党派以及无党派文化人士竞相提出自己的文化主张。中国近现代文化也在不同文化碰撞之中逐渐发展,最终以民族性、科学性、大众性为特点的新民主主义文化成为主流,并逐渐摆脱了文化落后与思想困顿,走向了文化进步与精神自强之路。

**一、中国共产党革命根据地文化的兴起与蓬勃发展**

"五四运动"之后,中国社会革命的性质发生了根本变化,由旧民主主义革命转变为新民主主义革命。由于革命根据地处于广大的农村地区,所以中国共产党领导的新民主主义革命文化,是在中国共产党的领导之下,在特定的历史背景与历史条件下形成的人民大众的反帝反封建的民族的、科学的、大众的文化。中国共产党人将马克思主义理论与中国实际相结合,开启了将"一个被旧文化统治因而愚昧落后的中国,变为一个被新文化统治因而文明先进的中国"的文化革新之

---

① 《<新青年>之新宣言》,载《新青年》,季刊第1期,1923年6月。

路。① 于是,在中国共产党的领导下,革命根据地的各项文化事业都取得了巨大的成就。

(一)革命根据地教育事业的举办与发展

由于历史原因,革命根据地的广大人民群众在旧社会是没有受教育权利的。革命根据地大都处于经济文化发展比较落后的地区,只有地主、资本家、富农的子弟有入学的资格,普通百姓是没有可能入学的,基本上都是文盲。针对这一现状,中国共产党提出了提高群众的文化水平,建设苏维埃的文化教育事业的方针。经过几年的发展,根据地的教育事业取得了众多方面的历史成就。

第一,义务教育的推广。在极为偏僻落后的农村山区与国民党"围剿"封锁的情况下,根据地的文化教育事业取得了巨大的成就。根据地对儿童与青少年的教育主要采用的是小学教育。根据地建立前,那里的文化教育相当落后,能识文断字的人极少。在大力开办了小学,普遍地实行了义务教育之后,根据地儿童的入学率大大提高。根据地的小学统称列宁小学,学制最初实行6年制,1933年以后改为了5年制,初级小学3年,高级小学2年。当时工农子弟上学实行免费教育的模式,对于确有困难的学生除了免除学费以外,还给予一定的伙食补贴;而手工业者以及地主、富农等家庭生活较好的学生,学校则要收取学费、书籍费等相关费用。通过几年努力,根据地的小学教育取得了重大的发展,到1931年冬,中央革命根据地的小学教育基本得到普及。几乎每个自然村都能有一所列宁初级小学,每个县都能有一所列宁高级小学。到1932年春,在中央根据地的中心区域学龄儿童入学率达到90%以上,在新建立的根据地也很快达到了70%以上。第二,干部教育的培养。通过实行干部教育,努力培养和造就一批无产阶级的有知识、有专业的干部队伍。根据地借鉴了大革命时期训练培养干部的经验,又结合新的历史条件,采取开办干部学校与干部培训两种教育相结合的方式。为了培养不同方面的干部人才,根据地建立了一些教育学校,例如创建了苏维埃大学、中央军政大学、马克思共产主义大学、中央红军大学等,同时还建立了一些通讯、农业、商业、银行等方面的专业技术学校,培养相关技术人才。而军事干部的培训和军事专门人才的培养,是通过建立各级各类的红军军事学校来实现的,例如1931年,在瑞金创办的中央军事政治学校(后被整编为红军大学)。这些军事学校为军队培养了一大批的军事人才,充实了红军各部队,基本上满足了扩大红军及地方武装力量的需求。这样就使干部教育初步形成了一个军事干部教育与地方工作干部教育相结合、中央与地方相结合、教育部门与非教育部门相结合的干部教育系统。

---

① 《毛泽东选集》第二卷,人民出版社1991年版,第663页。

第三,社会教育的发展。为了解决根据地成年人中普遍存在的文盲问题,中国共产党在根据地发展小学义务教育的同时,也大力地创办社会教育事业。通过创办夜校、识字班、读报班等各种方式对广大人民群众实行教育,提升文化水平。据1933年的统计,在中央革命根据地的2932个乡中,有夜校6052所,学生90710人。一些因年龄较大或其他原因确实不能进夜校学习的,就安排到识字班、读报班等进行学习,因地制宜地采取各种方式方法进行教育学习。同时,妇女在文化教育方面也得到初步的解放,妇女要求学知识学文化的热情空前高涨。饱尝没有文化之苦的根据地人民对参加各种免费的业余培训,不论男女老少都表现得非常踊跃。各地的革命根据地,尤其是中央革命根据地在社会教育方面取得了十分巨大的成就。埃德加·斯诺后来曾对此评价说:"红军在三四年中扫除文盲的成绩,比中国农村任何其他地方几个世纪中所取得的成绩要大,这甚至包括晏阳初在洛克菲勒资助下在定县进行的'豪华'的群众教育试验。"①第四,师范教育的创办。根据地教育事业的发展离不开教师队伍的建设,建立一支忠实的革命的教师队伍,是根据地教育发展的关键所在。因此党中央十分重视根据地的师范教育建设,采取了一系列措施发展师范教育,一是创办各级各类师范学校,采取初级学校、高级学校,还有教员训练班等多种方式。主要培养工农知识分子,只要愿为苏维埃政权服务,都欢迎其加入。短短几年,各级师范学校就培养出大批的教师。二是坚持在职提高,通过边教边学边提高的方式,组织教育教学研究会,教学经验交流会等形式进行培训与提升,也取得不错的效果。三是提升教师待遇,吸引更多人员加入教育事业,1934年2月,颁布了中央工农民主政府的《小学教员优待条例》,给予教师许多优惠的政策,例如比照政府工作人员标准享受福利待遇等。通过相关政策的颁布实施,大大调动了广大教师工作的热情与积极性,促使他们积极投身到革命根据地的文化教育工作当中去。

(二)革命根据地新闻报刊的发行与提高

革命根据地的新闻出版事业可以说是从无到有,由小到大发展起来的。以毛泽东为代表的中国共产党人,在领导中国革命斗争的同时,十分重视党的文化宣传与新闻报刊的出版工作。伴随着根据地的巩固与发展,根据地的各级各类报刊也由少到多,逐渐发展起来。报刊类型也从各级党政机构的机关报刊,到军队、农会、工会等社会团体的报刊,再到涉及医疗、教育、卫生等方面的专业报刊,都逐步发展起来。1931年11月,中华苏维埃共和国中央政府在江西瑞金成立,1932年1月,在瑞金又成立了中央革命军事委员会出版局。据傅柒生等编著,2011年出版

---

① 〔美〕埃德加·斯诺:《西行漫记》,三联书店1979年版,第159页。

的《红色记忆——中央苏区报刊图史》的研究统计,这一时期中央苏区创办的各类报刊达到300多种。报刊种类不断发展的同时,一部分报刊发行量也不断增加,例如中央级报刊《红色中华》发行到45000份,这一发行量甚至超过了当时在国统区销行的《大公报》的数量。还有《青年实话》《红星》等影响也比较大。这些报刊的出版与发行,对于宣传党的方针政策、传播革命思想、教育人民、鼓舞斗志都起到了很好的作用。除中央革命根据地外,其他根据地新闻报刊也取得了不错的成果。例如,1929年11月下旬,邓小平、张云逸率部抵达百色后,为加强革命宣传,创办了《右江日报》,不定期出版发行。《右江日报》公开宣传中国共产党的革命主张,揭露批判国民党反动派的罪行,为百色起义和党的中心任务大造舆论,起到了党的喉舌的重要作用,具有鲜明的党性,被誉为革命的"螺号"。

(三)革命根据地宣传体制与机制的构建

文化教育制度建设是苏维埃政权建设的重要组成部分。1931年11月颁布的《宪法大纲》中就规定:"中国苏维埃政权以保证工农劳苦民众有受教育的权利为目的,在进行阶级战争许可的范围内,应开始施行完全免费的普及教育,首先应在青年劳动群众中施行,并保障青年劳动群众的一切权利,积极的引导他们参加政治的和文化的革命生活,以发展新的社会力量。"[①]在中华苏维埃中央政府成立后,政府和教育部又先后制定并颁发了许多全国性的教育法规,例如《教育工作纲要》《省、县、区、市教育部及各级教育委员会的暂行组织纲要》《小学校制度暂行条例》《小学课程教则大纲》等。在其他社会文化的法制建设方面,苏维埃中央政府也先后颁布了一系列法规和有关章程。这些法律法规的颁布与实施,一方面体现了中央政府对文教立法工作的重视,另一方面也体现了革命根据地文教体制的建立及其管理,是有章可循、有法可依的。

(四)革命根据地文艺工作的蓬勃发展

在根据地,共产党领导人民群众掀起了形式多样、参与空前的文艺运动。一是推进俱乐部运动的开展。发起开展以列宁室为核心的文艺组织机构建设,并逐步推广到各个部队、机关、学校、企业等地。并提出俱乐部应该是广大工农群众进行自我教育的社会组织,要求大家发扬革命情绪,交换经验和学识。二是大力发展剧团建设。广泛开展戏剧、歌舞、歌谣等多种文艺运动形式,例如1933年4月成立了蓝衫团和蓝衫团学校,该剧校先后为地方和红军部队培养了1000多名学生。到1933年下半年,中央革命根据地的各省都相继成立了苏维埃剧团,在各县成立了工农剧社(分社),在各乡成立了工农剧社(支社)。广大

---

① 中央档案馆:《中共中央文件选集》第七册,中共中央党校出版社1991年版,第775页。

戏剧工作者深入人民群众生活,通过短短几年,创作了许多话剧、歌舞剧等,演出了近百个艺术感染力很强的现代革命戏剧,丰富了人民群众的文化生活,也促进了人民戏剧艺术的发展。根据地的部队文艺工作也是根据地文化工作的重要组成部分。部队文艺不仅能够帮助部队开展政治教育与宣传鼓动,提高部队战斗情绪,而且能够密切部队与人民群众的联系,扩大部队在群众中的影响。1931年,根据地政府便成立了"八一剧团",并以此为基础,在瑞金成立了业余性质的工农剧社,其性质是工人、农民、红军、苏维埃职员等研究革命戏剧的组织,以发展戏剧战线上的"文化革命"斗争,赞助苏维埃革命战争的艺术运动为宗旨。编写出版《革命歌曲集》,以供广大军民学唱。这一时期,《国际歌》《工农兵联合起来》《土地革命歌》《红军纪律歌》《共产儿童团歌》等革命歌曲诞生,并在革命根据地得到广泛传播。

(五)革命根据地医疗卫生和体育运动的兴起

根据地普及以医疗卫生知识为主要内容的科学知识,开展医疗卫生宣传运动。根据地人民政府利用学校教学、俱乐部活动、新闻报刊发行等多种途径,通过集会、演讲、表演等多种形式,向人民群众宣传科学文化知识。尤其是在各级各类学校的教育教学过程中,大力加强科学、卫生常识教育,不断丰富相关教学内容。充分利用俱乐部渗透性强,参加人数众多的特点,在俱乐部活动中有意识地开展医疗卫生为主要内容的科学思想宣传活动,用通俗的、日常谈话式的语言,向人民群众进行宣传教育。同时,苏维埃政府还通过构建覆盖整个中央革命根据地的卫生防疫体系,开展了轰轰烈烈的卫生防疫运动,极大地改善了根据地的生存环境。根据地的体育运动发展也很快。随着根据地不断巩固、发展和红色教育事业的创建,中央革命根据地的学校体育也逐渐展开。根据地的体育运动,军事色彩比较浓厚。无论是在部队还是在地方,运动项目以军事体育为主,如投弹、射击、越野赛跑、游泳、刺杀等项目都有开展。根据地群众还经常利用重大节日举行体育运动大会。1933年5月30日至6月3日,在瑞金就召开了中央革命根据地第一次规模宏大的运动会。根据地体育事业的发展,对增强根据地人民和红军战士的体质,发展生产和参加革命战争,都起到了积极的作用。

根据地文化运动的发展,给广大农村带来了巨大的社会变革。涤荡了封建旧文化与社会陋习,影响和带动了整个革命根据地社会风气的改变,创新性地推进了根据地先进文化建设。根据地的文化是在特殊的历史条件下形成和发展起来的,是在中国共产党领导下进行的,不同于封建旧文化,是完全站在工农群众的立场上,为广大劳苦大众服务的。毛泽东为此曾总结说:"这里一切文化教育机关是操在工农劳苦群众的手里,工农及其子女有享受教育的优先权。苏维埃政府用一切方法来提高工农的文化水平。"①同时,根据地的文化向广大人民群众宣传了马克思主义理论,为革命战争的胜利,为苏维埃政权的巩固和发展提供了精神保障。在开展文化教育以及办学形式等问题上,根据地因地制宜,开展形式多样的文化教育方式。这种不拘一格灵活多样的教育方式吸引了人民群众的广泛参与。不仅适龄入学儿童得到了教育,广大青壮年及妇女同志也通过成人及社会教育学到了文化知识,其覆盖面之大,前所未有。广大群众热情支持,出资出力,齐心协作。男女老少都怀着前所未有的热情积极参与兴办学校,支持文化教育事业。这一切都促进了近代中国文化现代化及大众化的发展,具有重要的历史意义。

**二、国统区左翼文化运动的形成与蓬勃发展**

在国共十年内战时期,除了中国共产党领导的在革命根据地建立的文化之外,中国共产党还积极引领国统区的左翼文化运动。左翼文化运动是一场以上海为中心,以左联为核心组织的,北到哈尔滨、南到广州,波及全国众多城市,涉及文学、戏剧、美术、音乐、电影等多个领域的一场政治文化运动。它包括左翼文学运动、左翼美术运动、左翼电影运动等。是新民主主义革命时期中国共产党领导的革命斗争的一个重要组成部分,是中国现代革命文化发展的一个重要阶段。

(一)以上海为中心的左翼文化运动的兴起

国民大革命失败以后,以蒋介石为代表的国民党在帝国主义、封建地主阶级和买办资产阶级的支持下,在全国范围内建立起了比北洋军阀更残酷、更黑暗、更反动的政治统治。他们不仅几次对中国共产党及革命群众发动大规模的军事围剿,还进行大规模的文化围剿,妄图扑灭革命的火焰,消灭革命火种。在反革命文化围剿中,国民党一方面扩散封建思想,掀起全国范围内的复古主义逆流,大肆宣扬封建法西斯主义文化,提出唯有法西斯之政治能够保障最有效能的统治权,妄图通过这一方式独霸文化领域;另一方面,国民党政府又颁布众多法律及条例进行文化的限制,依靠军警、特务和地痞流氓,采取种种恐怖和血腥手段,疯狂焚书和杀人。1929年起,国民党政府相继颁布《出版社》《宣传审查条例》等法律条例等,限制各种书籍刊物的出版发行,竭力摧残革命文化。"文化是战斗的武器",中国的文化人士为什么会拿起这个武器进行战斗?其实这是与当时国际、国内的政治形势密切相关的。从国际政治形势来看,20年代

---

① 江西省档案馆:《中央革命根据地史料选编》下,江西人民出版社1982年版,第329页。

末至30年代,苏联通过社会改革,顺利完成两个"五年计划",在经济和社会发展上取得了举世瞩目的成就,彰显了社会主义制度的优越性。而1929－1933年发端于美国的经济危机波及整个西方资本主义世界,使西方资本主义世界经历着前所未有的社会动荡。社会主义与资本主义的这种鲜明的对比刺激了国际左翼文化运动的高涨,一场无产阶级革命运动浪潮席卷了欧美、日本等资本主义国家。从国内形势来看,此时的中国社会动荡,内战不断。北伐取得胜利,但国民大革命却以国共合作的失败告终,国民党当局建立反动独裁政权,大肆屠杀共产党人和进步人士。国内的民族资产阶级在各种压力之下得到一定的发展,无产阶级也不断成长壮大起来,阶级矛盾不断上升。与此同时,日本帝国主义不断加紧对中国的侵略,"九·一八"事变后,东北三省沦陷,民族矛盾急剧上升,民众的政治意识得到普遍的加强。这一切为中国左翼文化运动的到来提供了必要的政治文化基础和社会心理准备。另一方面,上海特有的政治、经济、军事以及地理等特点又为这一左翼文化运动的形成与发展提供了土壤。上海租界众多,这些区域国民党当局无力管控。这一特殊的政治环境为左翼文化运动的发展提供了一定程度的安全保障;而一面是繁荣的城市经济,一面是贫富分化,尖锐的阶级矛盾为左翼文化运动提供了现实的物质基础和群众基础。自由开放的文化环境为左翼文化运动提供了文化思想资源。租界当局由于受到西方自由、民主精神的影响,在言论上也采取较为自由的政策,这一租界市政管理体制给予了市民在言论、出版、集会、结社等方面的一定自由,当局对作家的言论不加干涉。左翼作家就是利用租界这种特有的政治环境,突破国民党政府的新闻审查,创作左翼刊物,发表左翼文学的。上海的这一切特殊环境,为左翼文化的形成和发展提供了不可或缺的前提条件。上海的左翼文化运动开始于1928年初的无产阶级革命文学,以创造社和太阳社为代表。1927年国民大革命失败以后,众多文化人士来到上海。如创造社的郭沫若、郁达夫、冯乃超、朱镜我等,他们创办了非常激进的《文化批判》。1928年2月太阳社也在上海成立,其代表钱杏邨、蒋光慈等发起出版了《太阳月刊》,发表左翼文化言论。几乎在同一时期,鲁迅、瞿秋白、茅盾、冯雪峰等文化人士也来到上海。众多文化人士齐聚上海的现状促进了上海文化的发展。1928年,激进的创造社和太阳社成员受到苏联国际左翼文化运动的影响,在上海共同发起倡导"革命文学",提出了无产阶级"普罗文学"等口号。左翼文化运动从此逐步兴起和发展起来。

(二)中国左翼作家联盟的成立与文化引领

分散的左翼文化运动的发展壮大需要有组织的领导。1930年3月2日,在中国共产党的努力下,中国左翼作家联盟在上海公共租界越界筑路区域窦乐安路

233号的上海中华艺术大学举行了成立大会。鲁迅在成立大会上发表了《对于左翼作家联盟的意见》的讲话,指出了左联的文艺要为工农大众服务,要接触社会斗争,与国民党当局争取文化宣传阵地。左联为代表的左翼文化从一开始就是反对旧的统治的。这个从左联开始建立时的纲领中就可以得到确认:"当时所确定的这个组织的行动总纲领的主要点,一是我们文学运动的目的在求新兴阶级的解放。二是反对一切对我们的运动的压迫。同时决定了主要的工作方针:(1)吸收国外新兴文学的经验,及扩大我们的运动,要建立种种研究的组织。(2)帮助新作家之文学的训练,及提拔工农作家。(3)确立马克思主义的艺术理论及批评理论。(4)出版机关杂志及丛书小丛书等。(5)从事产生新兴阶级文学作品。"[1]"因此,我们的艺术是反封建阶级的,反资产阶级的,又反对'稳固社会地位'的小资产阶级的倾向。我们不能不援助而且从事无产阶级艺术的产生。"[2]

正是由于左联反对政府的反动统治,其一成立,立即遭到国民党政府的破坏和镇压。国民党当局通缉左联成员,取缔左联组织,并颁布各种法令条例,查禁报刊和书籍,封闭书店,检查稿件,秘密杀害革命文艺工作者。但左联人士并没有被国民党当局所吓倒,他们顽强战斗,不仅没有关闭上海左联,还在北平、东京、天津等地成立了左联的分部,在保定、广州、南京、武汉等地成立了左翼作家小组。参加左联的成员,也不限于文化工作者,还进一步扩大到教师、学生、职员、工人,成员总数达数百人。1936年春,根据形势的需要,为了建立文艺界抗日民族统一战线,"左联"自动解散。左联在国民党政府残酷压迫下顽强战斗了6个年头,粉碎了国民党当局的文化围剿,有力地配合了中央根据地军事上的反围剿斗争。左联培养了一支坚强的革命文艺大军,为抗日战争时期、解放战争时期,甚至中华人民共和国成立以后的人民文艺事业准备了一批骨干人才。左联为建设人民大众的革命文艺做出了卓越贡献,成为中国革命文学史上的丰碑。

(三)各地左翼文化运动的蓬勃推进

国统区的左翼文化运动主要发端于上海,但随着国内外革命形势的不断发展,全国各地尤其是北方的左翼文化运动也发展起来,他们组织社团,创作改造左翼文学作品,发行了数十种左翼文学刊物,极大地推动了北方左翼文化运动的发展。在北平,左翼文学社团逐渐形成和发展起来。由于北平师范大学、中国大学等学校政治氛围较浓,学校制度较为宽松,同时学生的思想更为活跃,左翼文学社团集中在这些学校里发展起来。诸如新野社(1928)、人间社(1929)、初步社

---

[1] 陈早春:《中国左翼作家联盟文件选编》,载《新文学史料》,1980年第1期,第123页。
[2] 同上。

(1931)、文学月刊社(1932)以及北国社(1932—1933)等。中国左翼作家联盟在上海的成立震撼了整个中国文坛,对北方的文化界和青年学生都产生了巨大的影响。1930年夏天北平普罗文化运动受到上海左联的影响,上海左联的政治纲领和工作大纲等对北平左翼文化运动的开展也起到了巨大的促进作用,为北平左翼作家联盟的成立和组建提供了理论引导。经过多方筹备,北方左翼作家联盟于1930年9月18日在北平大学法学院的小礼堂里举行了成立大会,宣告了北方左翼作家联盟的诞生。北方左翼作家联盟的成员大都是大学生、中学教师、大学助教中爱好文艺的青年人士。到1932年,北平、天津相继成立左翼文化总同盟,领导北方各地的左联组织。

"九·一八"事变后,东北沦陷。为了反抗日本对哈尔滨文化的专制统治,争取宣传阵地,中国共产党党员金剑啸、罗烽团等在哈尔滨创办革命文化刊物,团结进步文学青年。1933年8月,金剑啸通过关系,在日伪政府官办的《大同报》上创办了副刊《夜哨》,寓意该刊是黑暗统治下的前哨阵地,进行进步文学的创作。1934年1月,受中共委托,白朗进入哈尔滨《国际协报》,主编其副刊《文艺》,发表左翼文学作品。同一时期还刊登了许多苏联作家的作品,宣传社会主义思想。1936年初,金剑啸又租借了日本人经营亏损的《大北新报画刊》,以诗歌、文章、照片、漫画等形式进行抗日宣传。在创办报刊的同时,哈尔滨左翼人士还积极组建左翼文化团体,结成文化同盟。1933年7月,金剑啸等创办了哈尔滨第一个半公开性质的抗日演出团体——"星星剧团",进行抗日作品的排练与演出,希望像星星一样为黑暗中的哈尔滨带来一点生气。1935年4月,口琴教师袁亚成在哈尔滨成立了哈尔滨口琴社,组织演奏抗日歌曲。1937年,关毓华、王忠生、关沫南、宋敏、边惠等青年在哈尔滨发起成立了"哈尔滨马克思主义文艺学习小组"。不仅学习社会科学理论及文艺理论,还进行进步文艺创作。哈尔滨左翼文化战士,冒着生命危险,以笔作刀枪,利用敌伪的报刊、通讯社,进行隐蔽曲折的抗日宣传,积极参加并指导革命文艺运动。这一时期,其他左翼文化组织也不断发展壮大。在左联成立之后,又相继成立了剧联、社联、美联。"临时中央"成立后,语联、记联、教联、影评小组、音乐小组等也相继成立,形成完整的文化界左翼阵线,统称为"八大联"。各联盟外围还有众多文化团体,如"社联"外围组织社会科学研究会范围广泛,人数最多时达一千二、三百人。话剧界仅上海的学校剧团就有20多个,都是重要的左翼文化力量。

(四)左翼文化运动的特征及历史影响

左翼文化运动是由中国共产党领导、形成于国统区的特殊文化形式,又是在一个国际、国内形势纷繁复杂的环境下诞生的,具有其特定的时代特色。第一,受到中国共产党指导并翻译出版了大量的马克思主义作品。尽管左翼文化运动是在国统区进行的,但一直受到中国共产党的影响与指导。首先,在左联的12个筹备小组成员中,除鲁迅、郑伯奇以外,其他十人都是中国共产党党员。左翼作家联盟成立后,其成员构成也是共产党员越来越多,非党员越来越少,基本上已"成为第二党"。由于中共党员的人数较多,所以左联内部设有共产党的党组,直接接受中共中宣部领导的"文委"指挥。尽管党团自身并不具备直接指挥左联的权力,但党团的存在使得左联本身的"政治性"维度至少在观念和组织形式上得到了体现。其次,左翼文化运动在指导思想上也受到马克思主义的指导,以马克思主义文艺理论为核心内容。在左联筹备会上就把确立马克思主义的艺术理论及批评理论作为左联的主要工作方针之一。左翼人士信一在《大众文化》创刊号上就明确提出:"谁也知道左翼文化运动是国际性的。各国无产阶级政治的文化的斗争的经验,都是极宝贵的教训,值得相互学习和研究的。特别是苏联的文化,他是在无产阶级自己的国家顺利的条件下发展起来的。十四年来,苏联的文化已有伟大的惊人的成绩。马克思列宁主义在这个国土里,得到极丰富的开展。幼稚的中国左翼文化,更应该深刻的学习这国际的宝藏,以充实并教育自己。"[①]由此看来,宣传马克思主义理论也成为左翼文化运动的重要内容。

左翼文化运动翻译出版了大量的马克思主义作品,期间大约有100种俄罗斯作品被译成中文。在整个国共十年内战时期,国内翻译出版的马克思主义著作中,绝大部分都是由左翼文化人士或左翼文化运动参与者译著的。左翼文化运动在推广、传播马克思主义理论方面做出了重大贡献。在左翼文化运动过程中,中国共产党领导左翼文化人士创作了大量的进步文化作品,左翼文化人士在文学、戏剧、音乐、电影、美术等众多领域都取得了光辉的成就。在马克思主义文艺理论的指导下,左翼文化人士创作了大量丰富多彩、生动形象的文艺作品,这些作品在人民群众中得到广泛的传播,成为这一时期在国统区宣传马克思主义理论重要的渠道和载体。第二,从反对一切到联合一切的历史转变。前文我们提到,发端于上海的左翼文化运动的形成在很大程度上就是由于国际社会主义与资本主义的对比中,苏联的社会主义制度占有明显优势。"帝国主义统治下的旧世界,因为内部矛盾日益发展,经济危机加速的深化,现在无处不是饥饿,杀戮,铐镣,无处没有斗争,愤懑,革命,一切惨憺残酷黑暗的光景证实资本主义第三时期的腐败崩溃的特质。反转来无产阶级政权统治下的新世界里面,社会主义建设的成果日益显

---

① 信一:《目前政治危机与左翼文化斗争》,见中共北京市委党史研究室:《北方左翼文化运动资料汇编》,北京出版社1991年版,第129页。

著,广大劳苦群众的生活,益向上改善,充满着和平、建设、协力、幸福、热心和一切光明的要素。"①所以国内的左翼文化运动在一开始就是坚信马克思主义才是正确的,是世界上唯一的真理所在,并以此来审视当时中国的思想界。认为非马克思主义的就是错的,反动的。因此,左联就提出:"为完成我们的任务,我们要:一、反对帝国主义!二、反对军阀混战!三、拥护无产阶级的祖国——苏联!四、反对托罗斯基派取消派和社会民主主义!五、拥护中国苏维埃政权!六、创造工农文化!"②

由于国内外政治形势的变化,一方面,日本帝国主义加紧对我国的侵略,民族矛盾进一步上升;另一方面,1935年8月,共产国际第七次代表大会提出要组织反法西斯统一战线的口号,中国共产党则发表《八一宣言》,主张建立抗日民族统一战线。11月提出解散左联,要求在"保护国家""挽救中华民族"的口号下"组织一个广大的文学团体"。左翼文化运动发展到后期,尤其是华北事变之后,在民族矛盾进一步激化的情况下,在新启蒙运动中,左翼知识分子的态度也发生了转变。在对待外来文化问题上,其看法便明显地发生了变化,不再全力驳斥西方文化,而是提出可以系统介绍西方启蒙运动及其著作,并开始欢迎一切有用的外来文化了。同样,在对待国民党政府问题上也发生了变化。在左联刚成立的一年多的时间里,其斗争的矛头主要是指向国民党当局的。尽管也曾提出反对帝国主义等口号,但其主要斗争的方向仍然是与国民党政府进行周旋,抢夺舆论阵地。但是到1934年下半年,随着民族矛盾的上升,左联也开始认识到中华民族已经到了生死存亡的重要关头,开始公开倡导国防文学的创作了。左翼文化运动可以说是五四运动的延续,也是在思想领域探索国家救亡行动的延续。在中国革命的关键期,左翼文化运动发挥了先进文化的影响力,从而在哲学、文学、艺术等意识形态领域,冲破国民党当局的种种文化限制政策,在文化的反围剿上取得了胜利,不仅扩大了马克思主义的舆论阵地和正面影响,还影响了广大群众,拓宽了左翼文化运动的群众基础,同时还锻炼了一支坚强的文化战斗队伍,为抗日战争乃至后来的中国革命事业培养了文化领导骨干。

---

① 陈早春:《中国左翼作家联盟文件选编》,载《新文学史料》,1980年第1期,第125页。
② 陈早春:《中国左翼作家联盟文件选编》,载《新文学史料》,1980年第1期,第129页。

### 三、抗日战争时期民族文化的融合与自强

自日本1931年发动全面侵华以来，除了对中国进行军事侵略、经济掠夺，还抛出了"思想战""宣传战"的理念，大肆鼓吹日本文化，贬低中国文化，加紧实施对中国的文化侵略。1937年全面抗战爆发后，中华民族的民族主义情绪高涨，直接导致中国的政治、经济、文化思想上的大转向、大变革。在国共两党共同努力下，广大文艺工作者摒除不同政见、不同流派，结成文艺抗日统一战线。国民党提出"文化备战""精神国防"和"国民精神总动员"；共产党则提出文艺为抗战服务、文艺为工农大众服务和提倡文艺民族形式，为鼓舞民众坚持抗战，激发人民战胜日本侵略者的斗志和信心，发挥了重要作用。1937年9月23日，蒋介石发表谈话，公开承认中国共产党的合法地位，第二次国共合作正式形成，抗日民族统一战线正式确立。国共合作的建立，为持不同政见的艺术家实现在抗战旗帜下的大联合，创造了政治条件。

（一）外御其侮，抗日民族统一战线的建立

中华民族是以汉民族为主体、经过数千年的民族融合而成，尽管在民族大家庭内部也曾时有纷争，但融合是历史的总趋势。国民政府在"九·一八"事变后，蒋介石就提出："如日寇相迫过急，我必与之一战，以存我民族之气。"[①]1937年，面对日军的大举侵略和中国共产党的抗日诚意，蒋介石在9月23日发表的谈话中，表示了共同团结救亡御侮的态度，赞成"民族意识胜过一切"，表示"在存亡危急之秋，更不应计较过去之一切，而当使全国国民彻底更始，力谋团结，以共保国家之生命与生存。今日凡为中国国民，但能信奉三民主义而努力救国者，政府当不问其过去如何，而咸使有效忠国家之机会。对于国内任何派别，只要诚意救国，愿在国民革命抗敌御侮之旗帜下共同奋斗者，政府无不开诚接纳"，"中国共产党人既捐弃成见，确认国家独立与民族利益之重要，吾人唯望其真诚一致，实践其宣言所举之诸点，更望其在御侮救亡统一指挥之下，以贡献能力于国家，与全国同胞一致奋斗，以完成革命之使命"[②]。

1938年3月31日国民政府通过了关于文化建设原则纲领，其中确定了反抗日本侵略文化、建设中华民族的新文化的重要原则："以文化力量，发扬民族精神，恢复民族自信，加强全国民众之精神国防，以达民族复兴之目的。对于一切文化

---

① 李勇、张仲田：《蒋介石年谱》，中共党史出版社1995年版，第134页。
② 中共中央党史资料征集委员会：《第二次国共合作的形成》，中央党史资料出版社1989年版，第330～331页。

事业,尽保育扶持之责,以督促、指导、奖励及取缔方法,促成全国协同一致之发展。"①1939年3月12日,国民党政府又颁布了《国民精神总动员纲领》,这是由蒋介石亲自倡导和监制的重要纲领。其思想就是要深入动员广大国民,"非提高吾全国国民坚强不屈之精神,不足以克服艰危而打破敌人精神制胜之毒计"。提出"在个人为集中其一切意识思维智慧与精神力量于一个方向而提高使用之,在国民全体为集中一切年龄职业思想生活各个不同之国民的精神力量于一个目标而共同鼓舞以增进之"。指明国民精神总动员之三个简单明显的共同目标,"即(1)国家至上民族至上,(2)军事第一胜利第一,(3)意志集中力量集中是也"。同时也提出要求国民要忠于国家,忠于民族。"今当国家民族危急之时,全国同胞务必竭忠尽孝,对国家尽其至忠,对民族行其大孝"②。

面对日本帝国主义的入侵,中国共产党积极倡导抗日民族统一战线。早在1935年,中国共产党在《八一宣言》中就提出:"大家起来!冲破日寇蒋贼的万重压迫,勇敢地:与苏维埃政府和东北各地抗日政府一起组织全中国统一的国防政府;与红军和东北人民革命军及各种反日义勇军一块组织全中国统一的抗日联军。"③在1938年的六届六中全会上,毛泽东也指出:"在一切为着战争的原则下,一切文化教育事业均应使之适合战争的需要。"④1940年9月,《中共中央关于发展文化运动的指示》就要求国统区的党组织,要将积极推进国统区的抗日文化运动作为一项重要工作。1940年12月25日,在《论政策》一文中毛泽东又指示全党:"关于文化教育政策。应以提高和普及人民大众的抗日的知识技能和民族自尊心为中心。应容许资产阶级自由主义的教育家、文化人、记者、学者、技术家来根据地和我们合作,办学、办报、做事。"⑤到1941年6月,《中共中央关于党在文化运动上的任务》进一步提出:"团结一切抗日不反共的文化力量,建立文化运动上最广泛的统一战线,向着一个共同目标:反对民族敌人——日本帝国主义,反对民族投降主义,反对黑暗复古主义。"⑥将发展进步文化力量与民主思想、宣传科学社会主义作为抗战文化统一战线的重要目标,以团结一切可以团结的抗日力

---

① 中国第二历史档案馆:《中华民国史档案资料汇编第五辑第二编文化(一)》,江苏古籍出版社1998年版,第1页。
② 孟广涵:《国民参政会纪实》上卷,重庆出版社1985年版,第445~460页。
③ 中央档案馆:《中共中央文件选集》第十册,中共中央党校出版社1991年版,第522页。
④ 中共中央文献研究室中央档案馆:《建党以来重要文献选编(一九二一~一九四九)》第十五册,中央文献出版社2011年版,第618页。
⑤ 《毛泽东选集》第二卷,人民出版社1991年版,第768页。
⑥ 南方局党史资料编辑小组:《南方局党史资料-文化工作》,重庆出版社1990年版,第9页。

量,推动抗战文化不断向前发展,争取全民族抗战取得最终胜利。1942年5月在延安举行的文艺座谈会上的讲话中,毛泽东再次强调:"文艺服从于政治,今天中国政治的第一个根本问题是抗日,因此党的文艺工作者首先应该在抗日这一点上和党外的一切文学家艺术家(从党的同情分子、小资产阶级的文艺家到一切赞成抗日的资产阶级地主阶级的文艺家)团结起来。"①所有这一切都反映出中国共产党团结抗战的态度和意志。

(二)同仇敌忾,抗日战争时期的文化动员与联合

抗日战争时期,全民族、全行业都联合了起来,当时文化被视为中华民族的"精神国防"和中国人民的"精神食粮",文化动员也成为一项与军事、政治、经济同等重要的事业。在抗日战争爆发前,全国文艺界大致分为中共领导下的左翼、国民党领导下的右翼,以及无党派作家三大类,文艺界斗争非常激烈。随着全面抗战的爆发,国共合作建立后,国共双方在结束军事敌对斗争的同时,也结束了在文艺战线的敌对,并迅速集结各自的文艺队伍,展开文艺界的大联合,大家纷纷组建文艺界抗日团体,文艺界的抗日统一战线逐步形成。七七事变爆发后第三天,即7月9日,140多名文化界人士齐聚上海,决议成立文化界的抗日救国团体。7月15日,由"上海剧作者协会"扩大而来的"中国剧作者协会"在上海宣告成立。1937年12月31日,经过六天的紧张筹备,由阳翰笙、王平陵发起的"中华全国戏剧界抗敌协会"在汉口宣告成立。其会章中第一条是本会定名,第二条提出"本会以团结全国戏剧界人士,发展戏剧艺术,推动抗战工作为宗旨",以团结全国电影界人士,发展电影文化,从事抗战工作为宗旨的"中华全国电影界抗敌协会"也于1938年1月29日在武汉成立。

抗日战争时期规模和影响最大的抗日文艺团体——"中华全国文艺界抗敌协会"于1938年3月27日在武汉召开成立大会。协会以"联合全国文艺作家共同反对日本帝国主义的侵略,完成中华民族自由解放,建设中华民族革命的文艺,并保障作家权益为宗旨"②,其会员包括政府官员、报纸编辑、著作家、大学教授、作家、国画家、战地记者、中学教员、学生等。中华全国文艺界抗敌协会在其《发起旨趣》中就提出应该把分散的各个战友的力量,团结起来,像前线战友的枪一样,用我们的笔,来发动群众,捍卫祖国,粉碎敌寇,争取胜利。国民党中央社会部在给其工作指令中也要求:"从速发动各省分会组织,使各地文艺界人士均能有组织、

---

① 《毛泽东选集》第三卷,人民出版社1991年版,第867页。
② 中国第二历史档案馆:《中华民国史档案资料汇编第五辑第二编文化(一)》,江苏古籍出版社1998年版,第189~190页。

有计划参加抗敌文化工作";"指导并鼓励文化作家从速民族文艺基础之建立及抗战文艺作品之写作。"①它的成立标志着中国文艺界抗日民族统一战线正式形成。表明在全民族团结抗战的旗帜下,以作家为主体,包括众多行业的文艺工作者摒除一切成见,实现了文艺界的团结抗战。在整个抗日战争期间,"文协"利用会刊《抗战文艺》,推进文艺大众化工作,鼓舞和动员一切力量投入为抗战提供精神食粮的事业中,做出了重要的贡献。

经过积极倡议和筹备,中华全国美术界抗敌协会于1938年6月6日在武汉召开成立大会,与会代表有100多人。协会以"团结全国美术作家,推动抗战工作,发展民族革命美术为宗旨"。协会成立后,在武汉举办了抗战美术作品展览会,协会还出版发行了八路军抗战特辑,热情讴歌了八路军将士的英勇抗战事迹。以组织全国木刻作者,发挥集体力量,争取中华民族的自由解放,并巩固中国木刻运动的基础为宗旨的"中华全国木刻界抗敌协会"也于1938年6月12日在汉口成立,以期集中力量,服务国家抗战。1938年10月10日,在重庆举行了以宣传抗战为主题的中国第一届戏剧节,历时22天,有1500名专业和业余的戏剧工作者参加演出,参演剧团20多个,公演剧目40多个,观众达10多万人次。中国文艺协会于1936年11月22日在陕北保安县组织成立。他是陕北根据地的第一个文化社会团体,丁玲同志担任协会的主任。中国文艺协会是苏维埃运动史上的一大创举,拉开了延安边区大规模文化运动的序幕。从此边区的文艺运动不断发展壮大起来,到1940年1月,边区文艺协会召开第一次代表大会,共有107个文化团体的274名代表参加了会议,这也是中国共产党历史上盛况空前的一次文化会议。

抗日战争给中国人民留下了太多刻骨铭心的记忆。在国家生死存亡的历史关头,在国共两党的共同努力下,中华民族联合起来,广大文艺工作者团结起来,建立了众多的抗日团体,结成文艺界抗日统一战线。广大文艺工作者走出书房,走到人民群众中去,投身到民族救亡的历史大潮中去。这种在硝烟弥漫的抗日烽火战场上诞生的抗战文艺是战斗的文艺,是进步的文艺,是民族的文艺,他们生动地描绘了那段波澜壮阔的民族团结抗战的历史,在中华民族文化和精神发展史上留下了史诗般的记载。

(三)一个政党一个领袖,国民政府的文化专制

抗战初期,国民党政府的文化政策相对比较积极和开明。例如1937年7月

---

① 中国第二历史档案馆:《中华民国史档案资料汇编第五辑第二编文化(一)》,江苏古籍出版社1998年版,第211页。

29日蒋介石在对新闻记者发表的"今后对日方针"的谈话中表示:日军既蓄意侵略中国,不异用尽种种手段,则可知平津战争之开始,而决非其战争之结局,国民只有一致决心共赴国难。国民政府采取团结抗战之政策,抗战文化也成为抗战初期国民政府文化政策的主流。但这只是暂时的,本质上,三民主义才是国民党的理论基石。国民党执政以后,不断以"三民主义"对国民进行"党化教育"。1931年2月,蒋介石在总理纪念周发表主题演讲,阐述有关中国教育的相关思想,就明确提出要以中华文化中的传统伦理道德来统一国民的思想。"中国必须有一个中心思想,才能立足于世界",这就是孙中山先生的三民主义,并大力宣扬三民主义思想,称"中山先生的思想,完全是中国的正统思想,就是继承尧、舜以到孔、孟而中绝的仁义道德的思想。"[1]出于国民党所代表的阶级利益需要,到了抗战中后期,国民政府的文化专制主义又开始抬头,反日文化与反共文化并举。到1939年国民党五届五中全会以后,反共专制思想又达到了一个小高潮,国民政府成立了戏剧审查委员会,抓紧文化审查工作。一些抗日救亡团体受到国民政府顽固派的打击和迫害,抗日文化运动遭到压制和破坏。到了1943年3月,蒋介石找人代笔写作,出版了一部系统表述其政治观点、哲学思想和对内、对外政策的著作——《中国之命运》。《中国之命运》一书大肆攻击自由主义和共产主义思想,认为它们是对"英美思想与苏俄思想的抄袭和附会","不切于中国的国计民生"。其核心就是在中国宣传"一个主义、一个政党、一个领袖",以图证明在中国三民主义才是中国之命运的唯一正确的理论,国民党才是中国之命运的唯一正确的代表,而蒋介石本人也才是中国之命运发展的唯一的领袖。并提出"除中国国民党领导的国民革命之外,再没有第二条道路,可以顺应国民的希望,代表国民的要求,集中国民的信心"[2]。排斥其他文化在中国的发展,国民政府又走上了文化专制的道路。

(四)民族科学大众的新民主主义文化,共产党人的文化选择

抗日战争时期,外来入侵,民族存亡,这一时期可以说是近代以来中国社会最为动荡,矛盾最为复杂的阶段。民族存亡之秋,激发了全民族空前的大团结,1840年以来的民族复兴浪潮得到进一步提升。民族复兴必然要求社会经济、政治以及文化的重建,特殊的斗争环境促进了中华民族文化的改革与创新。中国共产党顺应时代发展的历史潮流,高举新民主主义文化的旗帜,引领了中国先进文化的前进方向。近代以来,中国文化在与西方强势文化的冲撞和融合中得以曲折发展,

---

[1] 张其昀:《先总统蒋公全集》第三卷,中国文化大学出版部1984年版,第616页。
[2] 蒋中正:《中国之命运》,正中书局1943年版,第28页。

这一历史背景必然会产生如何对待、选择中西文化的问题。在国内,近代的文化就是三民主义与共产主义的竞争,但是在国民党政权作为国家正统的形势下,共产主义绝无可能取代三民主义。以毛泽东为代表的中国共产党人始终坚持实事求是的态度对待传统文化和西方文化,既反对"尊孔圣儒"的"文化保守主义",同时也反对"言必称希腊"的"全盘西化"思想,而是坚持把马克思主义与中国具体实际相结合,坚持历史唯物主义的观点,避开共产主义与三民主义的隔阂,打破了过去左翼文化理论的既有框架,针对中国革命的特点,创造出了新的理论体系,提出了新民主主义文化理论。

1940年1月5日,张闻天在陕甘宁边区文化界救亡协会第一次代表大会上提出,中华民族的新文化必须是为抗战建国服务的文化,要完成这个任务,这种新文化必须是民族的;民主的;科学的;大众的。之后毛泽东同志在《新民主主义政治与新民主主义的文化》一文中则更为详细地表达了中国共产党人的文化观。他提出:"这种文化,只能由无产阶级的文化思想即共产主义思想去领导,任何别的阶级的文化思想都是不能领导了的。"①"现阶段上中国新的国民文化的内容,既不是资产阶级的文化专制主义,又不是单纯的无产阶级的社会主义,而是以无产阶级社会主义文化思想为领导的人民大众反帝反封建的新民主主义。"②明确提出了现阶段新民主主义文化就是民族的科学的大众的文化。1941年5月至1945年4月20日期间,毛泽东同志通过《改造我们的学习》和《关于若干历史问题的决议》,开始了为期4年左右的延安整风运动,通过这一运动,使全党确立了一条实事求是的辩证唯物主义的思想路线,为新民主主义文化建设奠定了思想理论依据和哲学方法论基础。第一,新民主主义文化是民族的文化。新民主主义文化是反对帝国主义压迫,主张中华民族的尊严和独立的。它立足于中华民族几千年发展的现实土壤,无论是表达方式,还是表达形式完全是中国的,带有中华民族的特性。对于中外文化采取批判性继承和发展的方式,决不生吞活剥地毫无批判的吸收,而应取其精华、弃其糟粕,最终实现民族独立和国家发展。新民主主义文化具有民族性,但它绝不是狭隘的民族主义封闭的文化,它同一切别的民族的社会主义文化和新民主主义文化相联合,建立互相吸收和互相发展的关系。它大量吸收外国的进步文化作为自己文化食粮的原料来充实自己。对于一切外来的文化,都要经过一个去其糟粕、取其精华的过程来加以吸收,使它和民族的特点相结合,经过一定的民族形式体现出来。第二,新民主主义文化是科学的文化。首先,新民

---

① 《毛泽东选集》第二卷,人民出版社1991年版,第698页。
② 同上,第706页。

主主义文化从自身的内容上来说是提倡科学,反对愚昧和迷信,主张启发人民的觉悟,鼓舞人民通过斗争为自己争取权利。毛泽东强调:"它是反对一切封建思想和迷信思想,主张实事求是,主张客观真理,主张理论和实践一致的。"①其次,又体现在具有科学的方法和态度上。毛泽东说:"中国无产阶级的科学思想能够和中国还有进步性的资产阶级的唯物论者和自然科学家,建立反帝反封建反迷信的统一战线。"②提出在对待中国传统文化和外来文化上,我们应该以科学的态度批判和吸收,既不能搞民族虚无主义也不能搞文化保守主义。第三,新民主主义文化是大众的文化。新民主主义的文化"应为全民族中百分之九十以上的工农劳苦民众服务,并逐渐成为他们的文化",为人民大众服务是新民主主义文化的基本价值取向。毛泽东强调"这种新民主主义的文化是大众的,因而即是民主的"③。不论是文化运动还是实践运动都是具有群众性的,只有将文化面向广大人民群众,接近民众,才会得到民众的支持。也就是把人民大众作为文化的主体,实现了文化的社会化、大众化。

民族的科学的大众的新民主主义文化,既体现了东方文化以民族为本的民族精神,又展现出近代西化过程中以民主科学为用的时代精神,同时包含着中国共产党人以人民大众为本的民本思想和政治倾向,是一种将中外文化有机融合的综合性文化整合与创新,在马克思主义理论的指导下,吸收了自新文化运动以来中华大地上不同文化派别对中国文化所做出的正确的合理的部分,并对其局限性做出了科学的改正与完善,符合近代中国文化的发展潮流,因而,得到了人民群众的广泛拥护和支持。五四运动以前八十年的历史已经证明,不论是恪守传统文化的"中体西用"模式,还是照搬西方的君主立宪、民主共和模式都不能引领中国文化现代化走向成功。这也进一步表明,固守中国传统文化与完全照搬西方的资本主义文化现代化都不是中国文化发展的正确方向。而新民主主义文化正顺应了当时历史的需要,它在马克思主义理论的指导下,传承和发扬了中华民族以爱国主义为核心的民族精神基因,自强不息、敢于同一切敌人血战到底的抗争勇气和顽强意志,又吸收借鉴了西方近代文明中民主、科学思想等合理成分,引领了健康向上、丰富多彩,富有民族气派、具有科学精神、反映大众需求的文化新风尚。新民主主义革命时期,在中国文化现代化发展方向的选择上,国民党、共产党以及中间力量都提出了自己的文化主张,但在历史的抉择中,不论是主张固守封建传统文

---

① 《毛泽东选集》第二卷,人民出版社 1991 年版,第 707 页。
② 同上,第 707 页。
③ 同上,第 708 页。

化的"文化保守主义",还是主张全盘西化的"文化激进主义",都违反了文化发展的辩证思维规律和社会进步的历史潮流,所以,没有得到人民大众的支持。最终中国共产党人在历史文化的比较中选择了马克思主义,确立了新民主主义文化的正确发展方向,开启了"马魂、中体、西用"的中国现代文化发展之路,从此,民族的科学的大众的新民主主义革命文化逐渐建立起来,中国近现代文化发展也迈向了文化进步与精神自强的康庄大道。

# 第三篇

# 当代中国特色社会主义文化发展和精神建构的理性历程与文化自觉

中华人民共和国成立后,以毛泽东同志为核心的中国共产党人率领中国人民在完成第一个历史使命之后,又开始了为实现第二个历史使命即国家繁荣富强和人民共同富裕的艰苦探索。在传承革命文化的同时,又创造性地进行了以"双百""二为"为主要指导思想的社会主义先进文化建设,在思想文化和意识形态建设、教育事业、文化传播等方面取得了许多积极成果,同时也遗留下许多宝贵的经验教训。其中50年代的"反右"扩大化,以政治标准取代学术、艺术探索,思维方式上的极端化倾向与"左倾"文化思潮泛滥,最终为十年"文革"埋下了伏笔。

改革开放以来,在邓小平"解放思想,实事求是"的大力倡导下,通过实践是检验真理唯一标准问题的大讨论,拨乱反正,提出了坚持四项基本原则、加强"两个文明"建设、"两手抓"的重要思想,为中国特色社会主义先进文化的形成与发展确定了指导思想和基本原则,奠定了基本的理论框架和历史走向。江泽民和胡锦涛时代,沿着邓小平开创的中国特色社会主义文化发展道路,在文化自觉和精神构建的路途上坚持"与时俱进,求真务实"的发展理念,相继提出了"三个代表"和"先进文化"的思想主张,界定了中国特色社会主义文化和发展道路的基本内涵,提出了社会主义核心价值体系与和谐文化建设、"八荣八耻"为主要内容的社会主义"荣辱观"、大力促进文化事业和文化产业协调发展等理论观点和发展思路,丰富和发展了中国特色社会主义文化理论和实践探究。党的十八大以来,以习近平总书记为核心的党中央,高举中国特色社会主义伟大旗帜,承前启后、继往开来,在"进行伟大斗争、建设伟大工程、推进伟大事业、实现伟大梦想"的征程中,相继提出了大力弘扬、培育和践行社会主义核心价值观,大力加强社会主义意识形态建设,中国梦,"四个自信"与"文化自信",倡导构建"人类命运共同体",促进全球治理体系变革等思想主张和发展举措,思想文化建设取得重大进展和辉煌成就,使中国特色社会主义文化强国建设跨入了一个崭新的时代。

概言之,古代中国孕育和创造了博大精深、辉煌灿烂的华夏文明和思想文化精神,曾经引领世界文化和文明发展数千年。自"西学东渐"以来,中国近现代、当代文化建设和精神建构经历了一系列挫折和坎坷,当然也取得了巨大的历史性成就。其中,既有"中体西用"的纠结困惑,也有新文化和五四运动的狂飙突进;既有新民主主义革命时期的文化自强和精神飞扬,也有社会主义革命和建设时期的阶段性"全盘否定"的"极左"思维;既有20世纪80、90年代的"全盘西化"的社会思潮和文化虚无主义泛滥,也有21世纪以来"文化自信"的逐渐确立。曾经有过迷茫、失落、困顿、冲突、痛苦乃至沉沦,也经历过狂热、执着、高亢和决绝,更孕育了精神焕发、斗志昂扬、奋发图强、砥砺奋进的坚强意志和精神品格和与时俱进、传承借鉴、综合创新、发扬光大的唯物辩证思维和科学理性态度。而就辩证法的矛盾观点来看,这正是中国文化尤其是中国近现代、当代文化发展的必经之路和必然趋势。因此,我们有理由坚信,如果说先秦文化是中国传统文化的元典时代,汉唐宋文化是中国传统文化的巅峰时期,那么,站在中国优秀传统文化、革命文化和社会主义先进文化肩膀之上的中国特色社会主义文化,必将再一次缔造中国文化的新辉煌!

# 第八章 "积极探索,曲折前行"

——新中国前三十年的文化成就与经验教训

1949－1976年,中国社会经历了由新民主主义向社会主义的过渡时期、五六十年代全面建设社会主义时期和十年"文化大革命"时期。在大规模进行经济建设的同时,中国共产党适应每个阶段的形势变化,进行了文化建设,取得了积极的成果,也留下了宝贵的经验教训。

**一、过渡时期的文化建设及经验教训**

(一)过渡时期文化建设

1949年新民主主义革命的胜利,我国进入了由新民主主义社会向社会主义社会过渡的时期,在这个过渡形态的社会中,交织存在着封建文化、资产阶级文化和以马克思主义为指导的无产阶级的文化,在对待它们的问题上,中国共产党采取了文化建设与文化改造并举的政策,与过渡时期总路线相适应。

1. 确立并坚持马克思主义在思想文化领域中的指导地位

马克思主义是无产阶级认识世界、改造世界的强大思想武器,是一切先进文化的灵魂和旗帜,同时也是社会主义国家的意识形态和思想基础。因此,巩固马克思主义意识形态是中华人民共和国成立初期文化建设的首要任务。1951年2

月,中共中央在《关于加强理论教育的决定(草案)》中提出:"现在国内战争已经基本上结束,党正面临着建设新中国的复杂任务,全党有系统地学习理论,比较过去任何时候都有更好的条件,也更加迫切需要",所以必须领导全体党员和广大民众"在统一的制度下无例外地和不间断地进行马克思列宁主义——毛泽东思想的有系统地学习,以便逐步地造成全党的理论高涨"。由于本次学习教育运动的根本目的是帮助干部群众与知识分子树立唯物主义世界观和方法论,因此,学习的主要内容是马克思主义哲学,而对马克思主义哲学的学习又是从学习社会发展史和历史唯物主义常识开始的。学习的主要教材是于光远翻译的《从猿到人》和艾思奇的《历史唯物论——社会发展史》。通过学习教育,不仅使干部群众和知识分子初步掌握了历史唯物论的一些基本观点,如劳动创造人本身、人民群众创造历史、阶级斗争是社会发展的直接动力等,而且使他们对人类社会的发展形态和基本规律有了初步的认识,为树立科学的世界观和人生观奠定了理论基础。大约从1951年开始,学习的内容又有所变化。1950年12月29日和1952年4月1日《人民日报》分别发表了毛泽东的哲学代表作《实践论》和《矛盾论》。由此,广大干部群众和知识分子学习马克思主义哲学的重点从认识论转到了辩证法。许多人在学习之后不仅知道如何区分唯物主义和唯心主义,而且开始运用理论联系实际和矛盾分析方法指导自己的工作、学习和生活。在这一阶段,由于《毛泽东选集》第一、第二卷的出版,在干部群众和知识分子中间,还开展了《毛泽东选集》的学习教育活动,使他们对毛泽东思想及其立场、观点和方法有了进一步的了解。随着国民经济的恢复,国家工业化和社会主义改造开始,马列主义、毛泽东思想的学习教育活动又加进了政治经济学、列宁和斯大林论社会主义经济建设的内容。通过以上内容的学习教育,不仅提高了干部群众和知识分子马列主义、毛泽东思想的理论水平,更为在新中国确立以马列主义为核心的主流意识形态打下了较为坚实的思想基础。

2. 教育和改造知识分子

对于知识分子,毛泽东认为他们在中国民主革命中是"首先觉悟的成分",起着"先锋和桥梁的作用"①,而且在今后他们"将起更大的作用"。在此认识基础上,党在中华人民共和国成立初期对从旧社会过来的知识分子采取了"包下来"的政策,绝大多数都继续给予适当的工作,其中一部分还分配了负责的工作,对于原来失业的知识分子也在努力帮助他们就业,或者给予其他适当安排,对于到国外

---

① 《毛泽东著作选读》上册,人民出版社1986年版,第333页。

的知识分子,也"很愿意争取他们回来,欢迎他们回来"①。目的就是尽量"争取一切爱国的知识分子为人民服务"②。这样就避免了因政权更替而导致当时中国本已十分落后的文化事业遭到更大的破坏,为新中国文化事业的发展保存了极为宝贵的人才资源,实现了文化界的和平过渡。但是肯定和重视知识分子的地位和作用并不意味着知识分子自身就已经完全适应了新社会的要求。中华人民共和国成立之初,大约有500万知识分子,其中绝大多数人对共产党并不了解,思想上还没有彻底脱离剥削阶级和小资产阶级的立场,还没有摆脱传统的封建主义思想、西方资产阶级唯心论和形而上学、旧民主主义革命思想、小资产阶级改良思想的束缚和影响。改变这种"客观存在",使知识分子群体从心底里认同中国共产党,接受马克思主义和社会主义,是当时中国主流意识形态建设一个必须解决而又非常艰巨的任务。要完成这个任务,对知识分子进行思想改造则是必要的选择。1950年6月,毛泽东指出:"对知识分子,要办各种训练班,办军政大学、革命大学,要使用他们,同时对他们进行教育和改造。"③于是,"团结、教育、改造"就成了中华人民共和国成立初期党在知识分子问题上的基本政策。1951年9月,周恩来在北京大学为京津两市的高校教师作了《关于知识分子的改造问题》的报告,号召知识分子认真学习马列主义、毛泽东思想,联系实际开展批评与自我批评,进行自我教育和自我改造,树立为人民服务的思想,在政治上要有明确的态度。同年11月,中共中央发出了《关于在学校中进行思想改造和组织清理工作的指示》,接着全国政协常委也做出了《关于开展各界人士思想改造的学习运动的指示》,由此全国规模的知识分子思想改造运动全面展开。为帮助知识分子改造思想,1949年年底至1951年年底,在毛泽东的倡导下,数十万知识分子成为土改工作队员,亲身参加了伟大的土地改革运动。参加社会实践活动对于促进知识分子的思想改造,帮助他们认同共产党领导、接受马克思主义,确实起着比单纯的学习教育更为显著的作用。通过参加土改实践,知识分子不仅对马克思主义的阶级观点、阶级意识、阶级立场、劳动观点、群众观点的理性认识更加深刻,而且也拉近了他们与工农大众的感情,为其认同共产党领导,信服马列主义、毛泽东思想作了心理上的铺垫。运动到1952年秋基本结束。1956年1月中共中央召开知识分子问题的会议,肯定知识分子在过渡时期的各项建设中发挥的作用以及他们在业务水平和思想水平方面的提高,指出他们已经是工人阶级的一部分了,在充分肯定的基础上

---

① 《周恩来选集》下卷,人民出版社1984年版,第28页。
② 《毛泽东文集》第七卷,人民出版社1999年版,第71页。
③ 《毛泽东文集》第六卷,人民出版社1999年版,第74页。

需要总结经验教训进一步做好改造工作。

3. 以三大批判为主线的文艺思想改造

中华人民共和国成立初期,马克思主义意识形态并没有完全牢牢占据思想领域的主导地位,多元化的价值观念和社会思潮状况比较复杂,既有马克思列宁主义的传播,又有封建主义、资本主义思想的大量存在。这些封建腐朽思想和资本主义奴化思想严重阻碍着文化建设向着社会主义方向发展。因此,我党在思想文化领域开展了针对资产阶级唯心主义和封建主义的批判,以涤清这些错误思想的危害。一是对电影《武训传》的批判。1951年1月电影《武训传》上映。1951年5月20日《人民日报》以社论形式发表毛泽东写的《应当重视电影〈武训传〉的讨论》一文,从中国社会主要矛盾演变和人民群众反抗封建统治的角度出发,指出"像武训那样的人,处在清朝末年中国人民反对外国侵略者和反对国内的反动封建统治者的伟大斗争的时代,根本不去触动封建经济基础及其上层建筑的一根毫毛,反而狂热地宣传封建文化"[1],认为武训的行为不仅不值得歌颂,反而是一种丑恶的行为。他由此判断,在文化领域,人们的思想还非常混乱,认为对《武训传》的赞扬表明文化界的思想混乱已经达到极其严重的地步,并对这种赞扬进行了严厉批评,全国各地报刊纷纷转载并发表批判文章。这次批判运动主要目的就是清算披着"马列主义外衣"的封建主义思想,宣传历史唯物主义。二是对俞平伯的批判。1954年批判俞平伯及其《红楼梦》研究的运动,是中华人民共和国成立后党在文学领域进行的第一次全国性的大批判运动。这场运动由学术问题引起,由于领导人的介入发展成为一场政治运动,对传统文化的学术研究产生了重要影响。对俞平伯《红楼梦》研究的批判,是由李希凡、蓝翎对俞平伯1953年3月发表的《〈红楼梦〉简论》和1952年出版的《〈红楼梦〉研究》的批评引起的。李、蓝的两篇批评文章分别于1954年9月、10月发表在山东大学学报《文史哲》和《光明日报》副刊《文学遗产》上。李、蓝文章的发表引起了毛泽东的重视。1954年10月16日,毛泽东给中共中央政治局就《红楼梦》研究问题写了一封信,认为"这是三十多年以来向所谓《红楼梦》研究权威作家的错误观点的第一次认真的开火。……看样子,这个反对在古典文学领域毒害青年三十余年的胡适派资产阶级唯心论的斗争,也许可以开展起来了。事情是由两个'小人物'做起来的,而'大人物'往往不注意,并往往加以拦阻,他们同资产阶级作家在唯心论方面讲统一战线,甘心作资产阶级的俘虏,这同影片《清宫秘史》和《武训传》放映时候的情形几乎是相同的。被人称为爱国主义影片而实际是卖国主义影片的《清宫秘史》,在全国放

---

[1] 《毛泽东文集》第六卷,人民出版社1999年版,第166页。

映之后,至今没有被批判。《武训传》虽然批判了,却至今没有引出教训,又出现了容忍俞平伯唯心论和拦阻'小人物'的很有生气的批评文章的奇怪事情,这是值得我们注意的。"最后又强调指出,俞平伯这一类资产阶级知识分子,当然是应当对他们采取团结态度的,但应当批判他们的毒害青年的错误思想,不应当对他们投降。从这封信看,毛泽东把对一部古典文学著作的研究和争论,提到同资产阶级唯心论做斗争和是否"甘心做资产阶级的俘虏"的高度来认识,不但强调对资产阶级唯心论思想必须坚决斗争,而且向文艺界、学术界指出必须用马克思主义理论为指导来研究《红楼梦》之类的古典文学,从而确立了研究古典文学的指导下原则。1954年年底到1955年,党以批判俞平伯《红楼梦》研究为突破口,在意识形态领域里发动了一场大规模的针对胡适资产阶级唯心论思想批判运动。对俞平伯的批判很快发展为对胡适本人的批判。毛泽东在1954年10月16日的信中即提出要通过批判俞平伯的错误思想,把反对胡适资产阶级唯心思想开展起来。根据毛泽东的指示,《人民日报》于11月15日发表《清除胡适的反动哲学遗毒》一文,发出了批判胡适的战斗宣言。12月中国科学院和作协主席团联合召开批判胡适思想讨论会,成立"胡适思想批判讨论工作委员会",对胡适的哲学、政治、历史、文学各方面的思想观点进行批判。党召集众多专家,召开多次批判会,并且发表了大量文章,对胡适思想进行批判。郭沫若也在《光明日报》发表文章批判胡适思想。经过多种形式的批判,基本消灭了实用主义思潮。三是对胡风文艺思想的批判。胡风是20世纪中国著名的文艺理论家。从20世纪30年代起到中华人民共和国成立前后,他一直同文艺界的理论家存在着分歧和论争。中华人民共和国成立后,由于他在文艺创作上强调主观体验,批评概念化、题材决定论,受到了批评。从1952年起,文艺界多次举行座谈会,"帮助"胡风清算他的错误。1952年6月8日,《人民日报》发表文章指出胡风的文艺思想"是一种实质上属于资产阶级、小资产阶级的个人主义的文艺思想","是和党领导的无产阶级的文艺路线——毛泽东文艺方向背道而驰的"。这次批判实质是对30年代以来的"小资产阶级文艺思想"的一次彻底清算。

20世纪50年代的文化改造运动,基本上实现了文化的重新整合,肃清了封建的和奴化的文化。在思想领域,涤清了各种非马克思主义思想,肃清了封建遗毒、资产阶级思想,基本实现了对各种社会思潮的马克思主义改造,基本实现了马克思主义意识形态对各种社会思潮的统领。

4. 构建新中国的教育体系

新中国教育面临的首要任务是把半殖民地半封建教育改造为社会主义的人民教育,提高人民文化水平,为国家建设培养人才。一是改造旧中国的教育制度。

中华人民共和国成立后,人民政府就接管了旧中国的全部公立学校和大部分私立学校。1949年12月23日至31日就召开了新中国的第一次全国教育工作会议,明确提出必须提高全社会的文化水平,培养新中国的建设人才,肃清、摧毁半殖民地半封建的教育制度,创立社会主义的人民教育制度。因此,党和政府对旧学校进行了清理和整顿,废除国民党的教育制度,取消了国民党设立的"党义""军训""童子军"等课程,开设了马克思主义理论课、革命人生观教育等课程,建立了辅导员等政治工作制度。在各级各类学校中,又对教学内容、教学方法、教育任务等进行了改造。1951年政务院颁发了《关于改革学制的决定》,实行中华人民共和国新学制。新学制体系包括:幼儿教育、初等教育、高等教育及各种政治学校、训练班等。这种新学制"使不同程度的学校互相衔接",使教育结构更趋科学,教育体系更合理。随着社会主义改造的完成,教育方针也逐渐适应社会主义的发展。周恩来在第一届全国人大第四次会议上做的《政府工作报告》曾指出:新中国的教育方针是培养有社会主义觉悟的、有文化的、身体健康的劳动者。在中国共产党和人民政府的正确引导下,我国的教育事业蓬勃发展。二是调整高等院校。中华人民共和国成立后,中国经济建设需要大量专门人才,而中国高等院校在布局和学科设置上并不合理,因此,我党从1951年下半年开始有计划、有重点地调整高等院校,院系调整的方针是:"以培养工业建设人才的师资为重点,发展专门学院和专科学校,整顿和加强综合性大学,逐步地创办函授学校和夜大学,将工农速成中学有计划地改属各地高等学校,作为预备班,以便大量吸收工农成分的学生入高等学校。"①尽可能使学校布局更加合理,并使大多数省份都有一所综合大学和工、农、医、师等各专门学院。到1952年年底,院系调整基本完成。院系调整后,工业院校由31所扩充到47所,农林院校由18所扩充到33所,师范院校由30所扩充到34所,医学院校由29所扩充到32所,依照社会主义建设的需要,培养了一大批人才,从而为我国恢复国民经济提供了丰厚的人力资源。

5. 成立新中国的文化传播和科学研究机构

文化传播对于文化思想的建设和发展有着重大影响,而有关机构的设置和运作对文化传播来说是必不可少的。中华人民共和国一成立,我们党就把解放战争时期解放区成立新华书店作为文化出版和传播机构的做法在全国推行。1949年10月3日全国新华书店出版工作会议召开,从组织上、制度上和政策上奠定了全国新华书店统一和发展的基础。从此,从中央到各省(市)、地区(州县)、县各级新华书店普遍建立起来,对于文化的普及和传播起了巨大的作用,这也是我们党

---

① 《全国高等学校院系调整基本完成》,载《人民日报》,1952年9月24日。

文化思想建设和发展的重大成果之一。在大力建设新华书店的同时,党和国家领导人十分注重发展科技事业。1949年11月1日中国科学院成立,暂设近代史等13个研究所、1个紫金山天文台和1个工学试验馆。这是新中国最高科学机关,也是全国科学的中心。1953年12月,毛泽东提出"在技术上起一个革命",着手推动我国科技事业的发展。到1955年年底,科学研究机构已经达到800多个,专业的科技人员已经达到40多万人。具体学科中,中华人民共和国成立前,我国在电子学、炼焦化学等学科上几乎都是空白的,到第一个五年计划末,这些领域也都建立了相应的研究机构,实现了我国科技事业的从无到有、从弱变强,取得了一系列重大突破,科技成果创造了多个第一。这一时期的科技体制及科技成就,深刻地影响了中国以后科技事业发展的路径和模式。

6. 建设新中国的文学艺术

中华人民共和国成立后,党非常重视文艺工作,针对文艺界存在的问题,立即推行"三改"运动,即"改戏""改人""改制"。"改戏"是对旧的艺术内容和形式进行改革,"改戏"的基本方向是深入到工农兵中去,为人民服务,"改戏"的基本方针是"推陈出新,百花齐放"。要求政治上要正确,内容上要健康,形式上要改进。"改人"是对旧艺人进行思想改造,因为旧艺人在旧社会是处于受压迫、受剥削、受侮辱的地位,是劳动人民的一部分,因此一方面要"尊重他们的人格、地位和劳动,尊重他们的艺术成就,关心他们的生活"①,另一方面要帮助他们提高思想认识,树立正确的人生观。"改制"是改革旧的带有封建行会性质的做法,这是建立党对戏曲界的领导,使戏曲得到健康发展的根本保证。"三改"是党在文艺界进行文化思想建设的缩影。建国初期按照毛泽东《在延安文艺座谈会上的讲话》所指出的方向,对文艺界进行改革,去其糟粕,保留精华,发展新中国的文学艺术,取得了像《梁山伯与祝英台》《龙须沟》等成果。1953年9月第二次文代会召开,对中华人民共和国成立以来的文艺工作做了总结,制定了文艺工作要抓创作为主的任务,并将社会主义现实主义作为文艺创作和文艺批评的最高标准。

7. 移风易俗

建国初期,我国社会风气问题严重,卖淫嫖娼、贩毒吸毒、聚众赌博等伤风败俗的社会丑恶现象仍然存在,封建迷信、包办买卖婚姻、铺张浪费等旧风陋习在民间流行。只有清除这些不良之风,才能为文化建设提供良好的社会环境。中华人民共和国一成立,中央人民政府政务院即于1950年2月24号发出《严禁鸦片烟毒的通令》,随后又颁布了《关于肃清毒品流行的指示》和《中华人民共和国惩治

---

① 《彭真文选》,人民出版社1991年版,第188页。

毒贩条例》等法令法规,大张旗鼓地开展禁烟、禁毒、禁赌活动,违者从严治罪。到1952年年底全国范围毒品制造、贩卖活动就被遏制。一两年之后,吸毒现象基本被消除,影响中国一个多世纪的烟毒之风被彻底消灭了。对卖淫嫖娼,1949年11月21日,北京市第二届人民代表会议通过决议,要彻底关闭妓院,逮捕妓院老鸨,对妓女进行教育和帮助,从思想上改造并帮助她们学习技术,找到工作。到1952年年底,全国的妓院完全绝迹,在中国持续了数千年的丑恶社会现象被彻底清除。1950年4月13日中央人民政府委员会第7次会议通过了《中华人民共和国婚姻法》,废除了包办婚姻、童养媳、三妻四妾等封建婚姻制度,实行一夫一妻、婚姻自由的婚姻制度,保护了妇女的权利。同时严厉打击封建迷信活动,清除封建会道门势力,开展移风易俗活动,使得社会风气大为好转。

(二)过渡时期文化建设的经验教训

1. 在知识分子思想改造运动中没有把握好其复杂性和长期性

应该肯定,对知识分子的思想改造是必要的。新生的人民政权要求知识分子尽快实现立场和世界观的根本转变,为工农兵服务,为社会主义建设服务。但是,事实却如北大政治系教授楼邦彦在分析自己的思想时所说的那样,"思想的敌人是无形敌人,它不像有形敌人那样容易被肃清","我们知识分子,由于革命形势的发展,很快地就能在理论上接受马克思主义列宁主义……但这并不等于说我们的思想问题就已完全获得解决,事实表现出来的是,我们的立场经常在动摇"[①]。思想问题是属于精神世界的问题,十分复杂。"一个人思想的转变,必须通过他本人的自觉。"[②]也就是说,必须通过做仔细的工作,说服教育,最终依靠被教育者本人经过自我思想斗争来逐步解决。掀起群众批判运动,普遍检举揭发,形成强大政治压力的方法,一般只适用于阶级斗争,而对解决人民内部的思想问题则是"有害无益的",不仅不利于知识分子的思想改造,反而伤害了知识分子的感情。而且,思想改造是长期的,把资产阶级世界观转变为无产阶级世界观,需要一个过程,不能急于求成,采取简单粗暴的做法。

2. 在文艺作品的创作与评价问题上以政治标准取代艺术标准

早在革命胜利前,毛泽东在《延安文艺座谈会上的讲话》中就曾对文艺批评的标准问题进行过专门论述,提出了文艺批评的两个基本标准,即政治标准和艺术标准。他说:"我们的要求是政治和艺术的统一,内容和形式的统一,革命的政治

---

① 楼邦彦:《划清敌我界限,改造自己的思想》,载《光明日报》,1951年11月30日。
② 《周恩来选集》下册,人民出版社1984年版,第178页。

内容和尽可能完美的艺术形式的统一。"①但是,在建国初期的文艺批评实践中,两者的"统一"问题并没有真正实施好,政治标准往往取代了艺术标准。首先,表现在文艺作品的题材选择问题上,那就是将"文艺为工农兵服务"理解简单化、片面化,"往往谁要描写工农兵以外的生活,塑造工农兵以外的人物,就会被视为偏离了文艺的方向"②。其次,表现在文艺批评的基本思路上,那就是政治代替文艺成为评价一切文艺作品的标准,文艺上出现的许多分歧与论争,往往都上升到阶级斗争的高度来看待,所谓文艺批评实际上变成了政治思想批判。这样,在"文艺从属于政治""文艺服务于政治"的强调和宣传下,建国初期的文艺格局呈现出极为单调的"一元"状态,这就给新中国文艺创作的繁荣造成了十分不利的影响。

3. 文化改造过于求"纯"

中华人民共和国成立后,由于资产阶级和封建主义的思想意识在意识形态领域根深蒂固,中国共产党必然要开展一系列思想斗争,努力树立马克思主义在意识形态领域的指导地位。这就集中体现在建国初期的几场思想批判上。这一系列文化思想批判改造运动具有不同的特点。对武训及电影《武训传》的批判,主要目的在于使全国人民尤其是知识分子正确认识中国社会性质和中国历史的发展变化和演变规律。对俞平伯的批判,主要目的在于教育人民正确认识古典文学作品的思想内容,清除资产阶级思想和封建思想在文学界的影响。对胡适的批判,重点在于树立文化领域里马克思主义的世界观和方法论,清除资产阶级唯心思想对知识分子的影响。对胡风的批判,则是对 20 世纪 30 年代以来进步文化阵营里"小资产阶级文艺思想"的清算。在哲学意义上,毛泽东把当时被改造、被批判的思想倾向都叫作唯心主义或资产阶级的唯心论。这种过于求"纯"的文化改造虽然"基本上实现了文化的重新整合",使"马克思主义作为所有文化领域的指导思想,被明确地树立了起来"③,但却在一定程度上超越了当时的生产力水平和人们的思想文化状况,脱离了应以马克思主义为主导,多样文化在竞争中共同发展的正确轨道,对新中国文化的发展繁荣造成了不良影响。

---

① 《毛泽东著作选读》下册,人民出版社 1986 年版,第 547 页。
② 陆贵山、周忠厚:《马克思主义文艺论著选讲(修订本)》,中国人民大学出版社 1999 年版,第 615 页。
③ 同上,第 36 页。

## 二、全面建设社会主义时期的文化建设及经验教训

（一）全面建设社会主义时期的文化建设

1956年三大改造的基本完成标志着我国进入到了社会主义时期。由于对在贫穷落后的国家如何建设社会主义缺乏经验，使得建设社会主义的各种探索都出现了曲折，当然也包括文化建设的探索。

1. 知识分子政策的新变化

中华人民共和国成立后最初几年党对知识分子采取了"团结、教育、改造"的政策，大多数知识分子的政治态度已发生改变，逐渐适应了新社会的发展要求，在建国初期的各项政治运动和国民经济恢复中，知识分子都发挥了作用，而且全面建设社会主义，国家建设更是需要大量知识分子的参加，调动他们的积极性。但是大多数知识分子还是被作为资产阶级来看待的，这就需要我们党在政策上做出调整。在1956年1月召开的知识分子问题会议上，周恩来作了《关于知识分子问题的报告》，强调进行社会主义建设，除了必须依靠工人阶级和农民以外，还必须依靠知识分子。会议认为，知识分子中的大多数已经成为国家工作人员，已经为社会主义服务，已经是工人阶级的一部分，因此，全党要正确地解决知识分子问题，更充分地动员和发挥他们的力量，调动他们的积极性，团结知识分子共同建设社会主义。毛泽东在会议结束时发表讲话，要求在比较短的时间内，造就大批知识分子。他号召全党努力学习科学知识，同党外知识分子团结一致，为迅速赶上世界先进水平而奋斗。这次会议极大地鼓舞了我国的知识分子，不仅使他们增强了对社会主义的认同，也焕发出高涨的学术研究积极性。由此，在党的领导下，广大知识分子充分发挥自己的聪明才智，全身心地投入到社会科学和自然科学研究中，努力改变我国科学文化落后的状况，文化领域出现了百花齐放的局面。

2. "百花齐放、百家争鸣"方针的提出

首先，建国初期，在思想文化领域突出阶级斗争，突出文化为政治服务，对于确立马克思主义的主导地位，巩固人民民主专政的政权是有意义的，但是，对于思想文化领域的各种不同观点、不同学派、不同表现方式等复杂的问题，均以马克思主义或非马克思主义、唯心主义或唯物主义、无产阶级或资产阶级来划分，未免失之简单化。其次，受苏联影响，在科学研究领域存在忽视学术自由、排斥不同学派，给某些学派贴上政治标签的倾向，把学术问题与政治问题混为一谈。正是在对这些问题认识的基础上，我们党在1956年4月提出了"百花齐放、百家争鸣"方针。4月28号毛泽东在中央政治局扩大会议总结讲话中明确提出："艺术问题上的百花齐放，学术问题上的百家争鸣，我看应该成为我们的方针。'百花齐放'是

群众中间提出来的,不晓得是谁提出来的。人们要我题词,我就写了'百花齐放,推陈出新'。'百家争鸣',这是两千年以前就有的事,春秋战国时代,百家争鸣。讲学术,这种学术也可以讲,那种学术也可以讲,不要拿一种学术压倒一切。你讲的如果是真理,信的人势必就会越来越多。"①这次讲话之后,毛泽东又在5月2日最高国务会议上正式宣布了"双百方针",在《关于正确处理人民内部矛盾的问题》一文中再次阐发了这一方针。1956年5月26日,陆定一作了题为《百花齐放,百家争鸣》的报告,代表党中央对"双百"方针做出了具体阐述。从毛泽东等人对"双百方针"的一系列论述来看,其基本内容包括以下几个方面:

第一,"双百方针""是促进艺术发展和科学进步的方针,是促进我国的社会主义文化繁荣的方针"②。第二,艺术上不同的形式和风格可以自由发展,科学上不同的学派可以自由争论,在艺术和科学问题上允许有不同意见存在,有批评的自由也有反批评的自由。第三,实行"双百方针"不会削弱马克思主义在思想文化领域的领导地位,相反会加强它的地位。第四,通过实行"双百方针",加强知识分子的团结,尤其是更好地团结非党知识分子。1956年9月,党的八大召开,在会上明确提出"百花齐放、百家争鸣"是我国发展科学和文艺事业的基本方针。1957年6月,毛泽东在最高国务会议第十一次(扩大)会议讲话中又一次强调要坚持"百花齐放、百家争鸣"的方针。"双百"方针是根据中国文化建设的根本要求而提出的,符合社会主义文化建设的要求,因此成为全面建设社会主义时期文化建设的基本方针。第一,"双百方针"的提出,是总结中华人民共和国成立后科学文化领域的实践经验并吸取苏联教条主义教训的结果,是建立在现实基础上的理论思考。第二,"双百方针"的本质是要求尊重科学文化发展的内在规律,并以此作为指导科学文化事业发展的指导原则。"双百"方针倡导充分的创作自由和学术自由,使文化工作者的创作潜能充分发挥,顺应了文化发展的内在规律,促进了文化繁荣。"百花齐放"鼓舞了我国文化工作者积极创作的热情,"百家争鸣"给予每个文化工作者自由争论的权利、独立思考与研究的空间,在探讨争鸣中发挥出他们的创造才能。第三,"双百方针"起到了团结知识分子的作用,有利于调动他们的积极性和创造性,促进社会主义文化的繁荣。"双百"方针作为调动一切积极因素繁荣社会主义科学文化的方针,同时也是一个团结知识分子的方针。知识分子积极性的发挥促进了科学文化的兴盛。1957年1月,中国科学院第一次科学奖金(自然科学部分)评选揭晓。华罗庚的"典型域上的多元复变函数论",吴文俊的"示性

---

① 《毛泽东文集》第七卷,人民出版社1999年版,第54~55页。
② 同上,第229页。

类及示嵌类的研究"和钱学森的"工程控制论"获得一等奖。另有5项成果获二等奖,26项成果获三等奖。这次评奖是在各科研单位推荐的基础上,由中国科学院各有关学部组织专家对上报的400多项成果进行严肃认真的评审,并经中国科学院院务委员会讨论通过而产生的。在文学艺术领域,1956年前后话剧创作形成一个高潮,出现了《万水千山》《战斗里成长》等大批优秀剧目。1957年老舍的话剧《茶馆》首次搬上舞台,受到广大观众的欢迎。这个时期大量优秀影片上映,既有反映革命战争题材的,也有反映现实生活的,像《董存瑞》《平原游击队》《铁道游击队》《祝福》《新局长到来之前》《女篮五号》《情长深意》《青春的脚步》等,极大地丰富了人民群众的文化生活。

3. "古为今用、洋为中用"方针的提出

在贯彻"双百"方针的过程中,随着根据清初戏剧家朱素臣的传奇剧本《十五贯》改编的昆剧的上映,也涉及如何看待我国历史文化遗产、如何学习外国好的东西,避免照搬外国的经验、如何发展中国现实的文化等方面的问题,以毛泽东为核心的党的第一代领导集体对此进行了积极探索。中国的文化经过几千年的传承和发展,有共性的东西,也有个性的东西。毛泽东认为:"说中国民族的东西没有规律,这是否定中国的东西,是不对的。中国的语言、音乐、绘画,都有它自己的规律。"[1]强调我国的历史文化遗产很多,应该认真学习,批判地加以接受。古今中外好的东西都要学,不要排斥。毛泽东认为:"一切民族、一切国家的长处都要学,政治、经济、科学、技术、文学、艺术的一切真正好的东西都要学。但是,必须有分析有批判地学,不能一切照抄,机械搬用。他们的短处、缺点,当然不要学。"[2]这种以历史唯物主义的立场、观点、方法来观察文化现象,以科学的态度对待传统文化和外来文化的思想,被毛泽东概括为"古为今用、洋为中用",成为中国共产党在文化建设上的理论指导。

4. "向雷锋同志学习"

中华人民共和国成立后,如何构建社会主义的道德体系,是中国共产党始终在考虑的问题。1963年,"向雷锋同志学习"的运动在全国展开,成为社会主义道德建设的一个重大举措。雷锋对共产主义事业无限忠诚,他表示"永远忠于党,忠于毛主席,好好地学习,顽强地工作"[3]。他觉得"一个真正的革命者,他是大公无

---

[1] 《毛泽东文集》第七卷,人民出版社1999年版,第76页。
[2] 同上,第41页。
[3] 《雷锋日记选》(1959–1962),人民出版社1973年版,第5页。

私的,所作所为,都是对人民有益的"①。他热爱人民群众,把"毫不利己、专门利人"看作是最大的幸福和快乐,提出"人的生命是有限的,可是,为人民服务是无限的,我要把有限的生命,投入到无限的为人民服务之中去"②。他处处以关心别人为重,热情帮助战友,为集体、为人民群众做了大量好事。他关心少年一代的成长,在抚顺市担任校外辅导员时,经常给少年讲革命故事,传播马克思列宁主义、毛泽东思想,成为他们的知心朋友。他谦虚谨慎,做了好事不留姓名,受到赞誉不骄傲。在毛泽东1963年3月5日题词"向雷锋同志学习"后,其他领导人也为雷锋题词。概括起来说,雷锋精神就是:坚定地爱党、爱国、爱社会主义的政治信念,全心全意为人民服务、无私奉献的高尚风格,干一行、爱一行、钻一行的优秀品质,刻苦学习、努力钻研的"钉子"精神,勤俭节约、艰苦奋斗的优良作风,团结友爱、诚实守信的道德品质。首先,对雷锋的宣传和雷锋精神的总结,体现了中国传统美德与革命理想、革命道德的统一。中国传统道德对于中华文化的形成发展有着重要的影响,是中华文化的核心。中国传统道德强调爱国爱民、忧国忧民,强调克己奉公、公而忘私,崇尚自强不息、"鞠躬尽瘁、死而后已",主张重义轻利、见利思义,推崇勤俭廉政、诚实守信等。几千年来中华文化通过各种方式得以传承,在人民中具有深厚的基础。其次,对雷锋的宣传和雷锋精神的总结,体现了社会主义发展新时代的需要。在新民主主义革命时期,中国革命道德逐步形成。毛泽东在《为人民服务》《纪念白求恩》等著作中,对党所提倡的革命道德作了概括和总结,主要为:献身精神是共产党人新型理想人格的根本特征;全心全意为人民服务是共产党人新型理想人格的核心内容;光明磊落、大公无私、忠诚老实、坚持真理、谦虚谨慎、百折不挠是共产党人理想人格中的主要品质范畴等。③ 在社会主义建设过程中,革命道德继续得到培育和发展。为了适应以公有制为主体的社会主义基本经济制度、适应人民当家做主的政治制度、适应人与人之间新型的人际关系,中国共产党着力提倡以全心全意为人民服务为核心的革命道德,弘扬传统文化中的有益部分,去除糟粕的东西。而雷锋精神是社会主义时代发展的需要。最后,对雷锋的宣传和雷锋精神的总结,表现了毛泽东等领导人铸造社会主义时代精神的过人之处。毛泽东等人在中华人民共和国成立以前就树立了一系列榜样,如刘胡兰、张思德、白求恩等。在中华人民共和国成立后,如何通过树立榜样和典型人物

---

① 《雷锋日记选》(1959－1962),人民出版社1973年版,第54页。
② 同上,第57页。
③ 王丽荣:《试论毛泽东的榜样教育——从学习雷锋好榜样谈起》,载《毛泽东思想研究》,2003年第6期,第30页。

来表现社会主义新的价值观和道德观,成为毛泽东等领导人思考的一个问题。雷锋的事迹让毛泽东找到了一个切合点,即通过宣传雷锋这样一个道德的楷模,推动全社会的道德文明建设,形成具有社会主义特征的新型道德观、价值观、人生观。从实际情况来看,雷锋精神的宣传的确在全社会构成了一条道德标准,推进了社会主义精神文明建设。正是在中国共产党的大力提倡和宣传之下,雷锋不再是一个个人的符号,而成为时代最典型的、最具影响力的道德价值和精神文明的符号。

(二)全面建设社会主义时期的文化建设的经验教训

1. 反右派斗争与知识分子政策的逆转

1956年三大改造完成后,国内阶级关系、主要矛盾、中国共产党和人民的主要任务都发生了变化。剥削制度和剥削阶级基本上被消灭。阶级斗争不是我国社会的主要矛盾,人民内部矛盾成为国家政治生活的主题。我国的主要任务面临着由主要搞阶级斗争到主要进行社会主义建设的转变。对于国内政治形势和党的主要任务的转变,许多党员和干部缺乏思想准备。因此,党中央决定开展整风运动发动群众向党提出批评建议。在整风过程中,少数资产阶级右派分子乘机鼓吹所谓"大鸣大放",向党和新生的社会主义制度放肆地发动进攻,妄图取代共产党的领导,对这种进攻进行坚决的反击是完整正确和必要的。但是反右派斗争被严重地扩大化了,把一批知识分子、爱国人士和党内干部错划为"右派分子",造成了不幸的后果。

2. "文化大跃进"与"左倾"文化思潮

1958年以后"大跃进"运动和"左倾"错误严重地泛滥,在意识形态领域,对一些文艺作品,学术观点和文艺界的一些代表人物进行了错误的、过大的政治批判,在对待知识分子问题教育上发生了愈来愈严重的左的偏差,并且在后来发展成为"文化大革命"的导火线。

### 三、"文化大革命"时期的文化建设的经验教训

"文化大革命"的十年是党和国家事业遭受重大挫折和损失的十年,也是文化思想领域严重混乱的十年。随着国外"波匈"事件的发生和国内反右派斗争的发展,毛泽东等中央领导对国际国内形势做出了错误估计,认为在我国社会主义建设中存在着资本主义复辟的危险,必须自上而下打倒所谓"走资本主义道路的当权派",同时,还突出强调无产阶级和资产阶级的矛盾、社会主义和资本主义的矛盾仍是社会主义社会的主要矛盾,强调阶级斗争的必要性。这不仅导致了党在理论和政策上的一系列严重错误,也使国家文化建设出现了混乱的局面。

1966年6月1日,《人民日报》发表了陈伯达炮制的《横扫一切牛鬼蛇神》的社论,第一次明确提出"破四旧",提出"要彻底破除几千年来一切剥削阶级所造成的毒害人民的旧思想、旧文化、旧风俗、旧习惯"①。按照当时毛泽东等党和国家主要领导人的说法,"破四旧"就是要在"灵魂深处闹革命",批判几千年来的私有观念,树立无产阶级"大公无私"的思想,提高人民的无产阶级意识,使人们的思想革命化。1966年8月18日,在毛泽东第一次接见红卫兵的大会上,林彪公开号召红卫兵"破四旧"。借助红卫兵和造反派,"破四旧"迅速由北京扩展到全国。由于"四旧"概念非常复杂,没有认真区分其中哪些是可以继承的优秀的东西,哪些是应该破除的腐朽的东西,红卫兵全凭自己的"革命热情",自己的理解,对他们认为"封、资、修"的东西统统采取砸烂的做法。

"文化大革命"十年,新中国的文化教育事业受到了严重破坏。古今中外大量的优秀文艺作品被当作"封、资、修"遭查封和焚毁,众多的文化古迹被作为"四旧"遭毁坏,大批的作家、艺术家被批斗、迫害,后来又几乎全部下放到各地的"五七干校"劳动。除了少数几部"高、大、全"即假、大、空的文学作品和屈指可数的几部样板戏外,人民群众再也无法接触到其他文艺作品。"文化大革命"开始后,大中小学纷纷"停课闹革命",相当多的教师成了批斗对象,广大学生被组成"红卫兵"去"破四旧"、揪斗"走资派"和"反动学术权威"。整整十年高等院校没有正常招生,中小学虽然后来恢复了教学秩序,但以学习《毛主席语录》代替文化知识的学习,而且组织各种劳而无益的学工学农活动和大批判活动,几百万青年学生被下放到农村"接受贫下中农的再教育",风华正茂的青年学生荒废了学业。正常的教育秩序被打乱、教育思想被歪曲,人们的思想被搞乱,整个社会充斥着"知识无用论"和"读书无用论"。

"文化大革命"开始后,知识分子成为这场政治运动的对象之一,受到不同程度的冲击。1971年1-7月召开的全国教育工作会议完全否定了新中国成立后17年的教育,认为新中国成立17年来"毛主席的无产阶级教育路线基本上没有得到贯彻执行";大多数教师"世界观基本上是资产阶级的"②。因此,把知识分子看作是由工农兵进行"再教育"的对象,大批知识分子被送到"五七"干校进行劳动改造,贻误了大量宝贵的从事教学科研的时间。很多德高望重的老专家和老科学家被打成"反动学术权威",就连新中国培养的一大批知识分子,也被污蔑为"修正主

---

① 《横扫一切牛鬼蛇神》,载《人民日报》,1966年6月1日。
② 《全国教育工作会议纪要》(中共中央1971年8月13日批发),《"文化大革命"研究资料》中册,第542、545页。

义苗子",而遭到错误地批斗和惩罚。"知识越多越反动"的口号盛行一时,知识分子被贬称为"臭老九"。轻视知识和知识分子的风气达到了极点。这严重影响了我国教育科学文化事业的发展和全民族科学文化素质的提高。

# 第九章 "解放思想,实事求是"

## ——邓小平时期的文化返正与思潮激荡

1976年10月中共中央粉碎"四人帮"、结束"文化大革命"之后,中国共产党人否定了"两个凡是"错误方针,开创了拨乱反正、改革开放和社会主义现代化建设的新时期。围绕我国政治、经济、文化和社会发展的现实状况和进步方向,以邓小平为主要代表的中国共产党人,在继承前人的基础上解放思想、实事求是,掀起了真理标准问题大讨论的思想解放、教育科技文化的改革推进、精神文明建设的理论实践、思想思潮的激荡碰撞等一系列热潮,这些都是中国特色社会主义文化思想形成与发展的重要标识,为中国特色社会主义文化建设做出了重要的贡献。

### 一、文化思想的全面拨乱反正

"文化大革命"时期和"文化大革命"结束后几年中,我们党对社会文化领域曾经出现的错误思想进行否定与批判,是新时期社会主义文化思想拨乱反正的集中表现。

(一)否定"两个凡是"与解放思想实事求是

粉碎"四人帮"、结束"文化大革命"后,1977年1月,当时中央主要领导人华国锋同志指示要在中共中央工作会议的讲话稿里写入"两个凡是"。"凡是毛主席做出的决策,我们都坚决维护,凡是毛主席的指示,我们都始终不渝地遵循",这一方针是1977年2月7日《人民日报》《解放军报》和《红旗》杂志在社论《学好文件抓住纲》中首次向全国公开提出的。"两个凡是"方针,表明当时中央还没有带领党和人民摆脱"文化大革命"的思想束缚,没有消除"左"的错误干扰。马克思主义的认识论要求坚持实践是检验真理的唯一标准,这是马克思主义辩证唯物主义的基本哲学观点。以毛泽东为主要代表的中国共产党人丰富发展了马克思主义的认识论和辩证法,确立了我们党实事求是的思想路线。但在"文化大革命"中,在坚持以毛泽东思想作为党的指导思想的同时,党内出现了将毛泽东个人观点作为判断一切是非标准的错误思想倾向。而"两个凡是"方针的提出,则延续了这种错误思想倾向。只有彻底纠正"两个凡是"错误方针,才能彻底纠正党在思想文化领域的错误认识和做法。因此,从哲学思想领域开始,从否定"两个凡是"、重新肯定"实践是检验真理的唯一标准"开始,中共在文化思想等领域进行拨乱反正。

邓小平首先写信正式向中央表明了反对"两个凡是"的坚定立场。1977年4月10日,邓小平致信华国锋、叶剑英和中共中央,首次提出要"用准确的完整的毛泽东思想来指导我们全党、全军和全国人民"①。即不能用毛泽东个人的观点指示来代替毛泽东思想,不能断章取义地孤立照抄照搬,必须要根据讲话的具体时间、场合、条件和特定对象来理解领会。同年5月,邓小平在同中央办公厅负责同志谈话时明确指出"两个凡是"不符合马克思主义,并再次说明提出用准确的完整的毛泽东思想来指导我们全党、全军和全国人民,是经过反复考虑的。他说:"毛泽东同志说,他自己也犯过错误。一个人讲的每句话都对,一个人绝对正确没有这回事情。"②"马克思、恩格斯没有说过'凡是',列宁、斯大林没有说过'凡是',毛泽东同志自己也没有说过'凡是'。"③1978年5月10日,在中共中央党校内部刊物《理论动态》上首先发表了《实践是检验真理的唯一标准》的文章。11日,《光明日报》以特约评论员名义公开发表此文。5月12日,《人民日报》和《解放军报》同时全文转载,各省市党报继而纷纷转载。5月30日,邓小平在同胡乔木等人的谈话中强调说:"毛泽东思想最根本的、最重要的东西就是实事求是。现在发生了一个问题,连实践是检验真理的标准都成了问题,简直是莫名其妙!"④邓小平、李先念等人公开坚决支持这一观点思想。1978年12月,邓小平在中央工作会议闭幕会上发表了《解放思想,实事求是,团结一致向前看》的重要讲话,旗帜鲜明地提出毛泽东思想的精髓是实事求是,把真理标准问题的讨论提高到思想路线和政治问题的高度,关系着党和国家的前途和命运。随后召开的党的十一届三中全会,重新确立了实事求是的思想路线,开启了改革开放和社会主义现代化建设历史新时期,这样我们党就实现了哲学思想的拨乱反正。

在"举什么旗、走什么路"的重大历史关头,关于真理标准问题的大讨论,关于恢复并发展我们党实事求是的思想路线,是针对当时最迫切需要解答的问题所能给予的最有力最信服的说明,它是历史重大转折中的关键点。只有坚持实践是检验真理的唯一标准,才能在文化思想领域真正摆脱权力标准、唯心主义的影响。

---

① 中共中央文献研究室:《邓小平年谱(一九七五——一九九七)》上,中央文献出版社2004年版,第157页。
② 《邓小平文选》第二卷,人民出版社1994年版,第38页。
③ 同上,第39页。
④ 中共中央文献研究室:《邓小平年谱(一九七五——一九九七)》上,中央文献出版社2004年版,第320页。

因此，否定"两个凡是"错误方针，开展全国范围真理标准问题大讨论，使得实践是检验真理的唯一标准这一马克思主义的基本观点重新被越来越多的人所接受，进而确立"解放思想、实事求是"的思想路线，这既是实现我们党在政治领域的拨乱反正，又是"文化大革命"后在文化思想领域的一次伟大的思想解放运动，极大地推动了社会主义文化思想建设理论的丰富与发展。

（二）推翻"两个估计"与恢复高考制度

教育是文化的重要组成部分，教育领域的拨乱反正是通过推翻"两个估计"、恢复普通高校统一入学考试制度而逐步实现的，实际上是教育领域否定"两个凡是"的实际行动。"两个估计"是指1971年"四人帮"炮制的《全国教育工作会议纪要》中提出的两个结论：文化大革命前十七年教育战线是资产阶级专了无产阶级的政，是"黑线专政"；知识分子的大多数世界观基本上是资产阶级的，是资产阶级知识分子。"黑线专政"[1]最先是林彪、江青一伙用来诬蔑建国后十七年文艺工作的用语。1966年2月，林彪委托江青召开部队文艺座谈会，做出的《部队文艺工作座谈会纪要》断言：文艺界在建国以来，"被一条与毛主席思想相对立的反党反社会主义的黑线专了我们的政，这条黑线就是资产阶级的文艺思想、现代修正主义的文艺思想和所谓三十年代文艺的结合"。后来，林彪、江青一伙又把"黑线专政"论扩展到教育、出版、体育、卫生、公安工作和党的组织、宣传、统一战线工作以及其他党政工作。这种颠倒是非的荒谬估计，是"文化大革命"的主要论点之一，给各条战线的工作带来了灾难性的后果。"两个估计"是不符合实际的。

"文化大革命"一开始，高校招生制度就被迫中断，全国统一考试制度被迫停止11年。到1972年高校恢复招生，开始实行"自愿报名、群众推荐、领导批准、学校复查"的办法。但是因为过于强调阶级成分，加上招生工作中存在着"走后门"现象，使得一些品学兼优的青年得不到推荐，也就无法进入高校接受更好的教育学习。搞"唯成分论"，以家庭出身取代学习能力和文化水平作为高校入学标准，直接后果是导致了高校毕业生质量的大幅度下降。"文化大革命"时期选拔工农兵上大学、管大学、改造大学，对教师边改造、边使用、接受工农兵的"再教育"等措施，违反了教育教学规律，直接导致了"老师积极性不高，学生也不用心学，教学质量低"[2]。教育担负着为国家社会发展选拔技术人才和提供智力支持的重任。党和国家的工作重点从"以阶级斗争为纲"转移到"以经济建设为中心"，社会状态

---

[1] 《邓小平文选》第二卷，人民出版社1994年版，第424页。
[2] 中共中央文献研究室：《邓小平年谱（一九七五——一九九七）》上，中央文献出版社2004年版，第91页。

从封闭半封闭转移到改革开放，这更加突显了教育的时代使命和责任担当。为推翻"两个估计"，恢复普通高校统一入学考试制度，选拔培养社会急需的科学技术人才，打破一切束缚教育工作者和其他知识分子的沉重精神枷锁，充分调动教育工作者和知识分子为社会主义建设事业服务的积极性，1977年邓小平多次就"两个估计"问题和恢复高考阐明自己的观点。

1977年5月，邓小平谈到教育的重要性和恢复考试问题："我们要实现现代化，关键是科学技术要能上去。发展科学技术，不抓教育不行。""要经过严格考试，把最优秀的人集中在重点中学和大学。"①7月，邓小平提出考虑：第一，是否废除高中毕业生一定要劳动两年才能上大学的做法；第二，要坚持考试制度，重点学校一定要坚持不合格的要留级。他认为，"教育与科研两者关系很密切，要狠抓，要从教育抓起。"②8月4日至8日，邓小平主持召开科学和教育工作座谈会，强调指出：全国教育战线十七年的工作主导方面是红线，应当肯定的，否则就无法解释我们所取得的一切成就了。毛泽东在文化大革命以前对科学研究、文化教育工作的一系列指示的"基本精神是鼓励，是提倡，是估计到我们知识分子中的绝大多数是好的，是为社会主义服务或者愿意为社会主义服务的"③。邓小平认为："我国的知识分子绝大多数是自觉自愿地为社会主义服务的。反对社会主义的是极少数，对社会主义不那么热心的也只是一小部分。"④邓小平明确表示："今年就要下决心恢复从高中毕业生中直接招考学生，不要再搞群众推荐。从高中直接招生，我看可能是早出人才、早出成果的一个好办法。"⑤10月国务院批准了教育部出台的《关于1977年高等学校招生工作的意见》和《关于高等学校招收研究生的意见》两个文件，宣布恢复高考招生制度和招收研究生制度，采取自愿报名、统一考试、择优录取的办法，重新打开关闭十年之久的高考大门，立即受到社会各界的广泛欢迎与好评。11月28日至12月25日，全国约有570多万年龄介于13岁到37岁的知识青年涌进考场，参加当年的高等学校招生考试，其中27.3万被录取。1978年又有610万报考，录取40.2万人。另据不完全统计，1978年共有6.35万人报考研究生，录取1.07万人，还有26所重点高校在港澳台地区招收研究生。⑥ 这使

---

① 《邓小平文选》第二卷，人民出版社1994年版，第40页。
② 中共中央文献研究室：《邓小平年谱（一九七五—一九九七）》上，中央文献出版社2004年版，第167页。
③ 《邓小平文选》第二卷，人民出版社1994年版，第48~49页。
④ 同上，第49页。
⑤ 同上，第55页。
⑥ 《中华人民共和国教育大事记（1949-1982）》，教育科学出版社1984年版，第499~548页。

得高等教育开启了公平竞争原则,极大激发了青少年刻苦学习文化知识的热潮,为各项事业的发展奠定了坚实的人才基础。

1979年3月19日,中共中央决定撤销两个文件:一是1971年8月13日转发的《全国教育工作会议纪要》,二是1974年转发的《关于河南省唐河县马振扶公社中学的情况简报》。在撤销批示中指出:这两个文件是错误的,是在"四人帮"及其亲信一手把持下炮制出来的。它在教育战线危害极大,流毒很深,应当继续批判。由此而造成的冤案、假案、错案,尚未平反昭雪的,要抓紧解决。这标志着党中央正式推翻了否定教育战线十七年成绩的"两个估计",去掉了加在教师们头上的"资产阶级知识分子"的大帽子,放下了套在知识分子身上的精神包袱,医治了广大知识分子的内心创伤。教育既是文化建设的重要组成部分,也是文化传承的重要方式。教育思想的拨乱反正,对全社会形成"尊重知识、尊重人才"的环境气氛,对加快培养科技人才起到了十分重要的引导作用。高考政策的调整、高考制度的恢复,成为公平择优选拔和培养国家急需的大批科技人才和社会主义现代化建设者的重要举措。中国教育的发展呈现出积极向上、蓬蓬勃勃的新气象。

(三)反思文艺领域与坚持"双百"方针"二为"方向

"文化大革命"结束后,重灾区的文艺领域较早开始进行反思。文艺是文化的重要组成部分。众所周知"文化大革命"是由文化领域的"批判"开始的,即要"彻底批判学术界、教育界、新闻界、文艺界、出版界的资产阶级反动思想,夺取在这些文化领域中的领导权"[①]。1966年2月,林彪委托江青召开的《部队文艺工作座谈会纪要》提出"文艺黑线专政论",全盘否定党领导的革命文艺的巨大成绩,断定建国后文艺界是被一条"反党反社会主义的黑线专了我们的政",号召要"坚决进行一场文化战线上的社会主义大革命"。这就为在文艺领域打倒一切、推行极"左"的文艺观提供了理论依据。纠正文艺领域的错误、平反文艺工作者的冤假错案,拉开了文艺思想拨乱反正的序幕。1977年开始,文艺界对"四人帮"宣扬的"三突出论"等文艺思想进行批判与清算。10月,《人民文学》编辑部召开短篇小说创作问题座谈会,拉开了批判"文艺黑线专政论"的序幕。11月《人民日报》编辑部邀请文艺界知名人士举行座谈会,并开始相继发表一系列"坚决推倒、彻底批判'文艺黑线专政'论"发言,肯定了"文革"前十七年的文艺路线。1978年4月,文化部召开揭批"四人帮"大会,为受迫害的文艺工作者平反。5月,中国文联召开会议,宣布中国文联、中国作家协会、中国戏剧家协会、中国音乐家协会、中国电影工作

---

① 《中共中央通知》(1966年5月16日),见胡绳:《中国共产党的七十年》,中共党史出版社1991年版,第425~426页。

者协会、中国舞蹈工作者协会等恢复工作。中宣部1979年2月批准文化部党组的决定,肯定建国后17年间文化部的成绩是主要的,根本不存在"文艺黑线"问题,公开为"旧文化部""帝王将相部""外国死人部"这一错案彻底平反。对受此错案而遭到打击、污蔑和牵连的同志一律彻底平反。1979年5月3日,中共中央决定撤销1966年《部队文艺工作座谈会纪要》,并在报告批语中指出,要实事求是地对受《纪要》影响被错误批判、处理的人员和文艺作品进行平反;不予追究过去宣传、执行过《纪要》的各级组织和个人的政治责任。这种做法有利于恢复和促进文化的繁荣发展。

坚持"双百"方针和"二为"方向,是中共文艺思想拨乱反正的重要表现。20世纪50年代初期,中国共产党提出了"百花齐放"和"百家争鸣"的口号。1951年4月中国戏曲研究院成立之际,毛泽东为此题词"百花齐放,推陈出新",1953年8月又为中国历史研究委员会确立了"百家争鸣"的办刊方针。1956年4月28日在中央政治局扩大会议上的讲话中,毛泽东指出,艺术问题上百花齐放,学术问题上百家争鸣,我看应该成为我们的方针。1957年2月27日,毛泽东发表如何处理人民内部矛盾的讲话,全面阐述"百花齐放,百家争鸣"的方针,是促进艺术发展和科学进步的方针,是促进我国社会主义文化繁荣的方针。早在1942年5月延安文艺座谈会上的讲话中,毛泽东创造性地提出了文艺为工农兵服务的方向。中华人民共和国成立后,伴随着阶级斗争的扩大化,"左"的倾向日益严重,文艺为工农兵服务最终演化成为阶级斗争服务。

1979年10月在中国文学艺术工作者第四次全国代表大会上,邓小平摆脱了"文艺为工农兵服务""为政治服务"的局限,提出:"对实现四个现代化是有利还是有害,应当成为衡量一切工作的最根本的是非标准。"强调"我们要继续坚持毛泽东同志提出的文艺为最广大的人民群众、首先为工农兵服务的方向,坚持百花齐放、推陈出新、洋为中用、古为今用的方针,在艺术创作上提倡不同形式和风格的自由发展,在艺术理论上提倡不同观点和学派的自由讨论"。要求"文艺工作者要努力学习马列主义、毛泽东思想,提高自己认识生活、分析生活、透过现象抓住事物本质的能力……人民是文艺工作者的母亲。一切进步文艺工作者的艺术生命,就在于他们同人民之间的血肉联系……自觉地在人民的生活中汲取题材、主题、情节、语言、诗情和画意,用人民创造历史的奋发精神来哺育自己,这就是我们社会主义文艺事业兴旺发达的根本道路"。指出"党对文艺工作的领导,不是要求文学艺术从属于临时的、具体的、直接的政治任务,而是根据文学艺术的特征和发展规律,帮助文艺工作者获得条件来不断繁荣文学艺术事业,提高文学艺术水平,创作出无愧于我们伟大人民、伟大时代的优秀的文学艺术作品和表演艺术成果"①。1980年7月26日,根据邓小平等人的意见,《人民日报》发表社论《文艺为人民服务、为社会主义服务》,确立了"文艺为人民服务、为社会主义服务"的方向。从此,"二为"方向成为新时期国家文化方针政策的重要组成部分。在文艺理论探讨上,邓小平提倡"三不主义",即不抓辫子、不戴帽子、不打棍子,提倡不同学派之间要互相尊重取长补短,提倡以实践作为检验真理的标准。

坚持"双百"方针、"二为"方向和"三不主义",极大地推动了新时期文艺创作的繁荣和文艺理论的发展,涌现出了大批优秀的文艺作品。如深刻思考社会历史和反映改革开放的文学作品,深受观众喜爱的电影电视剧作品,传唱全国的流行歌曲,逐渐活跃起来的诗歌、话剧、戏剧等。"文化大革命"结束后的一段时间里文化思想领域一度出现一些违背四项基本原则的思想和言论。1981年1月29日,中共中央《关于当前报刊新闻广播宣传方针的决定》提出:必须严格按照十一届三中全会以来党的路线、方针、政策进行坚持四项基本原则的宣传;要大张旗鼓地宣传建设社会主义的高度精神文明,坚持为人民服务、为社会主义服务的方向,正确贯彻执行百花齐放、百家争鸣的方针;要加强组织纪律性约束,无条件地同中央保持政治上的一致,不允许发表与中央路线、方针、政策相违背的言论。文艺领域的拨乱反正,适时实现了新时期社会主义文化政策的重大调整,既为文化建设提出理论指导,又为文化建设实践指明了方向,社会主义文化事业呈现出勃勃生机。

(四)向科学技术现代化进军与全国科学大会召开

当今世界,科学越来越成为推动历史进步的革命力量,成为代表一个民族文明水平的重要标志。科学技术为生产力发展不断提供新的生产工具、新的生产领域和新技术劳动者。"文化大革命"期间,包括科技工作者在内的知识分子被称作"臭老九",被贬低社会地位和作用。到"文革"结束时,同发达国家相比较,我国的科学技术和教育整整落后了二十年。我们要实现现代化,关键是科学技术要能上去。科技领域的拨乱反正刻不容缓。1977年5月,邓小平指出:"整个国家赶超世界先进水平,科学研究是先行官。"②中共中央开始恢复和开展科学技术工作,成立中国社会科学院,筹备全国科学大会。同年8月,在中共十一大政治报告中明确提出"向科学技术现代化进军"的号召。1978年3月18日至31日,全国科学大会召开。邓小平在大会开幕式上作重要讲话:这次大会的目的就是动员全党全

---

① 《邓小平文选》第二卷,人民出版社1994年版,第209、210、211~212、213页。
② 中共中央文献研究室:《邓小平年谱(一九七五——一九九七)》上,中央文献出版社2004年版,第159页。

国重视科学技术,研究加速发展中国科学技术的措施。在讲话中,他阐述了科学技术是生产力这一马克思主义的基本观点,明确肯定了我国知识分子的绝大多数已经是工人阶级和劳动人民自己的知识分子,已经是工人阶级自己的一部分。"他们与体力劳动者的区别,只是社会分工的不同。从事体力劳动的,从事脑力劳动的,都是社会主义社会的劳动者。"①他强调四个现代化的关键是科学技术现代化,提出:"我们向科学技术现代化进军,要有一支浩浩荡荡的工人阶级的又红又专的科学技术大军,要有一大批世界第一流的科学家、工程技术专家。造就这样的队伍,是摆在我们面前的一个严重任务。"②他强调在科研部门要实现党委领导下的所长负责制,指出党委的领导主要是政治上的领导,保证正确的政治方向,保证党的路线、方针、政策的贯彻,调动各个方面的积极性;同时还必须为科学技术人员创造必要的工作条件;学术上必须坚持百家争鸣的方针,展开自由的讨论;科学技术工作则要认真听取专家的意见,充分发挥专家的作用。③ 大会讨论并制定了《一九七八——一九八五年全国科学技术发展规划纲要》(简称"八年规划纲要"),对自然资源、农业、工业、国防、环境保护等27个领域和基础科学、技术科学两大门类的科学技术工作进行规划,推动了中国科技事业的发展。

1978年全国科学大会纠正了对科学技术的错误认识,肯定了包括科技工作者在内的我国知识分子是为社会主义服务的脑力劳动者,提出要重视科技人才的培养与使用。正确认识科学技术是生产力,正确认识为社会主义服务的脑力劳动者是劳动人民的一部分,知识分子是工人阶级的一部分,这就在理论上为尊重知识、尊重人才的文化思想的产生奠定了基础。科学技术工作受到了全党和全国人民前所未有的重视,正如中国科学院院长郭沫若在全国科学大会闭幕式上的书面讲话《科学的春天》中指出的:"只有社会主义才能解放科学,也只有在科学的基础上才能建设社会主义。科学需要社会主义,社会主义更需要科学。"④1978年10月到11月,中共中央组织部召开落实知识分子政策座谈会,并正式发布了《关于落实党的知识分子政策的几点意见》,要求:一是对知识分子队伍应当有一个正确的估计;二是继续做好复查和平反昭雪冤假错案工作;三是充分信任,放手使用,做到有职有权有责;四是调整用非所学,做到人尽其才,才尽其用;五是努力改善工作条件和生活条件;六是加强领导,改进作风。这些举措大大加快了落实知识分

---

① 《邓小平文选》第二卷,人民出版社1994年版,第89页。
② 同上,第91页。
③ 同上,第98页。
④ 《科学的春天》,载《人民日报》,1978年4月1日。

子政策的步伐,相关具体政策先后出台执行。1981年中共中央成立知识分子工作联系小组,中组部和各地党委组织部门成立知识分子工作办公室,专门负责落实知识分子政策和解决历史遗留问题,尊重知识、尊重人才的观念和社会风气开始逐步形成。

总之,在这一时期,中共通过对"文化大革命"时期和之后各种错误的文化思想与行为的反思、批判和纠正,基本完成了文化思想诸领域的拨乱反正,重新确立社会主义文化思想的主导地位。文化思想领域的拨乱反正及其新思想新观点的提出,为进一步形成和发展中国特色社会主义文化思想创造了有利条件,提供了较好基础。

## 二、中国特色社会主义文化思想的形成与发展

中共十一届三中全会确立起解放思想、实事求是的思想路线,实现把党的工作重心转移到社会主义现代化建设上来之后,以邓小平为主要代表的中国共产党人,着力解决在改革开放新形势下如何促进社会主义文化自身发展繁荣,如何使文化建设更好地服务和推动社会主义物质文明建设。特别是从加强社会主义精神文明建设的角度,对社会主义文化建设的战略地位、根本任务、指导方针等一系列问题进行了比较系统地阐述,确立了科学技术是第一生产力的思想和把教育放在优先发展的战略地位的思想,深化了对社会主义文化建设规律的认识,标志着中国特色社会主义文化思想的形成。

(一)文化建设和社会主义精神文明建设思想

持续十年的"文化大革命",导致我们的社会道德出现滑坡,风尚受到损害,一些人的价值观人生观扭曲,理想信念发生动摇。改革开放初期,在引进国外资金、技术、管理经验的同时,西方各种思潮也大量涌入,一些人盲目崇拜西方发达资本主义国家,一些腐朽没落的思想价值观念和生活方式出现。同时,伴随改革开放的推进,以经济建设为中心的现代化实践极大地推动了社会主义文化事业的发展繁荣,勃勃生机的社会主义现代化建设和广大人民群众对精神文化生活提出了更高要求和更新期待。社会主义文化必须要为改革开放和社会主义现代化建设提供思想保证、精神动力和智力支持,必须提高与之相适应的思想道德素质和教育文化水平。围绕什么是社会主义精神文明、如何建设社会主义精神文明这一主题,经过实践探索和理论总结,中国共产党人系统阐述了社会主义精神文明的科学内涵,以及精神文明建设的战略地位、根本任务、指导方针等一系列问题,揭示了文化建设与社会主义精神文明建设的发展关系。

1979年3月,邓小平在理论工作务虚会上作了《坚持四项基本原则》的重要

讲话,对前段时间党内的思想状况和社会上的思潮做出了回应,实际上已经提出社会主义精神文明建设的一些根本性问题。他深刻论述了"实现四个现代化,必须在思想政治上坚持四项基本原则,这是实现四个现代化的根本前提。这四项是:第一,必须坚持社会主义道路;第二,必须坚持无产阶级专政;第三,必须坚持共产党的领导;第四,必须坚持马列主义、毛泽东思想。"同时邓小平还着重对怀疑或反对四项基本原则的思潮进行一些批判,并强调保持崇高的革命理想、提高人民的道德水平、转变社会风气、端正党风的极端重要性。同年9月,叶剑英同志在庆祝中华人民共和国成立三十周年大会上的讲话里首次提出"社会主义精神文明"的科学概念,指出:"我们要在建设高度物质文明的同时,提高全民族的教育科学文化水平和健康水平,树立崇高的革命理想和革命道德风尚,发展高尚的丰富多彩的文化生活,建设高度的社会主义精神文明。这些都是我们社会主义现代化的重要目标,也是实现四个现代化的必要条件。"[1]同年10月30日在中国文学艺术工作者第四次代表大会上,邓小平重申了"社会主义精神文明"这一社会主义文化建设的新命题新任务。

1980年3月召开中国科协第二次全国代表大会,胡耀邦同志在讲话中强调论述了高度的社会主义物质文明与高度的社会主义的精神文明是相互联系、相互促进的。物质财富、物质文明为精神财富、精神文明奠定基础,精神财富、精神文明反过来又促进物质财富、物质文明向前发展。并提出思想理论高峰、科学技术高峰、文学艺术高峰是我们在实现四个现代化的征途上要攀登的精神文明的三个高峰。同年12月在中央工作会议讲话中,邓小平对精神文明的丰富内涵准确表述为:"我们要建设的社会主义国家,不但要有高度的物质文明,而且要有高度的精神文明。所谓精神文明,不但是指教育、科学、文化(这是完全必要的),而且是指共产主义的思想、理想、信念、道德、纪律,革命的立场和原则,人与人的同志式关系等等。"[2]1981年6月中共十一届六中全会审议通过的《关于建国以来党的若干历史问题的决议》,把社会主义必须有高度的精神文明作为社会主义现代化建设的十个要点之一,大大提升了社会主义精神文明建设的层次性。

1982年9月中共十二大全面阐述了社会主义精神文明建设的内涵,并对文化建设的内涵、社会主义精神文明的建设与文化建设的关系作了阐述。这是对党的文化思想发展的贡献。大会把社会主义精神文明建设分为可以互相渗透和互相促进的文化建设和思想建设两个方面。指出文化建设"指的是教育、科学、文学艺

---

[1] 《改革开放三十年重要文献选编》上,中央文献出版社2008年版,第71页。
[2] 《邓小平文选》第二卷,人民出版社1994年版,第367页。

术、新闻出版、广播电视、卫生体育、图书馆、博物馆等各项文化事业的发展和人民群众知识水平的提高,它既是建设物质文明的重要条件,也是提高人民群众思想觉悟和道德水平的重要条件"。"文化建设也应当包括健康、愉快、生动活泼、丰富多彩的群众性娱乐活动,使人民在紧张劳动后的休息中,得到有高尚趣味的精神上的享受。"①也就是说,大会把文化建设具体化为"教育、科学、文化"三方面,并将其作为社会主义精神文明建设的一部分。大会还指出思想建设"决定着我们的精神文明的社会主义性质。它的主要内容,是工人阶级的、马克思主义的世界观和科学理论,是共产主义的理想、信念和道德,是同社会主义公有制相适应的主人翁思想和集体主义思想,是同社会主义政治制度相适应的权利义务观念和组织纪律观念,是为人民服务的献身精神和共产主义的劳动态度,是社会主义的爱国主义和国际主义,等等。概括起来说,最重要的就是革命的理想、道德和纪律"②。

为了推进社会主义精神文明建设实践,1981年全国总工会、共青团中央等联合发出《关于开展文明礼貌活动的倡议》,在全国范围内开展"五讲四美"文明礼貌活动,即讲文明、讲礼貌、讲卫生、讲秩序、讲道德和心灵美、语言美、行为美、环境美,这一活动成为我国社会主义精神文明建设的一项重要工作和具体形式。1982年规定每年3月是"全国文明礼貌月",引导推动向张华、朱伯儒、张海迪等新时期模范榜样学习活动。1982年7月,邓小平在军委座谈会上的讲话中提出:"搞社会主义精神文明,主要是使我们的各族人民都成为有理想、讲道德、有文化、守纪律的人民。"③这段话以全体人民为对象,精辟概括了社会主义精神文明建设的目标,明确提出了培育"四有"新人的思想理论。1983年2月中宣部等单位在开展"五讲四美"活动的基础上又增加了"三热爱",即"热爱祖国、热爱社会主义、热爱中国共产党",3月中共中央成立"五讲四美三热爱"活动委员会来加强领导。1985年3月邓小平提醒说:"我们在建设具有中国特色的社会主义社会时,一定要坚持发展物质文明和精神文明,坚持五讲四美三热爱,教育全国人民做到有理想、有道德、有文化、有纪律。这四条里面,理想和纪律特别重要。"④1985年9月,邓小平提出:"不加强精神文明的建设,物质文明的建设也要受破坏,走弯路。光靠物质条件,我们的革命和建设都不可能胜利……当前的精神文明建设,首先要着眼于党风和社会风气的根本好转。"⑤这实际上是将精神文明建设与物质文明建

---

① 《改革开放三十年重要文献选编》上,中央文献出版社2008年版,第275页。
② 同上,第276页。
③ 《邓小平文选》第二卷,人民出版社1994年版,第408页。
④ 《邓小平文选》第三卷,人民出版社1993年版,第110页。
⑤ 《社会主义精神文明建设文献选编》,中央文献出版社1996年版,第196~197页。

设、党的建设联系起来了,逐步形成"两手抓,两手都要硬"的思想,大大提升改善了社会风气和人民思想道德素质。

1986年9月中共十二届六中全会通过了《中共中央关于社会主义精神文明建设指导方针的决议》,这是我们党历史上第一个专门关于社会主义精神文明建设的文件,它直接回答了社会主义精神文明建设与文化建设的关系。《决议》明确指出:社会主义精神文明的战略地位,即在社会主义时期,物质文明为精神文明的发展提供物质条件和实践经验,精神文明又为物质文明的发展提供思想保证、精神动力和智力支持,为它的正确发展方向提供有力的思想保证。社会主义精神文明建设,是关系社会主义兴衰成败的大事。《决议》指出:社会主义精神文明建设的根本任务,是培养有理想、有道德、有文化、有纪律的社会主义新人,提高整个中华民族的思想道德素质和科学文化素质。精神文明建设包括思想道德建设和教育科学文化建设两个方面,渗透在整个物质文明建设之中,体现在经济、政治、文化、社会生活的各个方面。加强精神文明建设,是各条战线和一切部门的任务,是全党全军和全国各族工人、农民、知识分子和其他劳动者、爱国者的共同的长期的任务,坚持对思想性质的问题用教育和疏导的方法去解决。教育科学文化建设解决的是整个民族的科学文化素质和现代化建设的智力支持问题。《决议》强调马克思主义在精神文明建设中的指导地位,指出建设社会主义精神文明的一系列方针政策。该决议总结了十一届三中全会以来社会主义精神文明建设的实践,阐述了新形势下社会主义精神文明建设的一系列重大问题,成为社会主义精神文明建设的指导纲领。《决议》从加强社会主义精神文明建设的角度比较系统地回答了关于文化建设的一系列基本问题,实际上成为中国特色社会主义文化思想初步形成的重要标志。1987年10月中共十三大报告进一步指出,从社会主义初级阶段的实际出发,"必须以马克思主义为指导,努力建设精神文明"。"要努力形成有利于现代化建设和改革开放的理论指导、舆论力量、价值观念、文化条件和社会环境,克服小生产的狭隘眼界和保守习气,抵制封建主义和资本主义的腐朽思想,振奋起全国各族人民献身于现代化事业的巨大热情和创造精神。"[①]报告强调,必须把发展科学技术和教育事业放在首要位置,使经济建设转到依靠科技进步和提高劳动者素质的轨道上来。可见,社会主义精神文明建设在中国特色社会主义现代化建设中的地位作用越来越大,分量越来越重。

在这一时期,以邓小平为核心的中共党人"创造性地提出中国特色社会主义文化建设理论……把全民族的精神文明建设和科学文化发展注入党的文化建设

---

[①]《改革开放三十年重要文献选编》上,中央文献出版社2008年版,第477页。

之中,极大地提高了党的文化领导能力"①。中共的文化领导权建设主要是鼓励思想解放,清除长期以来"左"的思想束缚;同时防止矫枉过正,注意思想理论引导。1979年3月邓小平旗帜鲜明地提出坚持四项基本原则,并指出,如果动摇了这四项基本原则中的任何一项,那就动摇了整个社会主义事业、整个现代化建设事业。1980年12月,邓小平在中央工作会议上要求"批判和反对崇拜资本主义、主张资产阶级自由化的倾向,批判和反对资产阶级损人利己、唯利是图、'一切向钱看'的腐朽思想,批判和反对无政府主义、极端个人主义"②。1981年6月中共十一届六中全会通过了《关于建国以来党的若干历史问题的决议》,运用马克思主义的观点,科学总结了建国以来重大历史事件,分析了产生错误的主观因素和社会原因,彻底否定了"文化大革命";实事求是地评价了毛泽东的历史地位,指出毛泽东是伟大的马克思主义者,伟大的无产阶级革命家、战略家和理论家,就他的一生来看,功绩远远大于过失,功绩是第一位的,错误是第二位的;强调毛泽东思想是马克思列宁主义在中国的运用和发展,是被实践证明了的关于中国革命的正确的理论原则和经验总结,是中国共产党集体智慧的结晶,是党的宝贵精神财富,长期具有指导意义。1981年7月邓小平同中宣部负责人谈话,一针见血地指出:"坚持四项基本原则的核心,是坚持共产党的领导……资产阶级自由化的核心就是反对党的领导,而没有党的领导也就不会有社会主义制度。"③1982年9月中共十二大通过的新的《中国共产党章程》,正式把"四项基本原则"列入其中,加强党的领导。1987年中共十三大报告提出的党在社会主义初级阶段的基本路线,明确强调两个基本点,即坚持改革开放是强国之路,坚持四项基本原则是立国之本。在邓小平同志的领导下,坚持四项基本原则的思想强调,《中共中央关于社会主义精神文明建设指导方针的决议》的系统阐述,《关于建国以来党的若干历史问题的决议》的顺利通过,对统一党内思想认识、引领社会正气发挥了重要作用,对中国特色社会主义文化思想产生了深远影响。这是中国共产党科学认识和正确对待马克思主义的必然结果,也标志着我党的文化领导权建设开始走向成熟。

(二)科技体制改革和科学技术是第一生产力思想

"文化大革命"导致的知识和人才的严重匮乏,大大制约着社会主义现代化建设的前进步伐。而国际的竞争既是综合国力的竞争,更是人才的竞争,人才的数

---

① 王小会、侯爱萍:《中国共产党文化领导权的创新建设——基于葛兰西文化领导权理论的探讨》,载《南方论刊》,2017年第12期,第14页。
② 《邓小平文选》第二卷,人民出版社1994年版,第368~369页。
③ 同上,第391页。

量和质量及其作用发挥的程度,是衡量一国综合国力强弱的重要指标。面对新的科技革命兴起,面对改革开放和社会主义现代化建设实践迫切需要掌握现代科学技术与拥有文化知识的科技人才,中共采取了一系列发挥人才、技术优势的重大政策措施。充分发挥科学技术和人才在社会主义现代化建设中的重要作用,成为新时期文化建设服务于经济建设的主要形式。

  1977年邓小平曾一针见血地指出:"我们要实现现代化,关键是科学技术要能上去。发展科学技术,不抓教育不行。靠空讲不能实现现代化,必须有知识,有人才……现在看来,同发达国家相比,我们的科学技术和教育整整落后了二十年。科研人员美国有一百二十万,苏联九十万,我们只有二十多万,还包括老弱病残,真正顶用的不很多。"①1978年3月18日在全国科学大会上邓小平明确提出:"科学技术是生产力,这是马克思主义历来的观点。早在一百多年以前,马克思就说过:机器生产的发展要求自觉地应用自然科学。并且指出:'生产力中也包括科学'。现代科学技术的发展,使科学与生产的关系越来越密切了。科学技术作为生产力,越来越显示出巨大的作用。"②1978年11月,中共中央组织部正式发布了《关于落实党的知识分子政策的几点意见》。1982年1月中共中央发出《关于检查一次知识分子工作的通知》,要求认真落实中央关于知识分子政策和归侨政策,真正做到政治上一视同仁、工作上放手使用、生活上关心照顾,并要求把政治觉悟高、业务能力强、工作干劲大、群众关系好的知识分子(包括非党知识分子),提拔到适当的领导岗位上来。1982年年底国务院批准《关于编制十五年(一九八六—二〇〇〇年)科技发展规划的报告》,包括了科技发展任务的制定和技术发展政策的研究,是中国第四次编制科学技术发展长远规划,主要是为经济建设和社会发展,为国家21世纪的发展储备科学技术。

  改革科技体制就是为了解放生产力。1985年3月13日,中共中央做出《关于科学技术体制改革的决定》,确定"经济建设必须依靠科学技术,科学技术必须面向经济建设"的方针,对科技拨款管理办法、开拓技术市场、科技和科研系统组织结构、扩大科研机构自主权、推动科研与生产联合、强化企业的技术吸收和开发能力、专业技术干部管理制度、科技人才流动、对外交流合作等提出全方位的改革意见。1986年开始的"七五"期间,先后制定和实施以科技攻关计划、星火计划、863计划、火炬计划、基础性研究计划、科技成果推广计划等六大计划为主的一系列科技发展规划,初步形成了以国家重点科技攻关计划为主干的多层次、多形式的国

---

① 《邓小平文选》第二卷,人民出版社1994年版,第40页。
② 同上,第87页。

家科技计划格局,组成了以国家科技计划"国家队"为主体、许多"部门行业队""地方队"相配合的科技大军。1986年,国务院先后出台《关于科学技术拨款管理的暂时规定》《关于实行专业技术职务聘任制度的规定》《关于扩大科学技术研究机构自主权的暂时规定》《关于促进科技人员合理流动的通知》等配套措施,促进科技体制改革全面铺开。

1987年1月国务院做出《关于进一步推进科技体制改革的若干规定》,4月实施《专利法》,10月召开的中共十三大提出"把发展科学技术和教育事业放在首要位置,使经济建设转到依靠科技进步和提高劳动者素质的轨道上来"①。1988年5月3日,国务院又做出关于深化科技体制改革若干问题的决定,提出"科技体制改革必须从社会主义初级阶段的实际出发,适应有计划商品经济的需要,发挥科技优势,以发展生产力为目标,进一步建立科技与经济紧密结合的机制,促进传统产业技术改造和新技术、高技术产业的形成,提高我国科学技术水平,推动经济和社会发展"②。1988年9月5日,邓小平进一步强调"马克思说过,科学技术是生产力,事实证明这话讲得很对。依我看,科学技术是第一生产力。我们的根本问题就是要坚持社会主义的信念和原则,发展生产力,改善人民生活"③。"科学技术是第一生产力"的论断很快在党内得到普遍赞同,成为指导人们行动的重要思想,也成为中国特色社会主义文化思想的重要组成部分。随着《中华人民共和国技术合同法》《商标法》《著作权法》等的出台实施,《世界版权公约》的申请加入,一系列科技立法工作也加快步伐,适应了20世纪80年代以来科学技术市场的形成、知识商品化、科技文化国际交流的需要。改革使得这一时期的科技队伍不断壮大,基础科学、尖端科技领域研究突飞猛进,众多科学研究水平跻身国际行列。

在改革开放的过程中,邓小平以时不我待的危机感责任感提出了尊重知识、尊重人才的重要思想。他强调"现在我们国家面临的一个严重问题,不是四个现代化的路线、方针对不对,而是缺少一大批实现这个路线、方针的人才"④。"要有一支浩浩荡荡的工人阶级的又红又专的科学技术大军,要有一大批世界第一流的科学家、工程技术专家。造就这样的队伍,是摆在我们面前的一个严重任务。"⑤"必须十分重视文艺人才的培养。在一个九亿多人口的大国里,杰出的文艺家实在太少了。这种状况与我们的时代很不相称。我们不仅要从思想上,而且要从工

---

① 中共中央文献研究室:《十三大以来重要文献选编》上,人民出版社1991年版,第17页。
② 中共中央文献研究室:《十三大以来重要文献选编》上,人民出版社1991年版,第238页。
③ 《邓小平文选》第三卷,人民出版社1993年版,第274页。
④ 《邓小平文选》第二卷,人民出版社1994年版,第220~221页。
⑤ 同上,第91页。

作制度上创造有利于杰出人才涌现和成长的必要条件。"①因此,"一定要在党内造成一种空气:尊重知识、尊重人才。要反对不尊重知识分子的错误思想。"②中共十三大强调进一步落实尊重知识、尊重人才的政策思想,提出要营造"尊重知识、尊重人才的社会环境,继续改善知识分子的工作和生活条件,努力做到人尽其才,才尽其用。要充分发挥广大工人、农民、知识分子的积极性和创造性,对一切为现代化建设做出优异成绩的人们都要给予奖励"③。这实际上是说,既要尊重体力劳动人才,更要尊重脑力劳动的人才。

总之,科技体制的改革红利,科学技术是第一生产力的思想,尊重知识、尊重人才的思想,已经成为中国特色社会主义文化思想中最具特色的内容之一,为中国改革开放和现代化建设提供了智力与人才的支撑。

(三)教育体制改革和教育优先发展战略思想

教育领域在完成拨乱反正之后,开始逐步建立起与现代化建设相适应的教育体制。实现现代化,科技是关键,人才是中心,教育是基础。教育是发展科学、技术和培养人才的基础,在现代化建设中具有先导性、全局性作用,必须摆在优先发展的战略地位。20世纪80年代的教育改革,呈现出从局部调整走向全面调整的渐进特点。"文化大革命"期间,极"左"思潮在学校里的蔓延、"读书无用论"在社会上的泛滥,直接导致我国的教育秩序混乱,教育质量普遍大幅度下降。正如邓小平所言:"同发达国家相比,我们的科学技术和教育整整落后了二十年。抓科技必须同时抓教育。"④"科学技术人才的培养,基础在教育。我们要全面地正确地执行党的教育方针,端正方向,真正搞好教育改革,使教育事业有一个大的发展,大的提高。教育事业绝不只是教育部门的事,各级党委要认真地作为大事来抓。各行各业都要来支持教育事业,大力兴办教育事业。人民教师是培养革命后代的园丁。他们的创造性劳动,应该受到党和人民的尊重。"⑤"我国的经济,到建国一百周年时,可能接近发达国家的水平。我们这样说,根据之一,就是在这段时间里,我们完全有能力把教育搞上去,提高我国的科学技术水平,培养出数以亿计的各级各类人才。"⑥

---

① 《邓小平文选》第二卷,人民出版社1994年版,第212~213页。
② 中共中央文献研究室:《邓小平年谱(一九七五——九九七)》上,中央文献出版社2004年版,第160页。
③ 中共中央文献研究室:《十三大以来重要文献选编》上,人民出版社1991年版,第19页。
④ 中共中央文献研究室:《邓小平年谱(一九七五——九九七)》上,中央文献出版社2004年版,第160页。
⑤ 《邓小平文选》第二卷,人民出版社1994年版,第95页。
⑥ 《邓小平年谱(一九七五——九九七)》下,中央文献出版社2004年版,第1046页。

基于现实状况和教育要求,1980年2月中共十一届五中全会提出要确定适合国民经济发展需要的教育计划和教育体制。1982年9月中共十二大报告提出普及教育是建设物质文明和精神文明的重要前提,正式提出必须大力普及初等教育,加强中等职业教育和高等教育,发展包括干部教育、职工教育、农民教育、扫除文盲在内的城乡各级各类教育事业,培养各种专业人才,提高全民族的科学文化水平的教育发展目标。1982年12月,新修改的《中华人民共和国宪法》增加了"普及初等义务教育""国家发展各种教育设施"的条款,这标志着教育立法的开始。1983年10月1日,邓小平给北京景山学校题词:教育要面向现代化,面向世界,面向未来。"三个面向"成为新时期教育改革和发展战略的指导方针。1985年5月,中共中央、国务院召开全国教育工作会议,提出教育要成为经济建设和社会发展的推动力量,就必须解决存在的政府统得过死和学校缺乏活力、基础教育薄弱和教育结构失衡、教育思想内容方法陈旧、教育脱离经济与社会发展等问题,要求对教育体制进行系统改革,讨论教育体制改革的步骤和措施。5月27日公布实施了《中共中央关于教育体制改革的决定》,第一次明确提出在全国范围有计划有步骤地普及九年义务教育,调整中等教育结构、大力发展职业技术教育,改革高等学校的招生计划和毕业分配制度,扩大高校的办学自主权等重大问题。同年国务院成立国家教育委员会,对大中小学的学制做出统一规定。

1985年9月10日确立为第一个教师节,全国各地举行隆重的庆祝活动,党和国家领导人参加庆祝活动。尊师重教成为国家、民族文明的重要标志,教师成为最受人尊敬和最值得羡慕的事业之一。1986年4月六届全国人大四次会议正式通过《中华人民共和国义务教育法》,以国家大法的形式正式确立九年义务教育制度。从1986年开始,根据成人教育的性质特点,建立成人高等教育和成人中等教育学历证书、专业合格证书与单科合格证书制度,1987年国家教委制定《关于改革和发展成人教育的决定》。1987年10月中共十三大报告进一步提出"必须坚持把发展教育事业放在突出的战略位置,加强智力开发"。[1] 为培育现代化建设所需要的大批良好职业技术劳动者,1991年国务院做出《关于大力发展职业技术教育的决定》。总之,经过这一时期的调整改革,落实了教育事业的战略地位与作用,教育经费总投入不断增长,使得九年义务教育、高等教育、职业教育、成人教育、少数民族教育等都得到了快速发展,培养了大批社会急需的各种专门人才,提高了整个国民素质,有力支撑了经济建设和现代化建设。教育体制改革、把教育放在优先发展的战略地位的思想,是落实尊重知识、尊重人才战略的必然要求,成为中

---

[1] 中共中央文献研究室:《十三大以来重要文献选编》上,人民出版社1991年版,第19页。

国特色社会主义文化思想的重要组成部分。

4. 文化体制改革和20世纪80年代的文化热潮

中华人民共和国成立之后,在借鉴苏联模式的基础上,我们建立起由政府出资建设、按照计划进行生产经营管理的文化体制。改革开放之后,经济、政治等体制改革的顺利推进,使得人民群众多样化的文化需求和愿望释放出来,要求文化体制的改革必须跟进。80年代前期,艺术表演团体和电影首先拉开改革序幕,主要以承包经营为主进行了内部机制改革。1982年1月,文化部召开直属艺术院团负责人会议,讨论体制改革,实行承包经营责任制。1985年4月,中共中央办公厅、国务院办公厅转发《文化部关于艺术表演团体的改革意见》,提出对大中城市艺术表演团体布局不合理、机构臃肿、大锅饭、领导体制、经营管理等问题进行改革。但最终未实现预期目标。1988年初,广播电影电视部成立电影体制改革领导小组,重点抓电影体制改革问题,部分电影厂内部进行专业分工协作。1988年9月,国务院批转《文化部关于加快和深化艺术表演团体体制改革的意见》,提出逐步实行"双轨制",即采取需要国家扶持的少数团体由政府文化主管部门主办,而实行多种所有制形式的多数团体则由社会主办;建立完善的文化市场体系;明确改革目标是增强艺术表演团体的经营机制和竞争机制,提高艺术表演人员的积极性和创造性,使政府文化主管部门更好地履行间接管理艺术表演团体的职能。1989年2月,国务院批准设立文化部文化市场管理局,推动演出、电影、音像、书刊、文物、字画等市场和文艺游乐场所、文化服务相关市场的健康发展。改革激发了创作活力,实践提供了创作源泉。20世纪80年代的社会政治、人生思考、个人与群体、生命与文化、时间与空间、现实与历史、传统与革新、东方与西方等问题,都成为文化艺术创作的主题,许多优秀文化艺术作品纷纷创作呈现。

"文化大革命"之后,随着真理标准问题大讨论的思想解放、改革开放的顺利推进、教育文化的发展推动,思想文化领域掀起了一股思想激荡碰撞的"文化热"浪潮。主要表现在涌现出了许多思想学术团体,开展了各种学术活动,出现了大批西方思想学术译作、译著丛书。高等院校教师、科研机构的研究人员作为各种丛书的著作者,和商务印书馆、三联书店、上海译文出版社等出版机构合作,把西方启蒙时代以来的哲学、政治学、经济学、社会学、法学、心理学、文学艺术等西方代表性哲学文化思潮,以及《第三次浪潮》为代表的未来学、20世纪70年代以来以控制论、系统论、信息论为主要内容的方法论等数百种著作,都翻译出版介绍进入中国,传播各种理论和主张。影响广泛的丛书有数十种之多,如1980年国家出版局决定由人民出版社牵头,提出《现代外国政治学术著作选译书目》(100题),商务出版社在1982年至1989年组织翻译的"汉译世界学术名著丛书"5辑230

种,湖南人民出版社岳麓书社联合出版的"走向世界丛书"36 种,以及"文化哲学丛书""中国文化史丛书""二十世纪西方哲学译丛""世界文化丛书"等等,印刷数量巨大。

在 20 世纪 80 年代的文化热潮中,西学思潮大致分为理性主义和非理性主义两种①,它们都极大影响了改革开放新时期的哲学思想、文化观念、文学创作等。人道主义和自由主义是理性主义思潮的主要表现,如反思文学和寻根文学对人性的挖掘与呼唤,对人、主体性、思维方式等的关注和思考,都呈现出人道主义的价值关怀,引发思索讨论。非理性主义思潮则来源于叔本华、尼采为代表的唯意志主义,主张在个人存在为本体的唯心主义本体论基础上否定人的理性,否定信仰和道德中的理性,否认历史发展规律。受此影响,部分文艺作品把历史现象偶然化、虚无化,把现实世界碎片化、功利化,把人性挖掘欲望化、丑恶化,把艺术探索审丑化、怪诞化,陷入灰暗、虚无、暴力、色情和艺术实验至上的怪圈;颓废、迷惘则使得一些失去理想、迷茫彷徨的人把对社会现实的不满转向对社会主义道路和共产党领导的失望怀疑。

80 年代的文化热潮中,中国传统文化热的表现是新儒家高举起捍卫和发展传统文化的大旗,集中在对传统文化的反思和学者研究成果的出版,标志着传统文化研究进入到崭新的发展阶段。这一时期反映传统文化的大量丛书得以出版,如蔡尚思的《中国文化史要论》由湖南人民出版社 1979 年出版,是第一本概括介绍中华五千年文化历史著述的著作;如复旦大学历史系和中国社科院近代史研究所共同筹办的《中国文化研究集刊》第一辑于 1984 年正式出版。研究传统文化的学术机构纷纷建立,如 1984 年 10 月,由著名学者梁漱溟、冯友兰、周一良、任继愈、张岱年、汤一介等共同发起,联合北京大学、中国社会科学院、中国人民大学、北京师范大学等单位的数十位学者教授专家一起在北京创建中国文化书院②,该书院的培养目标与对象是从事中国文化史、哲学史、宗教史、历史、文学、思想史研究的中外学者;各地先后建立起一批学术研究机构,如上海社会科学院哲学所的东西方文化比较研究中心、北京师范大学的中国近代文化史研究室和东西方文化比较研究中心、福建师范大学的中国文化研究室、陕西师范大学的汉唐文化研究室等;还有北京、山东等地设立的儒学研究机构,如中国孔子基金会、中华孔子研究所、山

---

① 欧阳雪梅:《中华人民共和国文化史(1949 – 2012)》,当代中国出版社 2016 年版,第 211 页。

② 张昭军:《文化史研究再出发——1978—2000 年的中国文化史研究》,载《云南大学学报(社科版)》,2015 年第 6 期,第 89 页。

东省社会科学院儒学研究所、山东大学传统文化研究所、曲阜师范大学孔子研究所等等。有关传统文化研究的重要会议相继召开,如1982年的"中国文化史研究学者座谈会";1984年11月首届"全国中国近代文化史"学术研讨会,12月的"东西方文化比较"学术研讨会;1986年3月的"传统文化和现代化"专题学术研讨会,4月"孔子、儒家和中国传统文化"研讨会;1986年1月首届"国际中国文化学术讨论会"召开,会议主要议题是"中国文化传统的再估计""中国文化与西方文化的相互关系",成为当时学术界和思想文化界的关注焦点。传统文化的各种专著书刊的出版,研究机构学术团体的建立,重要学术会议的研讨,大大促进了中华文化历史的研究,在断代文化史、地域文化史、民族文化史、中外文化交流史等方面取得不少学术成果,推动了学术界和社会民众对传统文化思想价值的深入挖掘与重新审视。

概括起来,这一时期,在邓小平的率领下,全党进行拨乱反正,创造性提出"社会主义精神文明"基本概念,高度重视精神文明建设,努力加强马克思主义理论教育。立足于改革开放中国精神文明建设的实践,建立在中国文化建设经验教训的总结认知上,通过了中国共产党历史上第一个关于社会主义精神文明建设的决议,系统阐述了社会主义精神文明建设的战略地位、根本任务、指导方针等一系列问题,强调物质文明和精神文明"两手抓,两手都要硬"的经验总结,坚持四项基本原则的立国之本,提出科学技术是第一生产力的思想,落实教育优先发展的战略地位,挖掘东西方文化比较的价值,等等。这些思想观点都丰富发展了中国共产党的文化理论,标志着中国特色社会主义文化思想的基本形成与发展,成为中国特色社会主义文化建设的重要成就标识,是中国特色社会主义理论体系的重要组成内容。

# 第十章 "与时俱进,求真务实"

——江泽民、胡锦涛时期的文化发展与思想引领

**一、江泽民时期的文化发展与思想引领**

(一)先进文化的旗帜作用

文化是旗帜,文化是灵魂。任何一个政党都必须以一定的文化作为自己的思想旗帜和精神力量,去能动地影响和改造社会。政党的精神境界、理想信念和根本方向不仅是文化的鲜活体现,更关系着政党的命运和发展前途。政党的先进性

不仅体现于其代表先进的生产力发展水平,更体现于其代表先进文化的前进方向,物质的进步离不开精神文明的协同发展,近而不断推动社会前进。在新的历史条件下,江泽民提出"中国共产党要始终代表先进文化的前进方向",把党的前途命运、先进性与否同文化的先进性紧密结合,不仅体现了中国共产党执政理念的日臻成熟,也昭示了中国共产党所具有的强烈的文化使命感,更是对文化价值的深刻把握,这一论断具有里程碑式的意义。

在庆祝中国共产党成立八十周年大会上的讲话中,江泽民明确指出:"坚持什么样的文化方向,推动建设什么样的文化,是一个政党在思想上和精神上的一面旗帜。"①把衡量政党先进性与否的判断标准放置在是否坚持先进文化的前进方向的高度来看,不仅在世界无产阶级执政党史上是首创,更对无产阶级政党地位的巩固、先进性建设等方面具有重要意义。中国共产党不仅是工人阶级的先锋队更是中华民族和中国人民的先锋队。始终代表先进文化的前进方向,不仅是中国共产党人的根本标志更是中国共产党人的内在特质。中国共产党在精神和思想上的旗帜就是文化的先进性。②

对于任何一个政党来说,旗帜问题都具有十分重要的意义。旗帜蕴含着一个政党的信仰、理想、信念、宗旨及实现目的的手段。一个政党如果没有旗帜,就没有明确的方向,就没有鲜明的形象,就不可能形成强大的力量,其所从事的事业也就很难取得成功。恩格斯曾指出:"一般说来,一个政党的正式纲领没有它的实际行动那样重要,但是,一个新的纲领毕竟总是一面公开树立起来的旗帜,而外界就根据它来判断这个党。"③列宁在领导创建布尔什维克党的过程中,也十分强调旗帜的重要性,并把它视为一个政党具有凝聚力和战斗力的重要保证。他指出,如果没有旗帜,政党"就不可能成为、能够在转折时始终坚持自己路线的有机体"④。毛泽东早在寻找救国救民的真理时就说过:"主义譬如一面旗子,旗子立起了,大家才有所指望,才知所趋附。"⑤有所指望,回答向何处去;知所趋附,回答走什么路。显然,马克思主义者所讲的"旗帜"只是一种形象化的说法,内容都同党的纲领、指导思想、精神理论和先进文化相联系的。旗帜问题的实质,就是一个政党坚持什么样的纲领和指导思想,沿着什么方向走什么路的问题。党的纲领和指导思想不同,所举的旗帜也就不同,由此其所代表的方向和形象及其所走的路也有本

---

① 江泽民:《在庆祝中国共产党成立八十周年大会上的讲话》,人民出版社,2001年7月。
② 张远新:《江泽民文化思想研究》,人民出版社2006年版,第50页。
③ 《马克思恩格斯选集》,第三卷,人民出版社1995年版,第325~326页。
④ 《列宁全集》,人民出版社1990年版第二十卷,第357页。
⑤ 《毛泽东早期文稿》,湖南出版社1993年版,第554页。

质的区别甚至相反。

　　作为中国共产党第三代领导集体的核心,江泽民高度重视旗帜的意义和作用,并对此做了系统的理论阐述。1997年2月,我们党的第一代领导集体重要成员、第二代中央领导集体核心邓小平逝世。中国该向何处去这一问题再一次成为国内外关注的焦点。以江泽民为核心的第三代党中央提出旗帜问题至关重要,坚决果断地表明态度,决心继续高举邓小平理论的伟大旗帜,把邓小平开创的建设有中国特色社会主义的伟大事业全面推向21世纪。江泽民在邓小平追悼大会上指出:"邓小平同志创立的建设有中国社会主义理论和在这个理论指导下制定的党的基本路线,是我们必须遵循的行动指南。在跨越新世纪的新征途上,更高地举起邓小平建设有中国特色社会主义理论的伟大旗帜,更好地贯彻执行党的基本路线,是我们党中央领导集体坚定不移的决心和信念也是全党全国各族人民的共识和愿望。我们一定要更加自觉地用这个理论武装头脑,统一认识,同心同德,开拓创新,战胜前进道路上的一切困难,排除各种错误倾向的干扰,在任何情况下坚持党的基本路线不动摇。"①这就明确地向全国全党和全世界表明,在中国,在新世纪的征途上,我们要继续高举邓小平理论的伟大旗帜,贯彻以邓小平为核心的党中央所制定的党的基本路线,沿着邓小平所开辟的建设有中国特色社会主义的道路前进,从而稳定了民心党心。

　　接着,江泽民于1997年5月29日在中央党校省部级干部进修班毕业典礼上发表讲话强调:"旗帜问题至关重要。旗帜就是方向,旗帜就是形象。我们说坚持十一届三中全会以来的路线不动摇,就是高举邓小平建设有中国特色社会主义理论旗帜不动摇。在邓小平同志逝世后,我们全党,特别是高级领导干部,在这个问题上尤其要有高度的自觉性和坚定性。"在这里,江泽民在马克思主义发展史上第一次明确论述了旗帜问题,再一次表明党中央高举邓小平理论伟大旗帜不动摇的决心和信念,要求全党特别是党的高级干部,无论遇到什么困难,什么议论,什么压力,国内来的也好,国外来的也好,都不要动摇。然后,在中国共产党的第十五次代表大会上,江泽民在大会报告开头就指出:"大会的主题是:高举邓小平理论伟大旗帜,把建设有中国特色社会主义事业全面推向二十一世纪。"②在报告的结尾,他重申了"5.29"讲话关于旗帜问题的论述:"我们这次大会的灵魂,就是高举邓小平理论的伟大旗帜。十五大无疑将以这一点为标志载入史册。"③大会确立

---

① 《敬爱的邓小平同志永远活在我们心中》,人民出版社1997年版,第25~26页。
② 《中国共产党第十五次代表大会文件汇编》,人民出版社1997年版,第1页。
③ 同上,第52页。

*181*

了邓小平理论在我们党的指导地位,并把它写入党章。十五大报告是我们党面向新世纪的政治宣言书,它向全党全国乃至全世界昭示了邓小平逝世后中国的走向,清楚地表明了中国向何处去,解决了我们党和国家在下个世纪举什么旗、走什么路、沿着什么方向走的重大问题。2002年5月31日,党的十六大召开前期,江泽民在中央党校发表讲话再次强调,在新的世纪,对于中华民族的发展前途,对于13亿中国人民的未来命运,旗帜尤为重要。在我国进入全面建设小康社会,加快推进社会主义现代化的新的发展阶段,全党同志和全国上下一定要高举邓小平理论伟大旗帜。以江泽民为核心的党中央之所以始终强调旗帜问题至关重要,并做出了高举邓小平理论伟大旗帜的决策,是源于他对旗帜重要性的理解和把握。

政党先进性的衡量标准与形象是旗帜。任何一个政党都有其特定的思想文化,它是政党在长期的经济政治活动中所坚持的一套系统化的衡量标准和理论价值体系。因此,举什么旗、走什么路,不仅直接反映着这个政党的进步程度,而且鲜明地展示了这个政党的形象。所谓先进的政党,必然也是在思想文化上进步的党。在先进的思想文化的旗帜指导下,这个政党就能在社会政治生活中发挥着进步作用,在世界和人民面前树立良好的形象,人民也会信赖和支持这样的政党,政党的领导地位就能长治久安。相反,如果一个党的整个思想体系、价值理念、思维方式等都处在非常落后的状态,甚至已经腐朽、没落,那它也就绝不可能推动社会历史的进步,在世界和人民面前也不可能树立良好的形象,其领导地位也就岌岌可危。

指引方向靠旗帜。如前所述,旗帜的灵魂和核心是思想文化。而任何先进的、科学的文化,本质上不只是对现行社会的肯定与支撑,而且包含着对现行社会的评价与批判,它不仅包含着社会"是什么"的价值支撑,而且也蕴含着社会"应如何"的价值取向。因此,以先进文化为核心和灵魂的旗帜,能够给人们以美好的希望、崇高的理想和坚定的信念,给人们预示未来,标识方向,成为社会进步的导向,成为人民实践认识活动的路标。中国近现代发展史从正反两个方面清楚地验证了这一点。政党凝聚力、创造力、战斗力的根基是旗帜。人是具有文化特质的。人树立了旗帜,旗帜又反过来熏陶人、塑造人、发展人。对于由人组成的政治组织——政党来说,以思想文化为灵魂的旗帜具有很强的政治倾向性和价值凝聚力,对其社会成员能产生潜移默化的影响力和不可抗拒的统摄力、威慑力,规范着人民的信仰方式和行为取向。也正是这种信仰规范和价值取向的团结凝聚作用,使一个政党及其所领导的集体,产生攻坚克难的巨大勇气。

(二)中国共产党必须高举先进文化的旗帜

高举先进文化的旗帜是无产阶级政党保持其先进性的内在要求。无产阶级政党是人类历史上最进步的政党,它与其他政党的根本区别之一,就在于其先进性。无产阶级政党的先进性,主要表现在三个方面:其一,阶级的先进性。无产阶级政党是工人阶级的先锋队组织,是工人阶级的先进代表,它首先或主要来源于工人阶级,具有工人阶级特有的优秀品质。其二,理论的先进性。以工人阶级为阶级基础的政党并不都是真正的无产阶级政党,只有同时以科学理论为指导才是真正的无产阶级政党。无产阶级政党是以马克思主义为指导的,马克思主义就是工人阶级政党先进性的理论表现。其三,目的的先进性。无产阶级的阶级利益和解放条件是与其他劳动人民的利益和解放条件完全一致的,无产阶级政党是为"绝大多数人谋利益"的政党,它的目的是解放全人类,实现共产主义。

党的先进性是党的生命所在、党的力量所在,与政党的命运息息相关。在一般的情况下,只有那些具有先进性的政党,才能紧紧把握时代的脉搏,深刻认识时代前进的方向,永远走在时代发展的前列,从而获取广大人民群众的拥护和支持,最终成为执政党。反之,一个政党如果不具有先进性,或不能保持自己的先进性,就不可能发展、壮大,更不可能成为一个国家的执政党。即便是一时获得了执政权,也会因其不能代表历史前进的方向而失去人民群众的信任和支持,很快就会下台,成为历史的匆匆过客。苏联共产党、东欧各国共产党、墨西哥革命制度党以及台湾地区的国民党概莫如此。正因如此,无产阶级革命导师一贯高度重视无产阶级政党的先进性问题,从来都把保持和发展先进性放在头等重要的地位。他们认为,无产阶级政党要保持自己的先进性,一个重要的方面,就是要高举先进文化的旗帜,以科学的理论为指导。这种先进的文化就是具有与时俱进品质的马克思主义。马克思主义来源于无产阶级的革命实践,马克思主义又促使无产阶级政党的产生,而无产阶级政党必须要由马克思主义的科学理论来武装。恩格斯指出:"我们党有个很大的优点,就是有一个新的科学的世界观作为理论基础。"这个新的科学的世界观就是马克思主义。列宁也非常重视先进理论对共产党的指导作用,他强调没有革命的理论,就没有革命的运动;只有以先进理论作为指南的政党,才能实现先进战士的作用。毛泽东明确指出:"领导我们事业的核心力量是中国共产党,指导我们思想的理论基础是马克思列宁主义。"[①]邓小平曾总结说:"如果我们不是马克思主义者,没有对马克思主义的充分信仰,或者不是把马克思主义同中国自己的实际相结合,走自己的路,中国革命就搞不成功,中国现在还是会四分五裂,没有独立,也没有统一。对马克思主义的信仰,是中国革命胜利的一种

---

[①] 《毛泽东著作选读》下册,人民出版社1989年版,第715页。

精神动力。"①

在新的变化了的形势下,无产阶级政党要不要坚持马克思主义?中国共产党要不要坚持马克思主义?江泽民做了明确、肯定的回答。他指出,中国共产党是无产阶级的政党,不管形势有什么变化,党的性质、宗旨、任务是不会改变的。"我们党在不同历史时期的工作重点和具体任务会随着情况的变化而变化,但是党的工人阶级先锋队的性质、党的全心全意为人民服务的宗旨、党的奋斗目标,是始终不能变的。"②江泽民还说:"我们党所以坚强有力,重要原因之一,就是坚持以马克思主义理论体系作为自己的世界观和行动指南。没有先进理论武装的党,不可能是先进的党;没有先进理论武装的共产党员不可能发挥先进战士的作用;拒绝用先进理论武装头脑的人,就不会有真正的党性,就没有资格存身于工人阶级先锋队的行列。"③伟大的事业需要伟大的理论。我们党是一个有8000多万党员的大党,领导着13多亿人口的大国,现在又面临着改革开放和现代化建设的异常繁重艰巨的任务,从事着建设中国特色社会主义的崭新事业。领导这样的党和国家,从事这样伟大的事业,没有理论的指导是不可想象的。江泽民指出:"一个党、一个国家、一个民族,特别是像我们这样的大党,这样的大国,这样人口众多的民族,如果没有正确的理论为指导,如果没有以正确的理论为基础的强大的精神支柱,那么我们的党、国家和民族将是不可想象的,就会成为一盘散沙,就谈不上凝聚力、战斗力、创造力,就不会有美好的未来。"④理论上的指导可以使我们的事业少走弯路,理论上的预测可以将许多矛盾化解在未燃之前,理论上的总结可以使实践经验得到升华。马克思主义理论是提高党的领导工作的科学性、预见性的根本途径,是提高党执政水平和领导水平的根本途径。江泽民还指出,现在,改革和建设的任务很重,大家都很忙,但是一定要挤时间学习理论。如果全党真正用建设中国特色社会主义理论武装起来,在贯彻党的基本路线和方针政策时,就能保持思想上、政治上的高度一致。有了这一条,其他事情就好办了。

同时文化也具备民族性、科学性与大众性。这是当代中国先进文化的鲜明特点。它生发于中华民族光辉灿烂的历史长河中,又深深根植于中国特色社会主义的伟大实践里,在继承传统文化精华,弘扬民族精神的进程中形成中国风格、气派和特色,展示着中华文化独有的个性特征,显示出巨大的民族凝聚力,具有浓郁的

---

① 《邓小平文选》第三卷,人民出版社1993年版,第63页
② 江金权:《江总书记抓党建重要活动记略》,人民出版社1998年版,第519页
③ 《为把党建设成更加坚强的工人阶级先锋队而斗争》,载《人民日报》,1990年7月1日
④ 江金权:《江总书记抓党建重要活动记略》,人民出版社1998年版,第315页

<<< 第三篇 当代中国特色社会主义文化发展和精神建构的理性历程与文化自觉

民族性。"科学的"是指内容,是从文化内涵的角度,对中国文化精神实质的定位。当代中国的先进文化,正确反映客观世界的本质和规律,与专断和迷信进行不妥协的斗争,具有深刻的科学性。"大众的"是指目的,是从文化服务对象的角度,对中国文化服务目的的定位。当代中国的先进文化,是从人民群众中获得创造发展的源泉,又为广大老百姓所喜闻乐见,具有广泛的群众性。"代表中国先进文化的前进方向"就是在建设先进文化的过程中更加突出、更加彰显中国先进文化的民族性、科学性、大众性。总之,先进文化的前进方向就是中国特色社会主义文化的兴旺和繁荣,就是中国特色社会主义文化建设向着理想目标前进的动态过程。

### 二、胡锦涛时期的文化发展与思想引领

(一)高度重视文化建设的重要地位和作用

文化是民族凝聚力和创造力的重要源泉,是综合国力竞争的重要因素。十六大以来,以胡锦涛同志为总书记的党中央继续深化文化体制改革,做出一系列重大战略决策部署。胡锦涛指出,深入推进文化体制改革,促进文化事业全面繁荣和文化产业快速发展,关系全面建设小康社会奋斗目标的实现,关系中国特色社会主义事业总体布局,关系中华民族伟大复兴。① 这一重要论述,从战略和全局的高度深刻阐明了文化建设的重要地位和作用。

第一,文化是民族凝聚力和创造力的重要源泉。一个民族的文化,是这个民族文明进步的结晶,影响着人的精神和灵魂,渗透于社会生活的各个方面。一个民族的文化,是凝聚和激励全民族的重要力量,也是一个民族在思想上、精神上的重要标志。文化,对于民族精神的形成和发展,对于国家核心价值观的形成和维持,对于国家的精神状态和凝聚力,对于国民素质的形成及其能力的提升,都起着十分重要的作用。中华民族在浩瀚的历史长河中,创造了博大精深、璀璨夺目的中华文化,形成了中华文化所特有的文化传统和民族性格,并深深地融入中华民族的血脉之中,成为中华民族共同的文化基因和精神记忆。

第二,文化是综合国力竞争的重要因素。综合国力的大小强弱,反映着一个国家的发展水平。综合国力,不仅包含经济、政治、科技、军事、外交、文化实力,还涵盖自然资源、人口、地理环境等基础实力。由此可见,综合国力是各种资源的总和,是综合国力的体现。主要目的在于强调它不是指单个的某个方面的实力,而是指综合性实力,主要表现是文化与其他产业的良性互动关系。文化以其深厚的

---

① 中共中央文献研究室:《十六大以来重要文献选编》下册,中央文献出版社2008年版,第661页。

底蕴支撑着创新能力,是推动创新、发明的重要前提和基础。文化教育提供充足的高素质人才,为国家的发展提供人才保证。包含着如此丰富构成的文化竞争力,无疑是综合国力的重要组成部分。进入新世纪,文化软实力越来越成为衡量一个国家综合实力强弱的重要尺度之一。美国对外贸易中,其文化产品输出占据着特别重要的地位,日本、韩国等亚洲国家业已成为世界上不容小觑的文化产品输出大国。随着国际局势的发展,作为世界上最大的社会主义国家,必须高度警惕及有效抵御来自外部的各种文化思想渗透,尽快找寻以及形成我国经济发展相匹配的思想文化。总之,当今世界日趋激烈的国际竞争,进一步凸显了文化建设的重要地位和作用。

第三,文化是经济社会发展的重要支撑。马克思主义认为,生产力决定生产关系,经济基础决定上层建筑。文化是经济发展的产物,但是文化一经形成之后,反过来又对经济社会发展发生作用。文化是人类活动的重要方面,是人们在认识世界和改造世界的实践中创造的精神成果。政治、经济、文化必须协同发展,作为观念形态的文化是对其赖以产生的基础的反应,并反作用于其基础。经济发展是文化繁荣的基础,社会进步是文化兴盛的条件,经济社会的快速发展必然要求也必然伴随着文化的兴盛和繁荣。历史上,每一个经济社会快速发展的时期,往往也都是文化繁荣兴盛的时期。文化的繁荣兴盛,反过来又给经济社会发展注入了源源不断的动力,为经济社会发展提供精神动力和智力支持,从而极大地推动了经济社会的发展。文化产业是新兴产业,方兴未艾,它所创造的价值,在国内生产总值构成中占有越来越大的比重,在国民经济中占有越来越重要的地位。在任何时候任何情况下,都不能以牺牲文化建设为代价,去换取经济的一时增长。社会主义的优越性不仅表现在能够创造出高度的物质文明,而且表现在能够创造出高度的精神文明。社会主义不仅要使人民物质生活丰富,而且要使人民精神生活充实。只有在创造出丰富的物质财富的同时,创造出丰富的精神财富,满足人民群众日益增长的物质文化生活需要,才能充分体现社会主义制度的优越性。

总之,文化是民族凝聚力和创造力的重要源泉,是综合国力竞争的重要因素,是经济社会发展的重要支撑。国家富强、民族振兴、人民生活幸福安康,需要强大的经济力量,也需要强大的文化力量。我们党高度重视文化建设,正是因为对文化建设的高度重视,我们党历经探索,明确提出要兴起社会主义文化建设新高潮。在2006年召开的中国文联第八次全国代表大会、中国作协第七次全国代表大会上,胡锦涛同志指出:"新世纪新阶段,是我国发展的重要战略机遇期,也是我国文艺事业大有希望的重要发展期。全面建设小康社会、开创中国特色社会主义新局面的历史进程必将推动我国文艺事业全面发展繁荣,中华民族的伟大复兴必将伴随着中华文化的伟大复兴。"①可以说,兴起社会主义文化建设新高潮,符合党的第三代中央领导核心的一贯思想,与党的十六大部署相衔接,是当代中国共产党人必须承担的历史责任。

改革开放以来,我国经济社会保持持续快速健康发展,经济实力和综合国力迈上新台阶,人民生活总体上达到小康水平,这在客观上要求文化有一个大发展大繁荣。经过改革开放以来的发展,我们现在已经具备了兴起社会主义文化建设新高潮的现实条件。当今世界正处在大发展大变革大调整时期,科技进步日新月异,国与国之间的竞争不仅全方位展开且日益激烈。在复杂的国际国内环境下,要想立于不败之地,不仅要依靠国防、科技和经济等硬实力,更需要强大的文化软实力。因此在这样的历史背景下,我们党明确提出"提高国家文化软实力"的重要论断。早在 2006 年 11 月 10 日,胡锦涛同志在中国文联第八次全国代表大会、中国作协第七次全国代表大会上的讲话中,进一步强调文化的重要性和文化建设的迫切性,并且把文化与国家软实力联系起来加以论述。他指出:"当今时代,文化在综合国力竞争中的地位日益重要。谁占据了文化的制高点,谁就能更好地在激烈的国际竞争中掌握主动权。人类文明进步的历史充分表明,没有先进文化的积极引领,没有人民精神世界的极大丰富,没有全民族创造精神的充分发挥,一个国家、一个民族不可能屹立于世界民族之林。"②2007 年 10 月党的十七大报告中,胡锦涛同志又明确提出"提高国家文化软实力"的任务。他说:"当今时代,文化越来越成为民族凝聚力和创造力的重要源泉、越来越成为综合国力竞争的重要因素,丰富精神文化生活越来越成为我国人民的热切愿望。要坚持社会主义先进文化前进方向,兴起社会主义文化建设新高潮,激发全民族文化创造活力,提高国家文化软实力,使人民基本文化权益得到更好保障,使社会文化生活更加丰富多彩,使人民精神风貌更加昂扬向上。"③把"提高国家文化软实力"作为一个重要命题正式写入党的全国代表大会的报告,表明我们党对中国特色社会主义文化建设本质和规律认识的深化以及在实现中华民族伟大复兴中的重大影响和积极作用。

党的十六大以来,以胡锦涛同志为总书记的党中央结合新的时代特征,始终坚持社会主义先进文化前进方向,做出一系列战略决策,采取一系列重大举措,不断推进社会主义文化建设,开创了中国特色社会主义文化建设的新局面。

---

① 中共中央文献研究室:《十六大以来重要文献选编》下册,中央文献出版社 2008 年版,第758 页。
② 同上,第 729 页。
③ 中共中央文献研究室:《十七大以来重要文献选编》上册,中央文献出版社 2009 年版,第26 页。

(二)提出社会主义核心价值体系建设

2006年10月,党的十六届六中全会提出"建设社会主义核心价值体系"。全会通过的《中共中央关于构建社会主义和谐社会若干重大问题的决定》指出:"建设社会主义核心价值体系,形成全民族奋发向上的精神力量和团结和睦的精神纽带。"[1]并明确了社会主义核心价值体系的基本内容,即"马克思主义指导思想,中国特色社会主义共同理想,以爱国主义为核心的民族精神和以改革创新为核心的时代精神,社会主义荣辱观,构成社会主义核心价值体系的基本内容"。[2] 建设社会主义核心价值体系,巩固马克思主义指导地位,坚定共同理想信念,强化精神支柱,弘扬基本道德规范,对于我们这样一个拥有十三亿人口、五十六个民族的发展中大国具有特殊重要的意义。建设社会主义核心价值体系,最根本的是坚持马克思主义的指导地位。马克思主义是我们党的根本指导思想,这就决定了马克思主义是社会主义意识形态的旗帜。马克思主义指导思想决定了社会主义核心价值体系的性质和方向。以爱国主义为核心的民族精神,熔铸在民族气质之中,成为各民族人民不断开创中国特色社会主义事业新局面的强大精神动力。以"八荣八耻"为主要内容的社会主义荣辱观,是对社会主义制度下的全体公民应遵循的行为规范所进行的全面系统、准确通俗的阐释。社会主义核心价值体系这几个方面的内容,相互联系、相互贯通、相互促进,是有机统一的整体。

建设社会主义核心价值体系是我们党在思想文化上的一个重大理论创新,也是我们党对新形势下思想道德建设提出的一项重大任务。2006年10月11日,胡锦涛同志在中共十六届六中全会第二次全体会议上发表讲话指出:"建设社会主义核心价值体系,马克思主义指导地位是最根本的。要坚持不懈地用马克思主义中国化的最新成果武装全党、教育人民,使之真正深入头脑、扎根人心,转化为广大干部群众的自觉行动。"[3]2006年10月22日,胡锦涛同志在纪念红军长征胜利七十周年大会上的讲话中指出:"要在全体人民中牢固树立社会主义核心价值体系,用中国特色社会主义共同理想激励广大党员、干部和人民群众,不断巩固全党全国各族人民团结奋斗的共同思想基础。要大力弘扬以爱国主义为核心的民族精神和以改革创新为核心的时代精神,不断增强全民族的自尊心、自信心、自豪感,不断增强全社会的进取精神、开拓勇气、创新能力,激励全国各族人民为实现

---

[1] 中共中央文献研究室:《十六大以来重要文献选编》下册,中央文献出版社2008年版,第661页。
[2] 同上,第661页。
[3] 同上,第684~685页。

中华民族的伟大复兴而团结奋斗。"①2006年11月10日,胡锦涛同志在中国文联第八次全国代表大会、中国作协第七次全国代表大会上的讲话中指出:"我们要牢牢把握社会主义先进文化的前进方向,建设社会主义核心价值体系,弘扬民族优秀文化传统,发掘民族和谐文化资源,借鉴人类有益文明成果,倡导和谐理念,培育和谐精神,营造和谐氛围,进一步形成全社会共同的理想信念和道德规范,打牢全党全国各族人民团结奋斗的思想道德基础。"②胡锦涛同志的这些重要论述,为社会主义核心价值体系建设进一步指明了方向。

建设社会主义核心价值体系作为一项基础工程、灵魂工程,要融入国民教育和精神文明建设全过程,通过卓有成效的努力,使社会主义核心价值体系为全体社会成员普遍理解接受、自觉遵守奉行。深入持久地开展社会主义核心价值体系宣传教育,把社会主义核心价值体系的要求贯穿到媒体传播之中,落实到精神文化产品创作之中,融会到日常工作生活之中,体现到政策法规制定和社会管理之中,使之转化为人民的自觉追求。大力推动社会主义核心价值体系基本内容进教材、进课堂、进头脑,更好体现到学校教学和日常管理各个方面、各个环节。积极探索用社会主义核心价值体系引领社会思潮的有效途径,密切关注社会思潮,把握不同阶层、不同群体的思想状况和价值取向,弘扬人民群众中蕴藏的积极向上的思想精神,尊重群众的实际感受和认识水平,区分层次、区别对象,尊重差异、包容多样,妥善处理思想文化领域的问题,最大限度地增进社会认同,努力在全社会形成统一的指导思想、共同的理想信念、强大的精神力量和基本的道德规范。

(三)大力建设和谐文化

2006年10月召开的党的十六届六中全会通过的《中共中央关于构建社会主义和谐社会若干重大问题的决定》指出:"建设和谐文化,是构建社会主义和谐社会的重要任务。"《决定》系统阐述了和谐文化的基本内容。把"建设和谐文化"明确地作为构建社会主义和谐社会的重要任务,这符合社会发展的规律。一方面,我们所要构建的社会主义和谐社会,不仅要有和谐的经济、政治及其二者相互之间的协调发展,而且还必须要有与之相适应的和谐文化。另一方面,建设和谐文化,可以巩固社会和谐的思想道德基础,可以为构建社会主义和谐社会提供强大的精神动力。更好地构建和谐社会,就必须以社会主义核心价值体系为根本,在社会主义先进文化引领下,大力建设和谐文化。

---

① 中共中央文献研究室:《十六大以来重要文献选编》下册,中央文献出版社2008年版,第729页。
② 同上,第753页。

2006年11月10日,胡锦涛同志在中国文联第八次全国代表大会、中国作协第七次全国代表大会上的讲话中,进一步阐明了建设和谐文化与构建社会主义和谐社会的相互关系,阐明了现阶段我国文化工作的主题,明确了建设和谐文化的着力点,为和谐文化建设指明了方向。他指出:"要更好地构建和谐社会,就必须在社会主义先进文化引领下,大力建设和谐文化,广泛动员人民群众投身和谐社会建设。和谐文化既是和谐社会的重要特征,也是实现社会和谐的精神动力。建设和谐文化,是构建社会主义和谐社会的重要任务,也是构建社会主义和谐社会的重要条件。"①"繁荣社会主义先进文化,建设和谐文化,为构建社会主义和谐社会作出贡献,是现阶段我国文化工作的主题。"②"我们要坚持以马克思列宁主义、毛泽东思想、邓小平理论和'三个代表'重要思想为指导,全面贯彻落实科学发展观,促进经济社会协调发展,促进人的全面发展;要加强社会主义思想道德建设,弘扬以爱国主义为核心的民族精神和以改革创新为核心的时代精神,形成符合传统美德和时代精神的道德规范和行为规范,反对拜金主义、享乐主义、极端个人主义,培育有理想、有道德、有文化、有纪律的社会主义公民;要坚持为人民服务、为社会主义服务的方向和百花齐放、百家争鸣的方针,弘扬主旋律、提倡多样化,大力发展先进文化,支持健康有益文化,努力改造落后文化,坚决抵制腐朽文化,促进全社会形成积极向上的共同精神追求。"③

(四)促进文化事业和文化产业协调发展

党的十六大明确了社会主义市场经济条件下文化发展的基本思路,分清了文化的两种性质,强调了发展文化产业,要求一手抓公益文化事业,一手抓经营性文化产业,两轮驱动,两翼齐飞,推动文化建设走上科学发展的轨道。实施文化精品工程,培育文化创意群体和内容提供商,推动文化企业成为文化创新主体。实行政府推动和企业市场化运作相结合,打造一批具有国际竞争力的文化企业。改革和充足现有对外文化交流机构,培育大型文化中介机构,形成一批经营文化产品的跨国公司。为了解决文化发展的动力,党的十六大以来,有组织有领导、分阶段分步骤地将改革逐步推向深入。在总结改革开放以来文化体制改革有益探索的基础上,从2003年开始进行了试点,取得分类改革的经验。2005年在试点的基础上,中共中央、国务院制订了《关于深化文化体制改革若干意见》,形成以民族文化

---

① 中共中央文献研究室:《十六大以来重要文献选编》下册,中央文献出版社2008年版,第753页。
② 同上,第753页。
③ 同上,第753～754页。

为主题、吸收外来有益文化、推动中华文化走向世界的文化开放格局。文件发布后,试点全面扩大。经过几年努力,新的文化管理体制和运行机制逐步建立,国有文化单位的活力、竞争力不断增强,文化产业快速发展,改革成效日益显现。同时制定实施《国家"十一五"时期文化发展规划纲要》,推动文化与经济、政治、社会协调发展。这些年来,中央和有关部门围绕制约改革发展的深层次矛盾和问题,制定下发了推进经营性文化事业单位转企改制、支持文化企业发展、加强公共文化服务体系和农村文化建设、加强国有文化资产管理、推进文化市场综合执法改革、鼓励文化产品和服务出口等20多个政策性文件,初步形成了推进文化体制改革和文化事业、文化产业发展的政策框架。

(五)在新的起点上对推动社会主义文化大发展大繁荣做出全面部署

2007年10月召开的党的十七大明确提出到2020年我国文化发展的目标:加强文化建设,文化产业占国民经济比重明显提高、国际竞争力显著增强,适应人民需要的文化产品更加丰富,并提出了文化建设的四个方面的任务。党的十七大以后,中国特色社会主义文化建设在新的起点上开拓前进,继续呈现出积极向上、繁荣发展的良好态势。

# 第十一章 "凝心聚力,中国梦想"

——习近平新时代的文化自信与宏伟愿景

党的十八大以来,以习近平同志为核心的新一代党中央领导集体,不忘初心,牢记使命,高举中国特色社会主义伟大旗帜,承前启后、继往开来,坚定文化自信,为了推动社会主义文化事业繁荣兴盛,付出了巨大的努力,进行了艰辛的探索,思想文化建设取得重大进展和辉煌成就,实现了在实践创造中进行文化创造,在历史进步中实现文化进步的伟大使命,使中国特色社会主义文化强国建设跨入了一个崭新的时代。

**一、习近平新时代文化建设的基本思想与宏伟愿景**

(一)习近平新时代文化建设的理论指导与基本原则

中国特色社会主义文化建设意义重大而深远,不仅是团结、凝聚和激励全国各族人民奋发向上的精神底蕴和力量源泉,也是全面建成小康社会的重要目标,能够为"五位一体"总体布局、"四个全面"战略布局和实现中华民族伟大复兴的中国梦提供精神动力和思想引导,也是一个国家和民族文化软实力、核心竞争力和综合国力的主要象征与重要标志。

　　自从党的十五大报告完整提出和阐说中国特色社会主义文化建设以来，其思想内涵和精神实质不断丰富和发展，表明了中国共产党人对中国特色社会主义文化建设的历史地位和战略价值越来越具有了更加深刻和全面的认识。党的十八大以来，作为新时代中国特色社会主义理论体系的最新成果，以习近平同志为核心的新一代党中央领导集体，继承和发扬与时俱进的理论品格，高举马克思列宁主义、毛泽东思想和中国特色社会主义的伟大旗帜，坚持以马克思主义为指导，坚持走中国特色社会主义文化发展道路，坚持为人民服务、为社会主义服务先进文化的前进方向，大力推进马克思主义中国化、时代化、大众化，在"进行伟大斗争、建设伟大工程、推进伟大事业、实现伟大梦想"历史征程中坚持和发展中国特色社会主义文化，取得了一系列历史性重大发展成就。党的十九大报告明确提出了新时代中国特色社会主义文化建设的基本要求，即三个坚持："发展中国特色社会主义文化，就是以马克思主义为指导，坚守中华文化立场，立足当代中国现实，结合当今时代条件，发展面向现代化、面向世界、面向未来的，民族的科学的大众的社会主义文化，推动社会主义精神文明和物质文明协调发展。要坚持为人民服务、为社会主义服务，坚持百花齐放、百家争鸣，坚持创造性转化、创新性发展，不断铸就中华文化新辉煌。"①

　　举什么旗？走什么路？这是关系到中国特色社会主义前途和命运的根本选择，同时，也是关系到中国特色社会主义文化建设的指导思想和根本宗旨的选择。历史的经验教训值得借鉴和汲取。习近平总书记在党的十九大报告中深刻回顾和总结了自近代以来，中华民族在争取民族独立和人民解放以及实现国家繁荣富强和人民共同富裕波澜壮阔的艰辛历程，并对此做出了实事求是的客观评价和理性分析。他指出："一百年前，十月革命一声炮响，给中国送来了马克思列宁主义。中国先进分子从马克思列宁主义的科学真理中看到了解决中国问题的出路。在近代以后中国社会的剧烈运动中，在中国人民反抗封建统治和外来侵略的激烈斗争中，在马克思列宁主义同中国工人运动的结合过程中，1921年中国共产党应运而生。从此，中国人民谋求民族独立、人民解放和国家富强、人民幸福的斗争就有了主心骨，中国人民就从精神上由被动转为主动。"②中国特色社会主义是历代中国共产党人率领中国人民知耻后勇、自强不息、奋发图强、接续奋斗的自觉选择和

---

① 习近平：《决胜全面建成小康社会 夺取新时代中国特色社会主义伟大胜利——在中国共产党第十九次全国代表大会上的报告》，人民出版社2017年版，第41页。
② 同上，第12～13页。

理论实践成果。在可歌可泣的战争与革命时代，以毛泽东同志为核心的中国共产党人带领全党全国各族人民，把马克思主义大无畏的革命精神和中华民族强烈的爱国主义情怀有机结合，构建起了具有鲜明时代特征的红色革命文化，并在此指引下，经过"雄关漫道真如铁"的艰苦卓绝的不懈奋斗，终于完成了实现民族独立和人民解放的第一个历史任务，摆脱了自近代以来落后挨打的历史悲剧，中国人民从此站了起来。

以邓小平同志、江泽民同志、胡锦涛同志、习近平同志为核心的中国共产党人，秉承和平与发展理念，以解放思想、与时俱进、求真务实、开拓创新的理论品格，把马克思主义的普遍原理同中国社会主义现代化建设的客观实际相结合，传承中华民族奋发图强、革故鼎新、敢为人先的改革精神，接续奋斗，建构起了和平与发展时代具有时代风貌的中国特色社会主义先进文化，并通过改革开放"人间正道是沧桑"这一伟大抉择，带领全党全国各族人民不断承前启后、勇于开拓前行而成，开创了中国特色社会主义的康庄大道，逐渐使中国人民摆脱了贫穷挨饿的历史宿命，在实现国家富强和人民富裕的第二个历史任务上，中国人民逐渐富了起来、强了起来，从而"从根本上改变了中国人民和中华民族的前途命运"。虽然由于各种主客观原因所制约，毛泽东时代在探索实现国家富强和人民富裕的第二个历史任务的过程中走过许多弯路，乃至经历过许多严重曲折，但是却为其后改革开放的总设计师邓小平同志所开启的中国特色社会主义提供了宝贵的历史条件和丰富的经验借鉴。无论是构成邓小平理论基石的初级阶段理论、社会主义本质理论，还是社会主义市场经济理论，无一不是深刻反思和汲取借鉴毛泽东时代在探索实现社会主义现代化过程中所出现的急于求成、急躁冒进、急于过渡、一大二公三纯四平的计划经济体制弊端和以阶级斗争为纲的错误路线所实行的拨乱反正之举。而其时的社会主义改造作为中国历史上最深刻、最伟大的社会经济变革，加之以人民代表大会为核心的根本政治制度的确立，构成了当代中国特色社会主义的"根本政治前提和制度基础。"在文化建设上，毛泽东同志提出的"双百""二为"方针至今仍然是中国特色社会主义文化建设的指导原则和基本方针，并孕育了以"铁人精神""雷锋精神""两弹一星"精神等为主要标志的社会主义先进文化。这是毛泽东同志除了在率领中国人民实现第一个历史任务过程中所建立起来的丰功伟绩之外，又在社会主义革命和建设时期，为第二个历史任务的实现所铺垫的伟大创举，起到了承前启后的历史作用。这其实应是习近平"两个不能否定"，亦即"不能用改革开放后的历史时期否定改革开放前的历史时期，也不能用改革开放前的历史时期否定改革开放后的历史时期"的主要根据和思想指向。

旗帜指引前进方向和行动指南,而道路则决定前途和命运。对此,作为引领中华民族伟大复兴的指路人和掌舵手,习近平有着清醒的认识并给予高度重视,多次在不同场合反复强调和明确指出"马克思主义是我们立党立国的根本指导思想","我们党要明确宣示举什么旗、走什么路",必须"始终高举中国特色社会主义伟大旗帜,坚定不移坚持和发展中国特色社会主义"。而在十九大报告中更是着重指出:"中国特色社会主义是改革开放以来党的全部理论和实践的主题,是党和人民历尽千辛万苦、付出巨大代价取得的根本成就……既不走封闭僵化的老路,也不走改旗易帜的邪路,保持政治定力,坚持实干兴邦,始终坚持和发展中国特色社会主义。"①由此而形成了习近平新时代中国特色社会主义思想的理论基石和重大时代课题——坚持和发展什么样的中国特色社会主义?怎样坚持和发展中国特色社会主义?

另外,习近平在2016年庆祝中国共产党成立95周年大会上明确提出的把"文化自信"纳入"三个自信"的丰富内涵中来,从而所形成的"中国特色社会主义道路自信、理论自信、制度自信、文化自信"的时代课题,并且特别强调"文化自信"对于"道路自信、理论自信、制度自信"的文化底蕴和深厚思想基础的精神动力支撑作用。这是从新民主主义革命到社会主义现代化建设时期,历代中国共产党人对于中国特色社会主义的文化根基、文化本质和文化指引等文化建设认识所达到的最高峰。"从'三个自信'到'四个自信'的发展轨迹,充分彰显了新一代中央领导人对社会主义道路、理论、制度与文化的科学把握与深刻思考,体现了习近平对中国特色社会主义文化本质的深刻洞察、内涵的精湛阐述与战略意义的科学定位。"②而他在党的十九大报告中再次强调了"文化自信"的基础性战略地位:"没有高度的文化自信,没有文化的繁荣兴盛,就没有中华民族伟大复兴。""四个自信"深深根植于博大精深的中华优秀传统文化、红色革命文化、社会主义先进文化沃土及其所缔造的辉煌成就之中,标志着我们党对中国特色社会主义文化建设有了更加明确而开阔的全新理论视野和全球化战略思维。"四个自信"从历史创造的厚度上彰显了中国特色社会主义的文化依据,从意义诠释的深度上阐明了中国特色社会主义的文化本质,从理想建构的高度上展现了中国特色社会主义的文化

---

① 习近平:《决胜全面建成小康社会 夺取新时代中国特色社会主义伟大胜利——在中国共产党第十九次全国代表大会上的报告》,人民出版社2017年版,第16~17页。
② 罗建华:《从"三个自信"到"四个自信":习近平对中国特色社会主义文化的思考与定位》,载《求实》,2017年第5期,第12页。

魅力。① 而无论是在其后的"7·26"重要讲话，还是十九大报告中，习近平都特别强调了牢固树立中国特色社会主义"四个自信"的重要意义，以此来"确保党和国家事业始终沿着正确方向胜利前进"，从而"始终坚持和发展中国特色社会主义"。正如韩振峰教授所言，道路自信是根本，理论自信是引领，制度自信是保障，文化自信是支撑，'四个自信'作为一个有机整体，为我们提供着不竭的精神动力。

总之，自十八大以来，在以习近平同志为核心的新的中央领导集体的坚强领导下，在习近平新时代中国特色社会主义思想的指引下，通过统筹推进"五位一体"总体布局、协调推进"四个全面"战略布局，无论是经济建设，还是全面深化改革、民主法治建设、思想文化建设、生态文明建设、军事国防还是外交事业等方面，都取得了举世瞩目的历史性伟大成就。在实现国家繁荣富强和人民共同富裕的第二个历史任务上，实现了从富起来到强起来的巨大飞跃。中国特色社会主义不仅有了科学的理论指导，而且有了根本的制度保证和强大的精神支撑。而通过十九大报告所描绘的"两个一百年"的奋斗目标和后"两个十五年"的战略规划，我们完全有理由相信，中华民族伟大复兴"长风破浪会有时"的宏伟蓝图和光明前景一定会更加辉煌灿烂，一个富强民主文明和谐美丽的社会主义现代化强国一定会实现，"中华民族将以更加昂扬的姿态屹立于世界民族之林"。

（二）习近平新时代文化建设的战略任务和发展道路

习近平从全球化的视野和实现"两个一百年"奋斗目标的高度出发，提出了建设社会主义文化强国，创造中华文化新辉煌的战略任务。他把加强社会主义意识形态建设作为中国特色社会主义文化强国建设的灵魂，同时也视其为极其重大的战略任务。针对当今全球化背景下西方资本主义的所谓"普世价值""全球民主化""人高于主权"等思想主张，和对社会主义国家实行"和平演变""颜色革命"的企图，面对国内体制转轨与社会转型、利益价值多元以及思想多样化的时代背景，为了正确应对国际国内的各种深层次的矛盾与困难、风险与挑战，习近平在2013年8月19日讲话中语重心长地指出，必须加强党对意识形态工作的领导，阐明做好意识形态工作对于党、国家和民族的重要性，在此后的全国文艺工作座谈会等会议上又作了多次强调，明确指出："意识形态工作是党的一项极端重要的工作"，"要巩固马克思主义在意识形态领域的指导地位，巩固全党全国人民团结奋斗的共同思想基础。"② 事实上，"两个巩固"战略思想的提出，并不是习近平的首创，而

---

① 冯鹏志：《从"三个自信"到"四个自信"——论习近平总书记对中国特色社会主义的文化建构》，载《政策》，2016年第9期，第16~18页。
② 习近平：《习近平谈治国理政》，外文出版社2014年版，第153页。

是在党的十七大报告中就已经明确提出了,但把"两个巩固"战略思想具体运用于指导宣传思想工作和意识形态建设,却是习近平所大力强调和倡导的。"两个巩固"战略思想是对中国特色社会主义事业发展历程深刻简明的理论概括,实质上反映了中国特色社会主义文化发展的本质属性及其内在精神要求,是中国特色社会主义文化制度建设的基石、原则、方向和指南,更是整体推进中国特色社会主义事业的战略任务。

党的十七届六中全会及其决定提出了坚持中国特色社会主义文化发展道路的时代命题,并对这条道路的指导思想、根本任务和建设目标等进行了系统阐述。而在十八大报告中更是明确表示:"建设社会主义文化强国,必须走中国特色社会主义文化发展道路。"沿着这一思路,习近平明确指出,实现文化大发展大繁荣的根本道路就是要坚持走中国特色社会主义文化发展道路,而这条道路的指导思想和基本原则就是必须坚持马克思主义指导方向,坚持社会主义先进文化前进方向,坚持人民主体的价值导向,充分尊重人民群众的主体地位和发挥其主体作用,以满足人民群众的精神文化需求为根本原则宗旨,坚持文化发展为了人民、文化发展依靠人民、文化发展成果由人民共享的指导方针。在习近平看来,坚定马克思主义信仰和对共产主义的理想信念,坚持中国特色社会主义共同理想,巩固和壮大主流思想舆论,弘扬主旋律、传播正能量,不仅是中国特色社会主义建设的指导思想和基本原则,也是中国特色社会主义文化建设的根本战略任务。"必须坚持马克思主义,牢固树立共产主义远大理想和中国特色社会主义共同理想,培育和践行社会主义核心价值观,不断增强意识形态领域主导权和话语权……更好构筑中国精神、中国价值、中国力量,为人民提供精神指引。"而要更好地实现这一战略目标,就必须努力增强、树立和坚定"四个自信",把社会主义意识形态建设、社会主义核心价值体系建设与积极培育和践行社会主义核心价值观作为其主线和灵魂,深化文化体制改革,推动文化事业和文化产业大发展,实现社会效益和经济效益有机统一。十九大报告进一步明确了文化建设在中国特色社会主义新时代的基本定位,提出了新时代文化建设的目标,即根据新时代的主要矛盾的变化,文化建设的核心内容和战略重点已经日益转换为满足人民日益增长的美好精神需求,为人民群众提供更加丰富的精神食粮,强调必须自觉地坚持中国特色社会主义文化发展道路,充分激发全民族文化创新创造活力,着力建设社会主义文化强国。中国特色社会主义文化发展道路的基本原则与科学规划,为扎实推进社会主义文化强国建设提供了强大的思想武器和科学的路径安排,是我们党不断总结中国特色社会主义文化建设的经验教训、基本规律和发展路径的积极成果。

### （三）习近平新时代文化建设的基本内容与路径举措

十五大报告从中国特色社会主义文化建设的指导思想、奋斗目标、本质属性等方面对中国特色社会主义文化的概念进行了阐明："建设有中国特色社会主义的文化，就是以马克思主义为指导，以培育有理想、有道德、有文化、有纪律的公民为目标，发展面向现代化、面向世界、面向未来的，民族的科学的大众的社会主义文化。"根据国际国内形势发展的需要，深刻借鉴和总结了古往今来文化发展的基本规律，习近平提出了新时代中国特色社会主义文化强国建设的一系列新思想、新战略、新内容、新论述和新举措。例如，坚定文化自信，推动社会主义文化繁荣兴盛，牢牢掌握意识形态工作领导权，深化马克思主义理论研究和建设，加快构建中国特色哲学社会科学，加强思想道德建设，提高全民族思想道德水平，坚持以人民为中心的创作导向，繁荣发展社会主义文艺，推动文化事业和文化产业发展，提高国家文化软实力，弘扬、培育和践行社会主义核心价值观等。其中，他把加强社会主义核心价值体系建设，弘扬、培育和践行社会主义核心价值观视作中国特色社会主义的思想道德基础、精神信仰追求和维系华夏民族团结、凝聚中国力量的精神纽带，视为中国特色社会主义文化发展的主线、灵魂、中心、旗帜、强大精神动力和根本任务。换言之，就是把社会主义核心价值体系建设与弘扬、培育和践行社会主义核心价值观作为新时代文化强国建设的根本任务、主要内容和主要路径，以培养"四有"公民为目标，大力发展具有鲜明的时代特色和民族特色的科学的大众的社会主义先进文化。之所以如此，主要是习近平深刻认识到了文化的根本与实质是受核心价值观决定和制约的，"价值观念在一定社会的文化中是起中轴作用的，文化的影响力首先是价值观念的影响力。"一种文化的先进与否，归根到底是由其核心价值观的先进与否所规定的。"核心价值观的诞生，对于引领、整合多样化社会思潮，增强民族文化自觉与自信，推动形成共同的价值追求，进一步提升中国文化软实力和综合国际竞争力，都具有不可估量的理论和现实意义。"[①] 因而，他不仅把社会主义核心价值体系建设与弘扬、培育和践行社会主义核心价值观作为中国特色社会主义文化建设的思想精髓和主要内容、社会共识的"最大公约数"，也把其视为中国特色社会主义的意识形态本质表现和精神文化表征，同时又把其作为中国特色社会主义文化建设的主要路径举措，并对其在社会主义文化和精神文明建设中的引领作用、价值意蕴以及弘扬、培育和践行的路径与举措等都进行了全面论述。

---

① 赵金科：《传承与超越：社会主义核心价值观的时代价值与理论品质》，载《社科纵横》，2013第11期，第13页。

习近平非常注重先进文化与核心价值观的引领作用,指出:"历史和现实都证明,一个民族的复兴需要强大的物质力量,更需要强大的精神力量。没有先进文化的积极引领,没有人民精神世界的极大丰富,没有民族精神力量的不断增强,一个国家、一个民族不可能屹立于世界民族之林。"①因而,作为彰显民族文明进步和国家发展壮大最持久最深沉的力量,体现一个社会评判是非曲直的价值标准和文化软实力的灵魂,维系社会秩序关涉国家长治久安的重要途径和实现中华民族伟大复兴中国梦的强大精神动力,社会主义核心价值体系建设与弘扬、培育和践行社会主义核心价值观理所当然地成为社会主义先进文化建设的主要内容和基本路径,"核心价值观是文化软实力的灵魂、文化软实力建设的重点……一个国家的文化软实力,从根本上说,取决于其核心价值观的生命力、凝聚力、感召力……培育和弘扬核心价值观,有效整合社会意识,是社会系统得以正常运转、社会秩序得以有效维护的重要途径……构建具有强大感召力的核心价值观,关系社会和谐稳定,关系国家长治久安。"②

从某种意义上看,习近平重视社会主义核心价值体系和核心价值观的时代价值与引领作用,但他更注重在中国特色社会主义的伟大实践中,如何切实有效的加强社会主义核心价值体系建设,弘扬、培育和践行社会主义核心价值观。首先,要广泛做好舆论宣传、教育引导工作。"社会主义核心价值观要广泛宣传教育……使社会主义核心价值观成为引导人们前进的强大精神动力","使之像空气一样无处不在",并结合开展中国特色社会主义理想信念教育、职业道德教育、家庭教育和以"中国梦·劳动美"为主题的社会教育实践活动,"深入实施公民道德建设工程,推进社会公德、职业道德、家庭美德、个人品德建设,激励人们向上向善、孝老爱亲,忠于祖国、忠于人民",把社会主义核心价值观形塑成为全体中国人民的共同价值追求和独特精神支柱,成为"凝魂聚气、强基固本的基础工程"。其次,要增强文化自信,实现中华优秀传统文化的创造性转化和创新性发展,发扬光大中华民族传统美德,使其成为涵养社会主义核心价值观的重要源泉。习近平把中国特色社会主义文化自信和精神自觉提升到了一个崭新的历史高度,他极其重视中华民族优秀传统文化在社会主义核心价值体系建设与弘扬、培育和践行社会主义核心价值观、建设社会主义文化强国乃至中华民族伟大复兴中国梦中的精神根基地位和历史作用,强调"只有坚持从历史走向未来,从延续民族文化血脉中开拓前进,我们才能做好今天的事业"。同时,他又特别强调要注重总结历史经验和

---

① 习近平:《在文艺工作座谈会上的讲话》,载《人民日报》,2015年10月15日。
② 习近平:《习近平谈治国理政》,外文出版社2014年版,第163页。

汲取教训。针对自近现代以来的文化激进主义和历史虚无主义,尤其是"文革"时期达到极端的对待中国传统文化上的反传统思潮,习近平强调必须加强对中国优秀传统文化的学习和传承,必须把源远流长、博大精深的中华优秀传统文化所积淀的中华民族最深层的精神追求和中华民族生生不息、发展壮大的丰厚沃土进行深入挖掘。比如,民惟邦本、天人合一、和而不同、自强不息、天下为公、仁者爱人、扶贫济困等等。① 同时,还应当传承革命文化和社会主义先进文化。以井冈山精神、长征精神、抗战精神等革命精神为标志的红色革命文化,既是对中华优秀传统文化中的爱国主义、坚韧不拔、自强不息、视死如归、团结统一等民族精神的时代传承,同时又是战争与革命时代在中国共产党的领导之下所铸就的时代精神的彰显和体现,本质上,作为崇高的价值理念和先进的文化元素,它们在基因承续、精神内核和价值指向上呈现出一种同构性,②这是中华民族近现代取得民族独立和人民解放的主要精神根源。而以改革开放、开拓创新、艰苦奋斗、奋发图强、敢为人先、砥砺奋进等建设精神为主要标志的社会主义先进文化,则是和平与发展时代在中国共产党的领导之下继往开来,推动实现中华民族国家繁荣富强与人民幸福的强大时代精神与宝贵精神财富。正如习近平所主张的,"实现中国梦必须弘扬中国精神。这就是以爱国主义为核心的民族精神,以改革创新为核心的时代精神"③。再次,要构建思想舆论引导、宣传教育示范、文化精神熏陶和庆典活动、实践养成、规章制度、传播手段、行为准则相结合的良性体制机制保障,"提高新闻舆论传播力、引导力、影响力、公信力",使社会主义核心价值观成为全社会的基本遵循,"内化为人们的精神追求、外化为人们的自觉行动","成为百姓日用而不觉的行为准则"而身体力行。此外,树立、增强和坚定文化自信,高度重视理论建设,提高全民族思想道德水平,深化文化体制改革,完善文化管理体制,完善公共文化服务体系,健全现代文化产业体系和市场体系,推进国际传播能力建设,讲好中国故事,提高国家文化软实力等,使社会主义核心价值体系建设与弘扬、培育和践行社会主义核心价值观有机结合、相辅相成的成为习近平新时代中国特色文化强国建设的基本内容与路径举措。如果说,社会主义核心价值体系和社会主义核心价值观是中国特色社会主义文化强国建设的主线、灵魂、基本内容和根本任务,那么,

---

① 中共中央文献研究室:《十八大以来重要文献选编》中,中央文献出版社2016年版,第5页。
② 刘晓华:《红色文化与社会主义核心价值观的同构性论析》,载《思想教育研究》,2017年第10期,第27页。
③ 中共中央文献研究室:《十八大以来重要文献选编》上,中央文献出版社2014年版,第235页。

文化自信可以说是其基因和底蕴,理论建设则构成其基础和学理依据,思想道德水平是其建设成效的主要评价和衡量标准,文化体制改革是其制度性建设的重要和关键环节,国家文化软实力是其民族性、时代性、科学性和文化复兴的主要标志,文化创新则是推动新时代文化繁荣兴盛的主线。

此外,加强对外文化交流活动,讲好中国故事,增强国际话语权,加强对中华优秀传统文化的挖掘和阐发,大力宣传中华优秀传统文化中的和平主义精神特质与当代中国和平崛起的世界意义,塑造一个具有历史担当和负责任的大国形象,讲好"中国梦"与"世界梦"的关系,这既是习近平大力强调和热切盼望的,也是建设社会主义文化强国的必由之路。

(四)习近平新时代文化建设的中国梦宏伟愿景与人类命运共同体的美好期许

秉承中华文化天下主义、和平主义的博大胸怀和"礼仪之邦"的文明传统,习近平把新时代文化建设的视野不仅立足于在建设中国特色社会主义文化强国和实现中华民族伟大复兴中国梦的宏大蓝图之中,而且还期许于构建和平发展、合作共赢的人类命运共同体的美好愿景之中,从而为解构西方文化系统中蕴涵的民族主义和世界主义的"二元悖论"提供了中国智慧。如果仅就世界文化和文明发展的历程而言,应是中国特色社会主义对于人类文化和文明发展的当代世界意义的最大历史性贡献,"倡导构建人类命运共同体,促进全球治理体系变革。我国国际影响力、感召力、塑造力进一步提高,为世界和平与发展作出新的重大贡献"[①]。这对于克服西方近现代文化中的社会达尔文主义思潮和霸权主义行径有着不可估量的历史和现实意义。

习近平指出,中华文化是中华民族的精神基因,积淀着中华民族最深层的精神追求,是中华民族团结奋进、凝神聚气的精神纽带。在历史上,中华文化和中华文明曾经对世界文化和文明发展做出过巨大贡献。虽然近代以来,在西方资本主义文明的冲击下,中华民族经历了一段落后挨打的屈辱历史,文化上也经历了一段自残自虐的曲折反思历程。然而,也正是在这种应激反应与反复刺激,在面临亡国灭种的严峻挑战形势下,反而重新焕发出了华夏民族精神基因不屈不挠、愈挫愈强的精神风貌和民族品格。而中华民族伟大复兴中国梦宏伟愿景,正是基于这样的历史文化背景应运而生的。从某种意义上讲,西方资本主义文化的冲击是酝酿中国梦产生的主要外在因素,当然也是中国特色社会主义文化产生的催化

---

[①] 习近平:《决胜全面建成小康社会 夺取新时代中国特色社会主义伟大胜利——在中国共产党第十九次全国代表大会上的报告》,人民出版社2017年版,第7页。

剂,然而,对于中国的现代化和中国特色社会主义文化建设而言,西方现代化和西方文化固然起到了刺激与催化作用,但如果没有华夏民族内在精神基因中自强不息、战天斗地、不畏强暴、百折不挠的抗争精神和积极进取、开拓创新的忧患意识所支撑,民族复兴只会沦为空想和空谈,这才是中国崛起和中华民族伟大复兴的精神奥秘和文化密码。这种历史的"悖论"再一次证明了马克思主义辩证法中的内因和外因辩证关系原理的"普世性"。事实上,当代西方世界面对中国崛起的种种分析和解读,大多数也只是表面上比较肤浅的理论解读,而没有真正从内在精神层面上加以深刻理解,这是对中华民族和中华文化缺乏深刻认识所导致的必然结果。换句话说,如何没有中华优秀传统文化中的自尊、自立、自强、自信、自主的民族性格和精神传承,也就没有以毛泽东同志为核心的中国共产党人所倡导和激发的革命精神以及由此而开创的新民主主义革命和社会主义革命的胜利,当然更没有以邓小平为代表的中国共产党人通过改革开放所形成的先进文化以及由此所取得的社会主义现代化建设辉煌成就的中国奇迹。而这,才是习近平在"三个自信"的基础上提出"文化自信"并将其视为更基础、更广泛、更深厚的自信的真正和最主要原因。因而,若非从民族精神和文化品格上寻找中国崛起的内在动力和决定因素,任何关于中国崛起的分析和论述都是苍白无力和缺乏真知灼见的。

诚然,中国特色社会主义文化建设绝不是简单的照抄照搬已经逝去的中华传统文化,而是一个对其进行如习近平所言的创造性转化和创新性发展的文化再造和文化再生的发展过程,更是对世界优秀文化成果特别是西方文化精神和文明成果的积极学习、借鉴和认真汲取,更遑论中国的革命和建设一直是在马克思主义的指导之下进行的。而由马克思和恩格斯所创立的马克思主义,本身就属于西方文化的一部分,源于对西方资本主义内在逻辑的扬弃而又超越了西方资本主义文明。作为批判地继承西方文化精神及其价值伦理的马克思主义哲学,主要由劳动价值论和剩余价值论所构成的政治经济学,以及由此而形成的科学社会主义理论,成为人类思想文化史上最伟大的理论成果,时至今日仍然具有无与伦比的突破性、超越性和先进性。是故,从世界文化史的历程来看,任何一种文化的发展,都离不开对自身和世界其他民族文化的传承、学习和借鉴,而这种博采众家之长、吐故纳新的文化才是真正的时代文化和优秀文化,也只有在这样的文化引领之下才能实现文明的发展和民族国家的强盛。恰如习近平所言,"文明因交流而多彩,因互鉴而丰富"。

十月革命一声炮响给中国送来马克思主义,为中国的革命和建设提供了强大的思想武器和理论指导。但正如马克思所言,批判的武器当然不能代替武器的批判,物质力量只能用物质力量来摧毁;但是理论一经掌握群众,也会变成物质力量。中国共产党人在经历了无数次血与火甚至是生与死的考验中,把马克思主义的普遍真理同中国革命和建设的实践相结合,把中华优秀传统文化和时代精神相融通,培育了以井冈山精神和长征精神等为主要标志的革命文化,以铁人精神、雷锋精神、抗洪精神、改革开放精神为代表的社会主义先进文化。以毛泽东同志为代表的第一代中国共产党人,在把马克思主义和中国革命相结合的过程中形成了马克思主义中国化的第一大理论飞跃和实践成果——毛泽东思想,不仅颠覆了"三座大山"的压迫,而且冲破了自近代以来西方资本主义所形成的称霸世界的全球殖民体系,为世界被压迫被殖民的国家和人民探索出了一条通过"枪杆子里面出政权"而争取民族独立和人民解放的革命道路。而以邓小平为代表的第二代中国共产党人所开创以及由此而接续的中国特色社会主义现代化建设,在把马克思主义和中国建设实际相结合的过程中形成了马克思主义中国化的第二大理论飞跃和实践成果——中国特色社会主义理论,用了40年左右的时间跨越了许多西方资本主义国家近百年的经济社会发展历程,打破了自近代以来西方资本主义道路在实现国家现代化道路唯一性的魔咒,为发展中国家探索出了一条有别于资本主义模式的社会主义道路的发展路径。自英国伊始,主要西方资本主义大国崛起的历史都是走了一条霸道崛起、野蛮崛起之路,崛起之后依然实行"强则必霸"之道,这是由西方文化霸权的特质所决定的。西方资本主义文明在给世界带来了科技和生产力的巨大进步的同时,实现了经济和军事的强大,但却没有产生文化的伟大,给世界带来了无穷的灾难和战乱,造成了民族国家持续不断的冲突和国际关系紧张,恐怖主义泛滥,资源短缺,生态灾难和精神危机。而中国特色社会主义则是和平崛起,走的是人类文明发展的光明之路。

近代以来,西方资本主义以其强大的经济基础和军事霸权为依托,推行文化帝国主义和文化精神殖民主义,打着"全球民主价值观"和"人权高于主权"旗号竭力宣扬和推行所谓的"普世价值"与制度模式,其民族利己主义、社会达尔文主义、殖民主义和霸权主义思潮不仅没有给世界带来和平与繁荣,而且摧残和破坏了人类文化多样性。包括马克思、罗素、汤因比在内的许多西方思想家都曾经对此进行了深刻的揭露和批判,并且把期望寄托于崇尚和平主义的中国文化发挥引领世界的作用。天下主义、和平主义是中国传统文化一以贯之的精神追求,也"是当代中国和平崛起、提倡构建和谐世界和人类命运共同体的民族传统文化底蕴"①。习近平把根植于中国传统文化追求和平共赢主义的价值理念与时代和平发展的世界潮流相结合,提出了"引导国际社会共同塑造更加公正合理的国际新秩序","引导国际社会共同维护国际安全"(即"两个引导"),提出了"亲、诚、惠、容"的外交理念,"我国周边外交的基本方针,就是坚持与邻为善、以邻为伴,坚持睦邻、安邻、富邻,突出体现亲、诚、惠、容的理念。"倡导中国梦与世界梦的互联互通,这对于构建和谐世界、建设人类命运共同体皆具有价值示范和思想引领作用。如今,随着中国倡导的一带一路、人类命运共同体等理念的提出,构建"各美其美,美人之美,美美与共,天下大同"的国际政治经济和文化新秩序,实现中国梦宏伟愿景与人类命运共同体美好期许的和谐统一,已经逐渐被世界各国人民所认可和支持,这不仅是中华民族之幸,而且也是世界人民之福祉。

## 二、习近平新时代文化建设的基本特征与当代价值

(一)高远的文化视野与宏大的战略思维

十八大以来,以习近平同志为核心的党中央,不忘初心,牢记使命,高举中国特色社会主义伟大旗帜,登高望远,居安思危,勇于变革和创新,对中国特色社会主义文化发展和文化强国建设运用辩证理性的科学方法作为指导,基于高远的中华民族伟大复兴中国梦和实现和平发展、合作共赢的世界梦视野,进行了思想性、制度性和系统性的顶层设计,形成了宏大宽阔、高瞻远瞩的战略思维和具有全局思路、长远意义的大智慧。习近平新时代中国特色社会主义文化建设的基本特征,其指导思想和基本内容的科学性,反映改革开放以来中国特色社会主义伟大实践的时代性,传承中华民族优秀文化精髓的民族性,借鉴和融通世界优秀文化成果的开放性,文化发展成果由全体人民共享的主体性,理论和实践发展新要求的创新性皆在不断增强,使中国特色社会主义文化事业繁荣和文化强国建设跨入了一个新境界。对此,韩振峰教授分析道,党的十八大以来,以习近平为核心的党中央在推进社会主义文化发展方面,形成了一套具有全局和长远指导意义的大智慧、大战略和大思路,形成了以"六个一"为主体内容和主要标志且相互联系、内在统一的基本框架体系,即一面伟大旗帜、一个价值引领、一个文化根基、一项战略任务、一条发展道路、一个奋斗目标。

习近平着眼于全球化的文化发展观,以提高国家文化竞争软实力、建设中国特色社会主义文化强国和中华民族伟大复兴为终极目标,形成了新时期国家发展

---

① 杜喆、赵金科:《人类命运共同体思想:人伦与人文》,载《重庆社会科学》,2016年第11期,第68页。

和文化建设的指导思想,充分彰显了习近平深邃的历史文化意识、高远的时代文化视野和宏大的国家发展战略思维,对文化价值和精神信仰的基石作用与思想引导力量有了更加深刻的认识与重视。主要表现在:第一,始终强调坚持马克思主义理论指导的重要性和与时俱进的推进马克思主义中国化、时代化、大众化的必要性。"马克思主义是我们立党立国的根本指导思想。背离或放弃马克思主义,我们党就会失去灵魂、迷失方向","中国特色社会主义理论体系是马克思主义中国化的最新成果,是当代中国的马克思主义,是坚持和发展中国特色社会主义的行动指南"。第二,极其重视文化自信、价值观引领和思想精神对于民族国家建构和民族复兴、国家文化软实力和综合国力竞争中的历史作用。"一个没有精神力量的民族难以自立自强,一项没有文化支撑的事业难以持续长久","文明特别是思想文化是一个国家、一个民族的灵魂。如果不珍惜自己的思想文化,无论哪一个国家、哪一个民族,丢掉了思想文化这个灵魂,这个国家、这个民族是立不起来的。"第三,把中华文化的历史担当意识、世界道义精神和天下大同社会理想与马克思主义构建"自由人联合体"的文化使命相结合。"中国梦是和平、发展、合作、共赢的梦","中国梦不仅造福中国人民,而且造福各国人民",倡导中国梦和世界梦的有机统一,以追求中华民族伟大复兴为己任,以实现人类自由而全面的发展和全人类解放为宗旨,彰显出习近平中国特色社会主义文化建设高远的文化视野、宏大的战略思维和博大的世界情怀。

(二)深邃的传统文化观和科学理性的文化发展辩证思维

习近平有着深厚的中华传统文化情节、功底和强烈的民族感情,正是基于这样的基础,他对中国传统文化的认识与评价、历史定位与时代价值、思想内容与精神特征、科学态度与辩证思维以及与中国特色社会主义文化建设的关系认识都达到了前所未有的历史高度。如果我们比较以下就会发现,自毛泽东开始,在我们党的历届领导人中,习近平可以说是对中华传统文化最重视,阐述最丰富、最精辟、最全面、最具特色,方法论上最理性、最科学,同时,在视野上也是最宽阔、最有厚度和深度。他不仅阐述了中华优秀传统文化对于培育和践行社会主义核心价值观、促进国家治理体系和治理能力现代化、建设中国特色社会主义、实现中华民族伟大复兴中国梦的时代价值,而且还指明了中华优秀传统文化对于维护和促进世界和平与发展、引导世界构建人类命运共同体的重大现实意义。习近平的传统文化观的主要内容及方法论特征表现在如下几个方面:

首先,习近平对中华优秀传统文化的历史定位、文化意义和时代价值进行了科学分析。在习近平看来,中华传统文化是中华民族的精神家园、文化认知的精神纽带和生生不息、薪火相传的生存方式,"中华优秀传统文化已经成为中华民族的基因","民族文化血脉","中华民族的精神命脉","精神家园","根"和"魂"。正是中华优秀传统文化精神基因中"自强不息、厚德载物"的顽强意志和博大胸怀,铸就了中华民族生生不息、历久弥新的强大生命力,所以,必须高度重视传承和弘扬中华优秀传统文化,应当把中华优秀传统文化提升到极为重要的战略任务的高度来认识。习近平把了解中华传统文化视作理解中国国情和坚定走中国特色与中国道路的一把钥匙,强调中国特色社会主义文化植根于中华历史和文化的深厚沃土,不了解古代中国的思想文化和精神血脉就不可能真正读懂当代中国的一切。"中国特色社会主义文化,源自于中华民族五千多年文明历史所孕育的中华优秀传统文化,熔铸于党领导人民在革命、建设、改革中创造的革命文化和社会主义先进文化,植根于中国特色社会主义伟大实践。"[①]中华优秀传统文化中凝聚着中华民族生生不息、繁荣昌盛的精神追求和精神动力,包含着中华民族"最深沉的精神追求","最深厚的文化软实力",不仅是新民主主义革命时期无数仁人志士、革命先烈抛头颅洒热血的理想信仰支撑,在"今天依然是我们推进改革开放和社会主义现代化建设的强大精神力量"。因而,必须传承和弘扬中华优秀传统文化,使之成为当代中国特色社会主义文化建设的主要涵养资源和重要源泉。

习近平不仅把中华优秀传统文化定位于中华民族的丰厚积淀、生存方式和精神家园,也视其为中国特色社会主义和中华民族伟大复兴的主要精神底蕴和文化资源,更看作是人类文明共有的精神财富与生存智慧,把中华优秀传统文化上升到人类共有精神财富、具有世界普遍文化意义的高度,彰显出中国共产党人对于中华传统优秀文化的思想价值和时代意义有了更全面、更丰富和更深刻的认识和肯定。他指出,老子、孔子、墨子、孟子、庄子等中国古代"思想家上究天文、下穷地理,广泛探讨人与人、人与社会、人与自然关系的真谛,提出了博大精深的思想体系","在确立人类社会普遍的道德规范方面,中华文化有其优长之处"。"中华民族具有5000多年连绵不断的文明历史,创造了博大精深的中华文化,为人类文明进步作出了不可磨灭的贡献",中华传统文化"思考和表达了人类生存与发展的根本问题,其智慧光芒穿透历史,思想价值跨越时空,历久弥新,成为人类共有的精神财富"。其次,习近平对中华优秀传统文化的主要思想内涵、文化精髓和思维方式特征等进行了科学阐述和系统论证。作为中华优秀传统文化的坚定守护者、传承者,他对其内容特征、文化精髓和基本精神做出了分析。习近平指出,中华优秀

---

[①] 习近平:《决胜全面建成小康社会 夺取新时代中国特色社会主义伟大胜利——在中国共产党第十九次全国代表大会上的报告》,人民出版社2017年版,第41页。

传统文化"讲仁爱、重民本、守诚信、崇正义、尚和合、求大同",具有时代价值。古人所说的"先天下之忧而忧,后天下之乐而乐"的政治抱负,"位卑未敢忘忧国""苟利国家生死以,岂因祸福避趋之"的报国情怀,"富贵不能淫,贫贱不能移,威武不能屈"的浩然正气,"人生自古谁无死,留取丹心照汗青""鞠躬尽瘁,死而后已"的献身精神等,都体现了中华民族的优秀传统文化和民族精神,我们都应该继承和发扬。

此外,习近平还对中华传统文化的思维方式进行了论述。他指出,中华传统文化的基本思维方式就是和合、和谐、中和、和而不同,体现在思维方式上就是中庸和谐,不走极端;体现在人与自然的关系上就是追求天人合一,自然与社会的和谐;体现在人际、民族和国家关系上就是追求忠恕之道、成人成己、与人为善、群己和谐、和平仁爱;体现在个体的身心关系上就是追求身心和谐、灵肉统一;体现在理想社会目标追求上就是崇尚天下大同。再者,习近平对待中华传统文化采取了科学严谨的态度和客观理性的辩证思维方式。毋庸置疑,这是自新文化五四运动以来所酝酿的反传统思维、"文革"期间达到极端的全盘否定式的现代反智主义和改革开放初期全盘西化思潮以来,中国共产党人对待中华传统文化最为理性、最为科学的时代,也是中华民族自 1840 年鸦片战争以来思想最为成熟的时代。毛泽东时代,"百花齐放、百家争鸣"的"双百"方针以及"古为今用、洋为中用"的基本原则,无疑仍然是我们今天中国特色社会主义文化建设的指导方针和原则,但 20 世纪 50 年代末期和"文革"时期却没能很好地得到坚持,以至于发生了本不该发生的历史悲剧。改革开放以来,由于某些特定的原因,我们对待中华传统文化时而偏左时而偏右的形而上学思维仍然不时出现,文化和历史虚无主义以及文化保守主义、教条主义交替出现,扰乱了人们的头脑。习近平正是在这样的历史背景下,深刻总结了近代以来的经验教训,提出了著名的"双创"理论,"弘扬中华优秀传统文化,要处理好继承和创造性发展的关系,实现中华文化的创造性转化和创新性发展"[①]。如何客观、理性、全面、辩证地对待中国传统文化?习近平强调指出,一方面,必须防止和克服照抄照搬、冥顽不灵、食古不化的教条主义、文化复古主义和文化保守主义思维,对中国传统文化中落后的、保守的、封建性的糟粕逐一甄别并加以摒弃,"对明显不符合当今时代要求的内容,要加以扬弃。"同时,对其仍然具有超越性的思想价值和文化精神,在继承性基础上进行时代的创造性转化和创新性发展,"加强对中华优秀传统文化的挖掘和阐发","对历史文化特别是

---

① 中共中央宣传部:《习近平总书记系列重要讲话读本》,学习出版社、人民出版社 2016 年版,第 203 页。

先人传承下来的道德规范,要坚持古为今用、推陈出新,有鉴别地加以对待,有扬弃地予以继承",既强调传承和坚守本根更注重创新和与时俱进;另一方面,又要避免否定一切、颠覆一切的历史虚无主义和文化虚无主义思潮,"历史和现实都表明,一个抛弃了或者背叛了自己历史文化民族,不仅不可能发展起来,而且很可能上演一场历史悲剧。"①严格遵循马克思主义唯物辩证法的扬弃思维和理性态度,坚守文化自信,更好地认识过去、把握当下、面向未来,只有这样才能避免在文化发展道路上犯极左或者极右的错误。对此,中国近现代文化建设历程中是有着沉痛的历史教训需要我们深刻总结和汲取的。

泛言之,不仅对待中华传统文化要进行创造性转化和创新性发展,对待包括西方文化在内的人类文明成果也应当如此,这是习近平关于当代中国特色社会主义文化发展的科学理性表达和辩证思维体现,当然也"是中华整体综合思维和辩证思维的生动体现"②。恰如习近平所强调的:"我们不仅要了解中国的历史文化,还要睁眼看世界,了解世界上不同民族的历史文化,去其糟粕,取其精华,从中获得启发,为我所用。"费孝通先生曾言:"中国人从本民族文化的历史发展中深切地体会到,文化形态是多种多样的,丰富多彩的,不同的文化之间是可以相互沟通、相互交融的。"③表达了他在中国现在文化建设上的基本态度和思维方法。方克立教授在关于中国文化发展的现实道路上,曾提出过"马魂、中体、西用"的著名论断,在他看来,"马魂、中体、西用"论把马克思主义的指导思想、中国文化的主体地位和外来文化的"他山之石"三者有机地统一起来,"三学合一",综合创新,是中国现当代文化发展的唯一可行的康庄大道。④ 可以看出,不管是费孝通先生还是方克立教授,在当代中国文化发展的思维方式和理性态度上,与习近平的基本思路是完全一致的。

总之,习近平的文化观"实现了当代中国文化发展中的'通古今之变',畅通了中华文化的精神生命"⑤。首先,根植于中华优秀传统文化的深厚沃土,是对中华民族五千多年历史优秀传统文化成果科学传承、创造转化、创新发展的结果。其次,又广泛汲取与深刻借鉴人类文明和世界其他民族思想文化成果,此外,也是最

---

① 习近平:《在哲学社会科学工作座谈会上的讲话》,人民出版社 2016 年版,第 17 页。
② 赵金科、陈慧文:《社会主义核心价值观与中华优秀传统文化传承》,载《青岛市委党校学报》,2014 年第 4 期,第 104 页。
③ 费孝通:《中国文化的重建》,华东师大出版社 2014 年版,第 38 页。
④ 方克立:《马魂 中体 西用——中国文化发展的现实道路》,人民出版社 2015 年版,第 1~2 页。
⑤ 李翔海:《从延续民族文化血脉中开拓前进——论习近平中国传统文化观的时代意义》,载《中共中央党校学报》,2015 年第 6 期,第 22 页。

根本最重要的,深深扎根和立足于改革开放以来中国特色社会主义现代化建设和中华民族伟大复兴中国梦的当代实践过程之中,是坚持马克思列宁主义、毛泽东思想的理论指导和不断中国化的结果,是"坚持文化综合创新,与时俱进"的结果,①当然也是世界共产主义运动、对中国特色社会主义文化建设成功经验与历史教训不断总结和反思的积极成果。

(三)平实的文化发展路径和文化复兴的战略举措

党的十八大以来,在习近平关于文化建设一系列重要讲话精神和思想的指引下,中国特色社会主义文化发展道路,坚持"双百"方针和"三贴近"原则,"古为今用,洋为中用","创造性转化,创新性发展",继续深化文化体制改革,以改革创新为动力,建立、健全和完善现代公共文化市场经营管理机制和服务体系,坚持公益性文化事业和经营性文化产业两手抓,弘扬主旋律,增强正能量,大力发展先进文化,推动文化事业和文化产业的统筹兼顾、协调发展和科学发展,中国特色社会主义文化强国建设的步伐、力度、深度和广度明显加快和扩展,各种政策和举措密集出台,体制机制建设和制度架构更加完善。其中,十八大提出要加快推进文化惠民工程,推动公共文化服务设施向社会免费开放,十八届三中全会则提出了要建立健全现代公共文化服务体系的决定。2014年年初,《深化文化体制改革实施方案》从系统性、整体性、协同性的思路出发明确了今后文化体制改革的指导思想、目标思路、主要任务和政策保障。十八届四中全会提出要制定公共文化服务保障法。2015年年初,中共中央办公厅、国务院办公厅印发了《关于加快构建现代公共文化服务体系的意见》,对现代公共文化服务体系建设进行了顶层设计,着力推动和完善公共文化服务体系建设。2015年9月,中共中央办公厅、国务院办公厅印发《关于推动国有文化企业把社会效益放在首位、实现社会效益和经济效益相统一的指导意见》,要求把实现"双效统一"作为把牢社会主义先进文化前进方向主要思路之一,创新公共文化服务以便更广更好地惠及人民群众。2016年4月,中共中央办公厅、国务院办公厅印发了《关于进一步深化文化市场综合执法改革的意见》,强调要进一步深化文化市场综合执法改革,促进文化市场持续健康发展。十九大报告又特别指出,中国共产党必须担负起新的文化使命,在实践创造中进行文化创造,在历史进步中实现文化进步!为此,要推动文化事业和文化产业发展,深化文化体制改革,完善文化管理体制机制和公共文化服务体系,健全现代文化产业体系和市场体系,创新生产经营机制,完善文化经济政策,培育新型文化业

---

① 侯爱萍:《文化全球化背景下中国先进文化的建构与发展》,载《山东农业大学学报(社会科学版)》,2003年第2期,第96页。

态等。所有这些,都是深化文化体制改革,建立、健全和完善现代公共文化市场经营管理体制和服务体系制度性建设的重要环节,路径平实方向明确,举措具体可操作性强,对于推动中国特色社会主义文化事业和文化产业协调发展和科学发展意义重大而深远。

更需指出的是,马克思主义的辩证唯物主义和历史的经验教训告诉我们,文化发展与社会经济政治等相互作用密切联系,离开社会经济的基础作用和政治文明的进步保障,文化发展就有可能陷入像"文革"一样的精神万能论窠臼而误入歧途。习近平深知这一点,为了给中国特色社会主义文化强国建设和中国梦实现提供更加雄厚稳健的经济基础和更加坚实可靠的政治军事保障,他着重指出,必须大力统筹推进"五位一体"总体布局、协调推进"四个全面"战略布局。经济上,要以十八届四中全会关于"四个全面"的战略布局为指导,以十八届五中全会关于"创新、协调、绿色、开放、共享"五大发展理念为指引,始终坚持以经济建设为中心的社会主义初级阶段的基本路线,全面深化经济体制改革,充分发挥市场在资源配置中的规律性决定作用,准确把握基本国情和经济新常态,大力推进供给侧结构性改革和"大众创业、万众创新",加大生态文明建设的力度和广度,大力推进社会主义物质文明建设,为中国特色社会主义文化建设奠定雄厚强大的经济基础;政治上,必须坚持党的领导、人民当家做主、依法治国有机统一,要加快推进政府机构改革和职能转变、全面深化改革、全面推进依法治国、全面从严治党。社会发展上,要全面贯彻落实以最广大人民根本利益为终极归宿的社会主义发展观,大力加强社会保障和民生建设,加强以公共服务体系为主要内容的和谐社会建设;军事国防上,要大力加强国防军事现代化和人民军队建设,全面推进国防和军队现代化进程,全面建成世界一流军队,为中国特色社会主义文化建设提供先进的制度和军事保障。

(四)博大的文化价值追求和理想的人类精神家园建构

自西方近现代以来,其文化价值观,一方面,极大地推动了人类科技和社会生产力的巨大飞跃,自由、民主、平等、博爱、人权、法治等价值理念和制度建构也曾经起到过巨大的进步作用。然而,这种资本主义文化在不断追求科学进步和物欲主义价值观的引导之下,随着"上帝已死"的呐喊,人类的精神大厦也随之崩坍,人类文明又一次陷入了物质和精神此消彼长的"二元悖论",从而造成了人类现代文明的生存困境。物质文明的丰盛并没有给人类带来价值意义上的崇高和精神上的愉悦,反而造成了拜金主义横流和消费主义泛滥。资本主义利润最大化的经济冲动和消费至上的价值旨趣不仅导致和加剧了自然资源的短缺和生态平衡的破坏,更引发了国际关系的紧张和世界大战、地区冲突和恐怖主义的泛滥,人类自身灵与肉的困顿,这应当是马克思、罗素、汤因比、韦伯、哈贝马斯等近现代思想家解构和批判资本主义文化的主要动机。"科学和良心之间,技术和道德行为之间的这种不平衡冲突已经达到了如此地步:它们如果不以有力的手段尽快地加以解决的话,即使毁灭不了这个星球本身,也会危及整个人类的生存。"①曾几何时,不管是西方文化世界,还是近现代中国,都曾经对西方文明顶礼膜拜。即使是现在,奉行丛林原则的社会达尔文主义和极端的民族利己主义思潮仍然深深根植于西方文化的基因中,强则必霸的思维逻辑和现实行径仍然大行其道,享乐主义、极端个人主义、消费主义的狂潮仍然宰制着人们的灵魂。受其影响,国内自改革开放以来,"财富人生""宁愿坐在宝马车里哭也不愿坐在自行车后面笑"式拜金女赤裸裸的告白也正是这种思潮的直观反映。而从某种意义上讲,这种金钱至上的人生价值观是造成人类文明扭曲、人格分裂、道德堕落、心灵迷失、精神危机、价值和社会秩序紊乱的主要思想根源和罪魁祸首。

黑格尔曾指出,世界历史自身本质上是民族精神或国家精神的辩证法。纵观人类文化和文明的发展历史,凡是一个民族或者国家处在繁荣昌盛的巅峰时代,虽然经济和物质因素不可或缺,但其根本因素其实还在于其民族精神的飞扬和先进文化价值观的引导。基于中华文化"为天地立心,为生民立命,为往圣继绝学,为万世开太平"的博大文化追求和强烈的责任担当意识,习近平在构建中华民族伟大复兴中国梦的同时,也在倡导构建人类命运共同体的世界梦,彰显了他宽阔高远的文化价值胸怀和对建构"美美与共、天下大同"的人类精神家园的美好愿景。"人类只有充分意识到必须同舟共济、和谐相处,而不是霸道强权、以暴易暴,才能实现自我救赎。"②事实上,中国传统优秀文化中的"天地之大德曰生"的"天人合一"思想,"仁者爱人""民吾同胞,物吾与也""天下一家"的天下主义、"万物并育而不相害,道并行而不相悖"的和谐主义,"君子爱财,取之有道,视之有度,用之有节"的理性主义,才是世界先进文化建构的指导思想和基本精神原则,也只有如此的思想主张和行动遵循才能实现真正永久的世界和平和人类美好共同体的未来。因此"人类世界生存和发展唯一的出路——和平发展,和谐发展,合作共赢,同舟共济"③。

所以,就中国特色社会主义道路在探索"共产党执政规律、社会主义建设规

---

① 〔美〕保罗·库尔兹:《二十一世纪的人道主义》,东方出版社1998年版,第3页。
② 赵金科、林美卿:《王道与霸道:中国和平崛起的文化自觉与路径选择》,中国书籍出版社2017年版,第244页。
③ 赵金科:《中国特色社会主义道路的文化意蕴》,载《齐鲁学刊》,2014年第2期,第65页。

律、人类社会发展规律"上所展现出来的光明前途和其所开辟的世界文化意义而言,不仅凸显出中华优秀传统文化的时代价值和精神超越性,而且也充分彰显出马克思主义的无限生机和强大魅力;不仅丰富了马克思主义的理论宝库,而且开辟了马克思主义中国化实践发展的新境界,"意味着科学社会主义在二十一世纪的中国焕发出强大生机活力","为解决人类问题贡献了中国智慧和中国方案"。古代中华思想文化和科技发明曾经对世界文明的发展做出过巨大贡献,虽然近代中国衰落了,但我们应当有充足的信心展望,在认真总结历史的经验教训和"吸收了世界文明有益成果"基础上的当代中国特色社会主义文化,必将再一次创造历史的辉煌,"中华民族也一定能够创造出中华文化新的辉煌!"中国特色社会主义不仅可以成为推动世界经济发展的发动机,而且也可以贡献和引领和平发展的文化思想,中华文化将再一次引领和指导世界文化朝着更加有利于世界和平和实现共同繁荣的人类命运共同体方向发展,再一次为人类文明发展做出自己应有的贡献。正如党的十九大报告所承诺的,新时代中国特色社会主义文化建设的着力点,就是秉承中国的文化精神和价值理念,提出中国的世界文化解决方案,中国将高举和平、发展、合作、共赢的旗帜,恪守维护世界和平、促进共同发展的外交政策宗旨,秉持共商、共建、共享的全球治理观,倡导国际关系民主化,积极参与全球治理体系改革和建设,不断贡献中国智慧和力量,推动构建人类命运共同体,共同创造人类的美好未来!这才是人类世界和地球家园生存和发展的唯一光明大道,也是新时代中国特色社会主义文化对于引导世界先进文化和文明范式建设的最大贡献,必将对世界文明的历史走向和精神追求产生深远的影响。

  概言之,习近平把中国特色社会主义文化建设纳入中国特色社会主义事业"五位一体"总体布局、实现"两个一百年"奋斗目标和中华民族伟大复兴的重要组成部分,提出了坚持"四个自信"并把"文化自信"视为"更基础、更广泛、更深厚的自信",彰显出习近平新时代中国特色社会主义文化建设的宏大战略视野和时代恢宏气度;把社会主义核心价值体系建设与弘扬、培育和践行社会主义核心价值观作为中国特色社会主义文化建设凝魂聚气的主线和灵魂工程来抓,牢牢把握意识形态工作的领导权、管理权、话语权,多措并举,提高国家文化软实力,体现了新时代中国特色社会主义建设的主要内容和根本战略任务;加强文化法治建设,深化文化体制改革,建立健全现代公共文化服务体系等,指出了新时代中国特色社会主义文化建设的重大战略举措;坚持马克思主义理论指导和走中国特色社会主义文化发展道路,文化发展的最终成果由人民共享的历史主体论,表达了新时代中国特色社会主义文化建设的指导思想和基本原则;固本培元,实现中华传统文化的"创造性转化、创新性发展",坚持"双百""二为"方针,凸显了新时代中国特色社会主义文化建设的理性态度和基本方法;"两个引导","一带一路",倡导构建人类命运共同体,展现了新时代关于中国特色社会主义文化建设对世界贡献的中国方略和中国智慧。至此,自"西学东渐"以来,近现代中国文化建构和精神自觉建构全面跨入了理性回归和追求崇高卓越的新时代。

# 参考文献

1. 《马克思恩格斯选集》第二、三卷,人民出版社1995年版。
2. 《毛泽东早期文稿》,湖南出版社1993年版。
3. 《毛泽东选集》第一、二、三、四卷,人民出版社1991年版。
4. 《毛泽东文集》第一、二卷,人民出版社1993年版。
5. 《毛泽东文集》第三、四、五卷,人民出版社1996年版。
6. 《毛泽东文集》第六、七卷,人民出版社1999年版。
7. 《毛泽东传1949—1976》下册,中央文献出版社2003年版。
8. 《建国以来毛泽东文稿》第四册,中央文献出版社1990年版。
9. 《周恩来选集》下卷,人民出版社1984年版。
10. 《邓小平文选》第二、三卷,人民出版社1994年版。
11. 《张闻天文集》,中共党史出版社1994年版。
12. 薄一波:《若干重大决策与事件的回顾》下卷,中共中央党校出版社1993年版。
13. 江金权:《江总书记抓党建重要活动记略》,人民出版社1998年版。
14. 中共中央文献研究室:《十六大以来重要文献选编》下册,中央文献出版社2008年版。
15. 《论党的建设》,中央文献出版社2001年版。
16. 《论三个代表》,人民出版社2002年版。
17. 《中国共产党第十五次代表大会文件汇编》,人民出版社1997年版。
18. 习近平:《决胜全面建成小康社会 夺取新时代中国特色社会主义伟大胜利——在中国共产党第十九次全国代表大会上的报告》,人民出版社2017年版。
19. 《习近平谈治国理政》,外文出版社2014年版。
20. 《习近平谈治国理政》第二卷,外文出版社2017年版。
21. 中共中央文献研究室:《十八大以来重要文献选编》上、中,中央文献出版社,2014、2016年版。

22. 中共中央宣传部:《习近平总书记系列重要讲话读本》,学习出版社、人民出版社2016年版。

23. 孙中山:《孙中山全集》第一卷,中华书局1981年版。

24. 中央档案馆:《中共中央文件选集》,中共中央党校出版社1991年版。

25. 中共中央文献研究室中央档案馆:《建党以来重要文献选编(一九二一~一九四九)》,中央文献出版社2011年版。

26. 司马迁:《史记》,中华书局2013年版。

27. 杨伯峻:《论语译注》,中华书局2012年版。

28. 杨伯峻:《孟子译注》,中华书局2005年版。

29. 陈鼓应:《老子注译及评价》,中华书局1984年版。

30. 陈鼓应:《庄子今注今译》,中华书局1983年版。

31. 张立文,周桂钿、李祥俊著:《中国学术通史》(秦汉卷),人民出版社2004年版。

32. 梁漱溟:《东西文化及其哲学》,上海人民出版社2007年版。

33. 柳诒征,蔡尚思:《中国文化史》,上海古籍出版社2001年版。

34. 柳诒徵:《中国文化史》,上海三联书店2007年版。

35. 陈登原:《中国文化史》,商务印书馆2014年版。

36. 吕思勉:《中国思想史》,复旦大学出版社2014年版。

37. 冯天瑜:《明清文化史散论》,华中理工大学出版社1998年版。

38. 陈旭麓:《近代中国社会的新陈代谢》,中国人民大学出版社2012年版。

39. 龚郭清:《戊戌变法运动透视》,安徽大学出版社2015年版。

40. 宗泽亚:《清日战争》,北京联合出版公司2014年版。

41. 马克锋:《中国近代文化思与辨》,人民日报出版社2014年版。

42. 葛兆光:《中国思想史》第二卷,复旦大学出版社2000年版。

43. 徐中约:《中国近代史》,世界图书出版公司2012年版。

44. 魏源:《海国图志》卷四十七《大西洋瑞士国》、卷五十《英吉利国》、卷五十九《外大西洋墨利加州总叙》,岳麓书社2004年版。

45. 王文泉、刘天路:《中国近代史1840—1949》,高等教育出版社2001年版。

46. 蔡乐苏:《从甲午战争到戊戌变法》,见王建朗、黄克武:《两岸新编中国近代史(晚清卷)》(下),社会科学文献出版社2016年版。

47. 茅海建:《〈我史〉鉴注》,三联书店2009年版。

48. 陈瘦竹:《左翼文艺运动史料》,南京大学学报编辑部1980年版。

49. 中国第二历史档案馆:《中华民国史档案资料汇编》第五辑第二编文化,江苏古籍出版社1998年版。

50. 宋春:《中国国民党史》,吉林文史出版社1990年版。

51. 费正清、刘广京:《剑桥中国晚清史1800-1911》下卷,中国社会科学出版社1985年版。

52. 中国社会科学院文学研究所:《左联回忆录》,中国社会科学出版社1982年版。

53. 陈早春:《中国左翼作家联盟文件选编》,载《新文学史料》,1980年第1期。

54. 王书君:《泰山文化刍谈》,黄河出版社2010年版。

55. 中共北京市委党史研究室:《北方左翼文化运动资料汇编》,北京出版社1991年版。

56. 赵金科、林美卿:《王道与霸道:中国和平崛起的文化自觉与路径选择》,中国书籍出版社2017年版。

57. 汪木兰、邓家琪:《苏区文艺运动资料》,上海文艺出版社1985年版。

58. 吴冷西:《十年论战》上册,中央文献出版社1999年版。

59. 北京市政协文史资料委员会:《北京的黎明》,北京出版社1988年版。

60. 龚育之:《党史札记》,浙江人民出版社2002年版。

61. 席宣、金春明:《"文化大革命"简史》,中共党史出版社2005年版。

62. 郑师渠:《中国共产党文化思想史研究》,中共中央党校出版社2007年版。

63. 欧阳雪梅:《中华人民共和国文化史》,当代中国出版社2016年版。

64. 罗志田:《变动时代的文化履迹》,复旦大学出版社2010年版。

65. 张岂之:《中国思想文化史》,高等教育出版社2006年版。

66. 王人博:《中国的近代性1840—1919》,广西师范大学出版社2015年版。

67. 沙培德:《战争与革命交织的近代中国1895—1949》,中国人民大学出版社2016年版。

68. 耿云志:《近代思想文化论集》,中国社会科学出版社2013年版。

69. 胡绳:《从鸦片战争到五四运动》下册,人民出版社1981年版。

70. 马勇:《义和团运动与二十世纪中国》,高等教育出版社2001年版。

71. 李侃等:《中国近代史1840—1919》,中华书局1977年版。

72. 张海鹏、李细珠:《新政、立宪与辛亥革命(1901—1912)》,江苏人民出版社2013年版。

73. 江西省档案馆:《中央革命根据地史料选编》上、中、下,江西人民出版社

1982年版。

74. 江西省文化厅革命文化史料征集工作委员会:《中央苏区革命文化史料汇编》,江西人民出版社1994年版。

75. 孙金荣、杨棣、赵金科、孙文霞:《中国传统文化与当代文化构建》,中国农业出版社2010年版。

76. 侯外庐、赵纪彬、杜国庠:《中国思想通史》第一卷,人民出版社1957年版。

77. 徐复观:《两汉思想史》第一卷,华东师范大学出版社2001年版。

78. 李泽厚:《中国思想史论》上卷,安徽文艺出版社1999年版。

79. 冯友兰:《中国哲学简史》,北京大学出版社1996年版。

80. 任继愈:《中国哲学发展史》先秦卷,人民出版社1983年版。

81. 葛兆光:《中国思想史》第一卷,复旦大学出版社2015年版。

82. 郭丹、程小青、李彬源:《左传译注》,中华书局2012年版。

83. 王国维:《观堂集林》,中华书局1994年版。

84. 顾栋高:《春秋大事表》,中华书局1993年版。

85. 安小兰:《荀子译注》,中华书局2016年版。

86. 劳思光:《新编中国哲学史》第一卷,生活·读书·新知三联书店2015年版。

87. 方勇:《墨子译注》,中华书局2015年版。

88. 高华平、王齐洲、张三夕译注:《韩非子》,中华书局2015年版。

89. 杨天才、张善才:《周易译注》,中华书局2011年版。

90. 王国轩:《大学·中庸译注》,中华书局2016年版。

91. 任建树:《陈独秀著作选编》,上海人民出版社2014年版。

92. 欧阳哲生:《胡适文集》,北京大学出版社1998年版。

93. 《李大钊全集》,人民出版社2006年版。

94. 赵清、郑成:《吴虞集》,四川人民出版社1985年版。

95. 《鲁迅全集》,人民文学出版社2005年版。

96. 刘梦溪:《中国现代学术经典·张君劢卷》,河北教育出版社1996年版。

97. 章含之、白吉庵等:《章士钊全集》第四卷,文汇出版社2000版

98. 林毓生:《中国意识的危机——五四时期激烈的反传统主义》,贵州人民出版社1988年版。

99. 王立胜等:《马克思主义在新时期的坚持与发展》,中央文献出版社2000年版。

100. 欧阳哲生:《陈独秀对新文化运动的思想贡献》,载《史学月刊》,2009年

第 5 期。

101. 赵金科、刘煜:《法家法律政治与新农村法制文化建设》,载《齐鲁学刊》,2008 年第 6 期。

102. 赵金科、林美卿:《儒家的群己理论与社会主义群己关系的架构》,载《齐鲁学刊》,2011 年第 5 期。

103. 赵金科:《中国特色社会主义道路的文化意蕴》,载《齐鲁学刊》,2014 年第 2 期。

104. 赵金科、陈慧文:《社会主义核心价值观与中华优秀传统文化传承》,载《青岛市委党校学报》,2014 年第 4 期。

105. 赵金科:《传承与超越:社会主义核心价值观的时代价值与理论品质》,载《社科纵横》,2013 年第 11 期。

106. 赵金科:《和谐社会群己论构建的传统文化底蕴》,载《东岳论丛》,2012 年第 2 期。

107. 杜喆、赵金科:《人类命运共同体思想:人伦与人文》,载《重庆社会科学》,2016 年第 11 期。

108. 杜喆、赵金科:《先秦道家人文关怀思想的现代价值意蕴》,载《社科纵横》,2016 年第 8 期。

109. 马婷婷、赵金科:《从相见礼解读民国制礼的观念冲突和文化语境》,载《社科纵横》,2017 年第 3 期。

110. 周新辉、马婷婷:《农村公共文化服务体系建设现状及启示》,载《理论界》,2015 年第 2 期。

111. 王小会、侯爱萍:《中国共产党文化领导权的创新建设——基于葛兰西文化领导权理论的探讨》,载《南方论刊》,2017 年第 12 期。

112. 李波:《吕思勉对顾炎武史学思想的继承与发展》,载《华东师范大学学报(哲社版)》,2013 年第 6 期。

113. 李波:《现代性、传统文化与马克思主义中国化》,载《前沿》,2013 年第 17 期。

114. 马婷婷:《论汉代交友之礼》,载《管子学刊》,2007 年第 3 期。

115. 马婷婷:《理性化的情感—东汉"矫情崇礼"现象探究》,载《管子学刊》,2010 年第 1 期。

116. 张弘、马婷婷:《中国古代礼的起源问题新探》,载《济南大学学报》,2011 年第 1 期。

117. 马婷婷:《汉代情论的时代嬗变特性及其道德特征分析》,载《学术探索》,2012年第6期。

118. 马婷婷、林美卿:《传统礼仪文化融入高校思想政治教育途径和方法研究》,载《教育探索》,2015年第9期。

119. 马婷婷、林美卿:《仪式感视域下青年文化自信的培育路径研究》,载《思想政治教育研究》,2017年第5期。

120. 黄心川:《"三教合一"在我国发展的过程、特点及其对周边国家的影响》,载《哲学研究》,1998年第8期。

121. 刘锦权:《洋务派的中西文化观》,载《唐都学刊》,2016年第2期。

122. 刘君:《"西学中源说"新评》,载《安徽史学》,2003年第4期。

123. 丁伟志:《"中体西用论"在洋务运动时期的形成与发展》,载《中国社会科学》,1994年第1期。

124. 杨锦銮:《再论"中体西用"》,载《暨南学报(哲学社会科学版)》,1998年第2期。

125. 张勇:《张之洞的"中体西用"文化观》,载《学习与实践》,2016年第9期。

126. 戚其章:《从"中本西末"到"中体西用"》,载《中国社会科学》,1995年第1期。

127. 陈旭麓:《论"中体西用"》,载《历史研究》,1982年第5期。

128. 方克立:《评"中体西用"和"西体中用"》,载《哲学研究》,1987年第9期。

129. 李忠:《试析"中体西用"的演变及其矛盾与冲突》,载《河北师范大学学报(教育科学版)》,2015年第5期。

130. 王亚明:《洋务运动失败原因再审视》,载《浙江师范大学学报(哲学社会科学版)》,2017年第1期。

131. 杨全顺:《洋务派与"中体西用"》,载《广西社会科学》,2006年第1期。

132. 侯玉臣:《再论洋务派中体西用的文化政策》,载《社会科学》,1985年第3期。

133. 王兆祥:《"中体西用"论再议》,载《广西社会科学》,2008年第8期。

134. 汤奇学:《"中学为体,西学为用"思想的演变》,载《复旦学报》,1982年第1期。

135. 庞绍堂:《抵御·自觉·融合——晚清中西文化观演化之我见》,载《南京大学学报.哲学·人文科学·社会科学》,2009年第6期。

136. 王嘉:《文化观念转变与启蒙——简析从"西学中源"到"中体西用"》,载

《河海大学学报(哲学社会科学版)》,2004 年第 9 期。

137. 李荟芹:《近三十年来"中体西用"研究》,载《西藏民族学院学报(哲学社会科学版)》,2011 年第 5 期。

138. 张锦贵:《试论"中体西用"》,载《河海学刊》,1989 年第 6 期。

139. 李三谋:《近代中国对"中学为体,西学为用"的认识历程》,载《河北学刊》,1986 年第 3 期。

140. 郑全贵:《论"中体西用"文化观的形成过程》,载《学术探索》,2000 年第 3 期。

141. 龚郭清:《传统与现代之间——论龚自珍的文化理想》,载《天津社会科学》,2009 年第 4 期。

142. 罗志田:《近代湖南区域文化与戊戌新旧之争》,载《近代史研究》,1998 年版。

143. 杨瑞森:《弘扬中华优秀传统文化四题——学习习近平同志关于弘扬中华优秀传统文化重要论述的几点体会》,载《思想理论教育导刊》,2014 年第 12 期。

144. 冯鹏志:《从"三个自信"到"四个自信"——论习近平总书记对中国特色社会主义的文化建构》,载《政策》,2016 年第 9 期。

145. 黄晓丹、孙代尧:《传统文化当代价值实现路径探析——学习习近平关于中国传统文化的重要论述》,载《中国特色社会主义研究》,2016 年第 1 期。

146. 罗建华:《从"三个自信"到"四个自信":习近平对中国特色社会主义文化的思考与定位》,载《求实》,2017 年第 5 期。

147. 吴超、张烨:《构建中国特色社会主义话语体系怎样汲取中华优秀传统文化的滋养》,载《思想理论教育导刊》,2016 年第 4 期。

148. 董振华:《关于中国特色社会主义文化自信的几点思考》,载《科学社会主义(双月刊)》,2016 年第 5 期

149. 辛向阳:《马克思主义与中国特色社会主义文化自信》,载《理论探讨》,2017 年第 2 期。

150. 江运东:《民族复兴的价值基座:习近平传统文化观研究评析》,载《毛泽东思想研究》,2016 年第 6 期。

151. 李安增、朱辰晨:《习近平治国理政思想的传统文化意蕴》,载《当代世界与社会主义(双月刊)》,2016 年第 4 期。

152. 李长学、王子凤、胡振良:《中国特色社会主义文化自信何以可能》,载《科学社会主义》,2016 年第 5 期。

153. 刘晓华:《红色文化与社会主义核心价值观的同构性论析》,载《思想教

育研究》,2017 年第 10 期。

154. 谢放:《制度创新与中国现代化——从戊戌变法、清末新政到辛亥革命》,载《中华文化论坛》,2002 年第 1 期。

155. 郑师渠:《"五四"后关于"新文化运动"的讨论》,载《北京师范大学学报(社会科学版)》,2010 年第 4 期。

156. 郑大华:《中西与新旧之间:中国近代史上的激进与保守》,载《学术研究》,2011 年第 1 期。

157. 李维武:《新文化运动时期的价值观重建及其启示》,载《社会科学战线》,2014 年第 2 期。

158. 朱德发:《重论胡适的新文化运动观》,载《江海学刊》,2012 年第 6 期。

159. 孙拥军:《从反叛到回归的曲折认同历程——"五四"新文化与中国传统文化的关系》,载《求索》,2009 年第 6 期。

# 后 记

"以史为鉴可以知兴替,以铜为鉴可以正衣冠,以人为鉴可以明得失。"迄今为止,立足于中国古代文化历史,并以中国近现代及当代文化建构和精神自觉的回顾与反思为题材和脉络,以进一步探寻中国特色社会主义文化强国建设发展战略与指导方针、理论思维与辩证方法、发展规律和发展道路等等的学术研究尚需深入开展,学术论著及其他理论成果更需要进一步拓展广度和深度。本书的写作在一定程度上能够起到抛砖引玉的作用,从而为相关问题的研究者和各级文化管理部门提供一份较为系统的参考资料,并为中国特色社会主义文化强国建设和中华民族伟大复兴的实现建言献策。本书主要由山东农业大学马克思主义学院从事中国特色社会主义文化教学研究的十几位教师通力合作撰写。由于教学科研任务繁忙、时间跨度较大、学术造诣不高,加之沟通交流不够通畅,本书在相互衔接、语言逻辑、写作文风等方面肯定存在诸多问题,许多学术观点及分析论述可能也存在许多瑕疵和谬误之处,恳请同行专家予以斧正。此外,本书在写作的过程中也参考了许多学者的学术成果,但未能一一列出,希望能得到谅解。本书撰稿写作部分主要分工如下:第一章,赵丽;第二章,马婷婷;第三章,李波;第四章,王书君;第五章,吕秀兰;第六章,刘世超;第七章,冯哲;第八章,姜文荣;第九章,侯爱萍;第十章,陈慧文;第十一章,赵金科、宫明。另外,赵金科负责本书的内容简介、序言,后记,第一、二、三篇的绪论部分,基本构思和逻辑框架以及本书最后的通稿、定稿等工作。本书是作为山东农业大学马克思主义学院传统文化与中国特色社会主义文化研究团队发展规划项目主要成果、2016年山东省社会科学规划研究一般项目,"四个自信"的学理逻辑与当代价值研究(项目编号16CZLJ18)的阶段性成果等出版的。最后,感谢光明日报出版社、中联华文社科图书出版中心和山东农业大学马克思主义学院的大力支持!

2018年3月10日于泰山